社会福祉
学習双書
2024

第 10 巻

ソーシャルワークの理論と方法

『社会福祉学習双書』編集委員会　編
社会福祉
法　　人 全国社会福祉協議会

社会福祉士養成課程カリキュラムと
『社会福祉学習双書』目次の対比表

第10巻　ソーシャルワークの理論と方法

（社会福祉士・精神保健福祉士共通／社会福祉士専門）

養成カリキュラム「教育に含むべき事項」		社会福祉学習双書「目次」
社会福祉士・精神保健福祉士共通	①人と環境との交互作用に関する理論とミクロ・メゾ・マクロレベルにおけるソーシャルワーク	・第1章第1節「ミクロからマクロまでを視野に入れた包括的支援体制」 ・第2章第3節「アセスメント」
	②ソーシャルワークの実践モデルとアプローチ	・第3章第1節「ソーシャルワーク実践のアプローチ」
	③ソーシャルワークの過程	・第1章第2節「ソーシャルワークの全体的な流れ」 ・第2章「ソーシャルワークの展開過程」
	④ソーシャルワークの記録	・第4章第7節「ソーシャルワークの記録」
	⑤ケアマネジメント	・第4章第4節「ケアマネジメント」
	⑥集団を活用した支援	・第3章第2節「集団を活用した支援」
	⑦コミュニティワーク	・第3章第3節「コミュニティワーク」
	⑧スーパービジョンとコンサルテーション	・第4章第2節「スーパービジョン」 ・第4章第3節「コンサルテーション」
社会福祉士専門	①ソーシャルワークにおける援助関係の形成	・第1章第2節「ソーシャルワークの全体的な流れ」（再掲） ・第4章第1節「ソーシャルワークにおける援助関係の形成」
	②ソーシャルワークにおける社会資源の活用・調整・開発	・第3章第4節「ソーシャルワークにおける社会資源の活用・調整・開発・創生Ⅰ」 ・第3章第5節「ソーシャルワークにおける社会資源の活用・調整・開発・創生Ⅱ」
	③ネットワークの形成	・第4章第5節「ネットワークの形成」 ・第4章第6節「コーディネーション」
	④ソーシャルワークに関連する方法	・第4章第8節「ソーシャルワークに関連する方法」
	⑤カンファレンス	・第4章第9節「カンファレンス」
	⑥事例分析	・第4章第10節「事例分析」
	⑦ソーシャルワークにおける総合的かつ包括的な支援の実際	・第2章「ソーシャルワークの展開過程」（再掲）

刊行にあたって

　現代社会にあって、地域住民が直面する多様な課題や個々人・家族が抱える生活のしづらさを解決するためには、従来の縦割り施策や専門領域に閉じこもった支援では効果的な結果を得にくい。このことは、社会福祉領域だけではなく、関連領域でも共有されてきたところである。平成29（2017）年の社会福祉法改正では、「地域共生社会」の実現を現実的な施策として展開するシステムの礎を構築することとなった。社会福祉に携わる者は支援すべき人びとが直面する課題を「他人事」にせず、また「分野ごと」に分断せず、「複合課題丸ごと」「世帯丸ごと」の課題として把握し、解決していくことが求められている。また、支援利用を躊躇、拒否する人びとへのアプローチも試みていく必要がある。

　第二次世界大戦後、社会福祉分野での支援は混合から分化、そして統合へと展開してきた。年齢や生活課題によって対応を「専門分化」させる時期が長く続くなかで出現し固着化した縦割り施策では、共通の課題が見逃される傾向が強く、制度の谷間に潜在する課題を生み出すことになった。この流れのなかで、包括的な対応の必要性が認識されるに至っている。令和5（2023）年度からは、こども家庭庁が創設され、子ども・子育て支援を一体的に担うこととなった。加えて、分断隔離から、地域を基盤とした支援の構築も実現されてきている。地域から隔絶された場所に隔離・収容する対応は、在宅福祉の重要性を訴える当事者や関係者の活動のなかで大幅な方向転換を行うことになった。

　措置制度から利用制度への転換は、主体的な選択を可能とする一方で、利用者支援や権利擁護も重要な課題とした。社会資源と地域住民との結び付け、継続的利用に関する支援や苦情解決などが具体的内容である。地域や家族、個人が当事者として参加することを担保しながら、ともに考える関係となるような支援が求められている。利用者を支援に合わせるのではなく、支援を利用者のニーズに適合させることが求められている。

　「働き方改革」は働く者全体の課題である。仲間や他分野で働く人々との協働があってこそ実現できる。共通の「言語」を有し、相互理解を前提とした協

働こそ、利用者やその家族、地域社会への貢献を可能とする。ソーシャルワーカーやその関連職種は、法令遵守（コンプライアンス）の徹底と、提供した支援や選択されなかった支援について、専門職としてどのような判断のもとに当該支援を実施したのか、しなかったのかを説明すること（アカウンタビリティ）も同時に求められるようになってきている。

　本双書は、このような社会的要請と期待に応えるための知識やデータを網羅していると自負している。

　いまだに終息をみせたとはいえない、新型コロナウイルス（COVID-19）禍は引き続き我われの生活に大きな影響を与えている。また、世界各地で自然災害や紛争・戦争が頻発している。これらは個人・家族間の分断を進行させるとともに、新たな支援ニーズも顕在化させてきている。このような時代であるからこそ、代弁者（アドボケーター）として、地域住民や生活課題に直面している人々の「声なき声」を聴き、社会福祉領域のみならず、さまざまな関連領域の施策を俯瞰し、地域住民の絆を強め、特定の家族や個人が地域のなかで課題解決に取り組める体制づくりが必要である。人と諸制度をつなぎ、地域社会をすべての人々にとって暮らしやすい場とすることが社会福祉領域の社会的役割である。関係機関・団体、施設と連携して支援するコーディネーターとなることができる社会福祉士、社会福祉主事をはじめとする社会福祉専門職への期待はさらに大きくなっている。社会福祉領域で働く者も、エッセンシャルワーカーであるという自覚と矜持をもつべきである。

　本双書は各巻とも、令和元（2019）年度改正の社会福祉士養成カリキュラムにも対応し、大幅な改訂を行った。また、学習する人が制度や政策を理解するとともに、多職種との連携・協働を可能とする幅広い知識を獲得し、対人援助や地域支援の実践方法を学ぶことができる内容となっている。特に、学習する人の立場に立って、章ごとに学習のねらいを明らかにするとともに、多くの工夫を行った。

社会福祉制度は、かつてないスピードで変革を遂げてきている。その潮流が利用者視点から点検され、新たな改革がなされていくことは重要である。その基本的視点や、基盤となる情報を本双書は提供できていると考える。本双書を通じて学ばれる方々が、この改革の担い手として、将来的にはリーダーとして、多様な現場で活躍されることを願っている。担い手があってこその制度・政策であり、改革も現場が起点となる。利用者自身やその家族からの信頼を得ることは、社会福祉職が地域社会から信頼されることに直結している。社会福祉人材の育成にかかわる方々にも本双書をお薦めしたい。

　最後に、各巻の担当編集委員や執筆者には、改訂にあたって新しいデータ収集とそれに基づく最新情報について執筆をいただくなど、一方ならぬご尽力をいただいたこともあらためて読者の方々にご紹介し、総括編集委員長としてお礼を申し述べたい。

令和5年12月

『社会福祉学習双書』総括編集委員長

松 原 康 雄

目　次

刊行にあたって

第1章　ソーシャルワーク展開過程の全体像

第1節　ミクロからマクロまでを視野に入れた包括的支援体制 ━━━ 2
1　ミクロ・メゾ・マクロにおける実践 ━━━ 2
2　ミクロからマクロまでの広い視野をもち実践する意義 ━━━ 3

第2節　ソーシャルワークの全体的な流れ ━━━ 5
1　ケースの発見 ━━━ 6
2　インテーク ━━━ 8
3　アセスメント ━━━ 9
4　プランニング ━━━ 11
5　支援の実施 ━━━ 12
6　モニタリング ━━━ 12
7　支援の終結・事後評価 ━━━ 13
8　アフターケア ━━━ 16

第2章　ソーシャルワークの展開過程

第1節　ケースの発見 ━━━ 18
1　事例に見るケースの発見（民生委員のはたらきかけ） ━━━ 18
2　ケース発見から相談に至る経緯 ━━━ 19

第2節　インテーク ━━━ 20

第3節　アセスメント ━━━ 21
1　アセスメントとは何か ━━━ 21
2　アセスメントに必要な情報の収集 ━━━ 21
3　有意義なアセスメントを実施するためのポイント ━━━ 22
4　事例1の展開－アセスメントのための訪問 ━━━ 24
5　アセスメント－統合的・多面的な理解 ━━━ 30
6　アセスメント面接 ━━━ 47
7　アセスメントツールとしてのマッピング ━━━ 50

第4節　プランニング ━━━ 54
1　最適な支援プランニングに必要な条件 ━━━ 54
2　ソーシャルワーカーの役割 ━━━ 54
3　支援プランニング ━━━ 56

第5節　支援の実施 ———————————————————————————— 57

第6節　モニタリング ———————————————————————————— 59

第7節　支援の終結と事後評価、アフターケア ——————————— 62

　1　支援の終結と事後評価 ————————————————————— 62

　2　アフターケア ——————————————————————————— 64

第8節　ソーシャルワーク展開過程のポイント ————————————— 65

第3章　ソーシャルワークの実施

第1節　ソーシャルワーク実践のアプローチ ——————————————— 68

　1　実践理論から実践モデルとアプローチへ ————————————— 68

　2　実践モデル ——————————————————————————— 69

　3　地域を基盤としたソーシャルワーク実践のアプローチ ———————— 71

　4　ソーシャルワーク実践のアプローチ ———————————————— 73

第2節　集団を活用した支援 ———————————————————————— 93

　1　グループワークの意義 ——————————————————————— 93

　2　グループワークの原則 ——————————————————————— 95

　3　グループワークの展開過程 ———————————————————— 99

　4　グループワーク実践のための援助者の自己理解(自己覚知) ————— 102

　5　セルフヘルプグループによる支援 ————————————————— 104

第3節　コミュニティワーク ————————————————————————— 111

　1　コミュニティワークの意義と目的 ————————————————— 111

　2　コミュニティワークの展開 ————————————————————— 115

第4節　ソーシャルワークにおける社会資源の活用・調整・開発・創生 I ——————— 125

　1　ソーシャルワーク実践と社会資源 ————————————————— 125

　2　社会資源の利用がなぜ大切か ——————————————————— 126

　3　社会資源活用の前提となる課題の理解 ——————————————— 128

　4　地域にどのような社会資源があるかの学び合いを ————————— 129

　5　地域の特性を生かした社会資源を知り、必要な資源を把握する ——— 134

　6　資源の発掘、収集、活用 —————————————————————— 135

　7　ソーシャルワーカーに求められるコンピテンシー〜資源開発・創生に向けて —— 137

第5節　ソーシャルワークにおける社会資源の活用・調整・開発・創生 II ———————— 141

　1　ソーシャルアクション ——————————————————————— 141

　2　ソーシャルアクションの展開 ——————————————————— 145

第4章　ソーシャルワークを支える要素

第1節　ソーシャルワークにおける援助関係の形成 ——————————— 152

1　援助関係とは ——————————————————————————— 152

2　援助関係構築の原則 – バイステックの7原則 ————————— 153

3　コミュニケーション ——————————————————————— 155

4　ソーシャルワークの面接技法 ————————————————— 158

5　面接の焦点と視点 ——————————————————————— 167

第2節　スーパービジョン ————————————————————————— 179

1　スーパービジョンの必要性 – 社会福祉専門職に求められている力と
　　スーパービジョン ——————————————————————— 179

2　スーパービジョンの存在意義と目的 ————————————— 180

3　スーパービジョンの3つの機能(管理的、教育的、支持的)とその機能を
　　最大限に発揮する方法 ————————————————————— 182

4　スーパービジョンと評価の関係 ———————————————— 184

5　バイザーとバイジーの関係性と契約 ————————————— 185

6　スーパービジョンにおけるアセスメントの重要性 ————— 186

7　スーパービジョンプロセスの発展段階 ——————————— 187

8　スーパービジョンを受ける準備としての記録 ——————— 188

9　スーパービジョンの種類とスーパービジョンと似た機能をもつその他の
　　教育訓練法 ——————————————————————————— 189

10　具体例を使ってスーパービジョンの実際を理解する ——— 190

第3節　コンサルテーション ———————————————————————— 194

1　コンサルテーションの意義・目的 —————————————— 194

2　コンサルテーションの方法 —————————————————— 195

第4節　ケアマネジメント ————————————————————————— 199

1　ケアマネジメントの原則 ——————————————————— 199

2　ケアマネジメントの意義と方法 ———————————————— 207

第5節　ネットワークの形成 ———————————————————————— 216

1　ネットワーキングとは ———————————————————— 216

2　ネットワーキングを巡る背景 ————————————————— 217

3　ネットワーキングの目的と方法 ———————————————— 219

4　セーフティネットの構築とネットワーキング ———————— 221

5　ネットワーキングの留意点 —————————————————— 222

第6節　コーディネーション ———————————————————————— 224

1　コーディネーションとは ——————————————————— 224

2　コーディネーションが求められる背景 ——————————— 225

3　コーディネーションの実際(展開過程と方法) ——————— 226

　4　コーディネーションの留意点 ───────── 228

第7節　ソーシャルワークの記録 ───────────── 230

　1　ソーシャルワークにおける記録 ───────── 230
　2　情報通信技術（ICT）の活用 ─────────── 242
　3　個人情報保護と情報共有 ─────────── 244

第8節　ソーシャルワークに関連する方法 ───────── 247

　1　ネゴシエーション ─────────────── 247
　2　ファシリテーション ─────────────── 253
　3　プレゼンテーション ─────────────── 259

第9節　カンファレンス ───────────────── 262

　1　ケースカンファレンスの目的と意義 ───────── 262
　2　ケースカンファレンスの運営と展開 ───────── 263
　3　ケースカンファレンスの留意点 ───────── 267

第10節　事例分析 ─────────────────── 270

　1　事例研究における事例分析 ───────────── 270
　2　事例検討 ───────────────────── 271

さくいん ───────────────────────── 281

＊本双書においては、テキストとしての性格上、歴史的事実等の表現については当時のまま、また医学的表現等についてはあくまで学術用語として使用しております。

表紙デザイン：株式会社ビー・ツー・ベアーズ

第1章
ソーシャルワーク展開過程の全体像

学習のねらい

　本章では、ソーシャルワーク展開過程の全体像理解を深める。ソーシャルワークは、利用者の抱える課題の広がりや複雑性にも対応できるように、問題の全体像を見逃さず、利用者と利用者を取り巻くさまざまな環境との相互作用を考慮した包括的な支援を探求し続けてきた。

　ソーシャルワークではミクロ実践とよばれる、個人や家族を対象にした支援の際にも、メゾ、マクロとよばれている視点に立って包括的に考えることが大切になってくる。利用者支援に必要な制度は1つではない場合も多く、制度や専門分野を横断して他職種が連携・協働することが求められる。

　そのため、個人や家族を取り巻く環境である地域社会、関連するさまざまな組織・機関、さらに制度・政策がどのように個人・家族の支援に相互に関連し合っているのかを視野に入れて学習することが重要となる。人々の生活に常に影響を与えている、より大きな環境を見過ごすことなく、利用者の問題をとらえる姿勢が必要である。個人や家族が生活する地域社会や社会環境を視野に入れて支援を展開しなければならない。

　第1章では、このようにソーシャルワーク実践を包括的なものとしてとらえ、「ケース発見からアフターケア」にわたる支援の一連の流れの全体像を把握することをめざしている。本章で取り上げるソーシャルワークの展開過程は、続く第2章で、事例を展開しながら具体的に解説をしていく。

第1節 ミクロからマクロまでを視野に入れた包括的支援体制

1 ミクロ・メゾ・マクロにおける実践

ミクロからマクロまでを考慮したソーシャルワーク実践と聞くと何を想像されるだろうか。ソーシャルワーカーの仕事は、医療職などに比べてその実態がわかりづらいという印象をもたれてきた。その理由の一つはソーシャルワーク実践の範囲、対象人口・課題が広範だということだろう。例えば、ソーシャルワークは利用者に対して直接援助を行う<u>直接実践</u>とよばれるものから、利用者に直接かかわりはしないが制度や政策を立案したり、不利な状況に置かれている利用者の権利を守るためにアドボカシーとよばれる代弁活動を行ったりする<u>間接実践</u>というものがある。

ソーシャルワーク実践領域の対象も子どもから高齢者まで、また対象者が抱える課題もさまざまである。このような特性をもつソーシャルワークで、何らかの生活課題を抱える利用者を支援するには、利用者である<u>個人や家族等が生きている地域社会やその地域社会を取り巻くより広い社会までを含めて理解しようとする</u>姿勢が必要である。問題を一個人や家族だけのものととらえるのではなく、彼らに影響を与える地域社会や制度、政策そして広い社会との関係性の中で理解することが求められている。これがいわゆるミクロからマクロまでを複合的に考えたソーシャルワークの直接実践と考えることができるだろう。

ミクロからマクロまでの実践のすべてを同時に行うことはむずかしいが、「すべてのソーシャルワーカーは、主要な関心を1つか2つのレベルだけ持っているとしても、ある程度これら3つのすべてに従事している[1]」といわれている。

ここに1人の介護を必要とする75歳の男性高齢者の利用者がいると仮定してみよう。この男性には高齢の妻がおり、彼女が彼の介護をして、「老老介護」で生活が困難になっている。子どもはいるものの、子どもたちも自分たちの生活でいっぱいいっぱいの状態である。もしこのような人が利用者であれば、ソーシャルワーカーとしてどのようなことがわかっていなければならないのだろうか。何をどう支援すればよいのだろうか。支援の対象は、男性やその妻の理解だけでよいのだろうか。

*1
ソーシャルワークでは「援助」という用語の代わりに「支援」という用語を使用することが多くなっているが、本書では両方の用語を必要に応じて用いる。

*2
ソーシャルワークにおける異なる問題対象の分類は時代とともに変遷し、ミクロ、メゾ、マクロという用語の定義も、必ずしも同一ではなく、解釈が異なることもある。

問題が個人や家族のものであっても、その人々の問題解決のためには個人や家族への支援にとどまらないことも少なくない。彼らを取り巻く環境である地域社会（学校、近隣、公共組織などを含む）、また、さらに制度や政策などが変化しなければ、問題が継続し続ける可能性がある。この問いかけに対するある種の答えを出してくれるのが、ミクロからマクロまでの一貫的・継続的な視点をもつ、ということであろう。

2 ミクロからマクロまでの広い視野をもち実践する意義

　優秀なソーシャルワーカーでも、担当する利用者への支援の限界を感じることがあるだろう。利用者が抱える課題の多様化、複雑化などにより、一人のワーカーの<u>直接支援の努力だけでは限界がある</u>ことに気付くことも少なくない。利用者に必要な複数の資源が存在しない、あるいは、資源の提供者たちが協力体制をとってくれないなどという現実にもぶつかる。利用者が抱えている<u>問題の本質を俯瞰的にとらえ</u>、<u>問題解決をめざす</u>には、ミクロ・メゾ・マクロ、といった<u>領域を横断する包括的な支援</u>が重要となってくる。

　包括的支援の必要性は、ソーシャルワークが依拠する実践理論とも大きなかかわりをもっている。ソーシャルワークでは、常に人間と環境との相互関係性を重視して問題をとらえようとしてきた。第2章で詳しく解説する**システム理論**や**生態学理論**（エコロジカル・パースペクティブ）は、支援対象がミクロレベルの個人や家族内での問題であっても、その問題を生み出し、継続させている環境要因に着目し、個人や家族が生活を営む、「より大きな社会環境」との相互作用を考慮し、課題のアセスメントや支援法のプランニング（支援計画づくり）を実施する。さらに、人間理解では、「全体性」を重視し、身体と心理、社会との関係性（**バイオ・サイコ・ソーシャル**の3側面）[*3]のすべての側面を考慮していく。

　このような立場に立ち、ソーシャルワーク実践では「利用者が自分の人生に影響を与えている社会問題や社会状況・政策に対応していくことを支援する自然な延長線上に、ミクロからマクロへの連続性[2]」があると述べられている[*4]。つまり、個人や家族といった利用者が抱える問題対応であっても、その問題解決には、<u>問題の理解を個人内・家族内だけに留めない</u>ということである。個人や家族といったミクロ実践の際にも、そのプロセスで経験された出来事をマクロ実践行動に結び付けていくこと

*3
英語では、biopsychosocialと記載する。

*4
米国の多くのソーシャルワーク大学院で長年使用されてきたテキストの第10版による。

＊5
本双書第9巻第3章第1節で述べたように、一般社団法人日本ソーシャルワーク教育学校連盟も、これらの3つのレベルでの実践の定義が諸説あることと、レベル間の重複を認識した上で、便宜上3つのレベルでの実践を定義している。

＊6
本双書第9巻第3章第1節にある日本ソーシャルワーク教育学校連盟が採用している定義では、ミクロレベルでは「個人や家族への直接援助」、メゾレベルでは「家庭ほど親密ではないが、グループや学校・職場・近隣など有意義な対人関係のあるレベル」、マクロレベルは「対面での直接サービス提供ではなく、社会問題に対応するための社会計画や地域組織化など、社会全般の変革や向上を指向しているものである。具体的には、コミュニティ、国家、国際システムであり、政策や制度を含む」というとらえ方としている。この定義はヘップワース（Hepworth, D. H.）ら（引用文献2、12頁）が紹介しているものである。

が重要であると指摘されている。その理由は「ミクロレベルの観察がソーシャルワーカーに対して個人やグループそしてコミュニティが経験している共通の問題や状況に関する情報を提供してくれる」からでもあり、ミクロ実践をするソーシャルワーカーは、自分が実践で出合う個人の問題が「より大きな集団にとっても問題となっているのか」を問いかけ続けなければいけないからでもある。このようなプロセスをたどることでミクロ実践をしているソーシャルワーカーが「個人の問題を継続させ続けている実質的な社会・経済的な問題」を見出し、根底にある構造的な問題を認識すること、その問題解決のために行政機関等に向けて情報発信していくことの意義を指摘する。こうすることで、ソーシャルワーカーが「システムレベルの解決として（個人レベルでの）問題を再構築」し直せるのである。[2]

　具体的にミクロ・メゾ・マクロレベル実践の定義を見てみると、必ずしも研究者間での合意がある訳ではない。[*5] それらの違いを考える際に役立つのは、支援の直接性と支援対象のサイズの大きさであろう。つまりミクロからマクロにいくに従って利用者支援の直接性が低くなり、対象となるサイズが個人・家族などから制度・政策といった大きなものになるということである。[*6]

第2節 ソーシャルワークの全体的な流れ

第1節で述べたように、ソーシャルワークの対象は、個人や家族だけに限定されない。ある課題を共有するグループ、福祉関連組織、地域などのどれもがソーシャルワークの対象となる。これが、ソーシャルワークがミクロレベルからマクロレベルまでを包含しているということである。

このような特徴により、「ソーシャルワークとは何か」と尋ねられた際の答えは容易ではないが、ここでは、第1節で述べた視点に従い、個人・家族といった利用者支援の一連の流れを見ていきたい。本来、ソーシャルワークの流れは動的なものであるが、便宜上、静的なモデルとして**図1-1**の8つのステップとして関連性を解説する。同時に、それぞれのステップに関連する章、節なども図中に示した。ソーシャルワークでは、利用者は誰か、課題は何か、などが広範なため、以後説明する支援のステップも実践場所により異なる点があることを前提に議論を進めたい。

〈図1-1〉 ソーシャルワーク展開過程

8つのステップ	①ケースの発見	②インテーク（エンゲージメント）	③アセスメント	④プランニング	⑤支援の実施	⑥モニタリング	⑦終結・事後評価	⑧アフターケア
関連する章・用語	第2章第1節 ニーズ発見 アウトリーチ	第2章第2節 緊急性判断 紹介	第2章第3節 契約 マッピング ジェノグラム エコマップ	第2章第4節 プランニング 援助目標設定 マッピング ジェノグラム 資源開発	第2章第5節 各種アプローチ グループの活用 資源開発	第2章第6節 事中評価 経過評価 再アセスメント	第2章第7節 効果測定・評価 ターミネーション	第2章第7節 アフターケア・ フォローアップ 資源開発

（筆者作成）

1 ケースの発見

（1）アウトリーチの意義

　ソーシャルワークや相談援助という言葉を聞くと、個人や家族が、自分たちの生活上の困難について相談機関にやってくる場面を想像する人は少なくないであろう。しかし実際にはこのような方法でのみ、支援が始まるわけではない。

　図1-1の「①ケースの発見」が、ソーシャルワークの第1ステップになることは珍しくない。社会福祉実践領域によっては、このステップが不可欠なこともある。このケース発見で重要な役割を果たすのが**アウトリーチ**で、地域に存在する課題を見つけ出し、自ら支援を求めることができない人々が援助を使いやすくする。

　社会福祉サービスが必要な人々の中には、必要な制度に到達できない人々が少なからず存在する。そのような人々の中には、サービスの存在自体を知らなかったり、必要とするサービスがなかったりするために、相談機関にやってこない場合もある。また、支援の必要性がありながらもそのことをうまく表現できない人、支援のニーズがあるものの何らかの理由でサービスを受けたくないとサービスを拒否する人たちも同様に相談機関に自らやってくることはない。このような人々を支援することはソーシャルワークの使命といえる。

　2014年版の『ソーシャルワーク・ディクショナリー』（*The Social Work Dictionary*）は、アウトリーチを「近隣をベースにした機関において、ソーシャルワーカーがサービスを自宅や通常の生活場面に出前したり、サービス利用の可能性に関する情報を提供したりする活動[1]」と説明するとともに、アウトリーチを理解するために必要な内容として「ケース発見」をあげている。アウトリーチの必要度が高い領域として、精神科のリハビリテーションを受けている人、薬物依存症、高齢者、といった人々を対象にしたケースマネジメントがあり、ケースマネジメントのプロセスの第一段階は、「ケースの発見・アウトリーチ[3]」ともいわれている。[*7]

（2）アウトリーチにおける留意点

　アウトリーチを必要とする人々に対するソーシャルワーク実践では何に気を付ける必要があるのだろうか。ホームレスの人々へのアウトリーチ実践活動から学んだ教訓をもとに、レビー（Levy, J. S.）は、実際の

支援に入る前段階の重要性を強調し、以下の５つの原則を導き出している。①毛布を提供するなど危害を回避するための活動を通して関係をつくり、安全を高めたり、危機介入法などを用いたりして、急性の症状を安定させ、その後の活動への機会として用いる「安全の向上」、②信頼、安全、自律を高めるようにして関係性をつくり上げる「関係性形成」、③共通の理解を深めゴールをともにつくり上げていく「共通言語構築」、④利用者が必要なサポートを得るとともに、自分の中にある両価的な思いを探求し、健全な行動を強化し、スキルを高めることで、ポジティブな変化を達成し維持できるように準備をするなどの「変化の促進とサポート」、⑤「文化的エコロジカルな側面への配慮」である。

*8
「プリ・トリートメント」という用語を使っている。

（3）ケース発見の方法と留意点

　ケース発見の方法はさまざまで、ワーカーが行政とともに、地域における課題を明確にするために社会調査などを行い見つけ出すこともあれば、地域の人々との交流によって発見することもある。

*9
地域包括ケアシステムでいわれる「地域課題の発見」の一つといえよう。

　例えば、公共交通機関があまり充実していないＡ地域における要支援高齢者数の増加が明らかになったとしよう。地域ではその原因を探るために聞き取り調査を実施した。すると、３年前にＡ地域の近郊に大型商業施設ができており、それまで自家用車で買い物や病院に連れていってくれていた娘さんやお嫁さんたちの多くが、その商業施設でパートとして働き始めたことがわかった。そこで、Ａ地域ではそのことを視野に入れて対策を講じ始める、というようなことが例としてあげられる。また、Ｂ社会福祉協議会のワーカーが地域の集会に参加したところ、「近所の子どもが学校の授業がある時間帯に自宅付近でうろうろしている。どうも、昼間、大人が誰も自宅にいないようで気にかかる」といった話を聞き、その家族への接触を考え始めることもあろう。

　このようにして課題を発見することが、ソーシャルワークの第１ステップである。

　このステップを適切に実施するために大切なことを４点あげたい。

　第一に、ワーカーは、問題を抱えた人が相談にやって来るのを待つのではなく、自ら常に地域の課題に敏感になり、問題の発見に努めることである。第二に、自ら支援を求めてこない・来ることができない人たちの背景に配慮をしたかかわりをすることが大切である。第三に、課題を発見するために、聞き取り調査や質問紙調査等を用いて、必要な情報を適切に見つけ出せる方法を習得しておくことである。第四に、地域の人

たちが課題に気付いたときに、ワーカーに話してもらえる場の提供と地域の人々との関係性の構築である。

2 インテーク

　自ら支援を求めて相談に来る人であっても、どこが自分にとって最適な相談先であるか判断することはむずかしいことがある。相談を受けたワーカーが、相談者の問題解決には他の相談機関がより適していると判断できる場合もある。そのためソーシャルワーク機関では自分の機関が最適な支援を提供できるかどうかを見極め、必要に応じてより適した相談機関と利用者をつなぐために、「受理面接（**インテーク**）」を行う。[*10]

　インテークは、「この利用者の問題はこの機関や組織で受けることが最適か」を判断する過程であり、アセスメントの一部ととらえることもできる。[*11]インテークで最も重要なことは、ワーカーが利用者が自分のつらさ・苦しさなどを語りやすいよう、援助関係形成に留意することである。インテーク段階で、利用者は初めてワーカーに出会い、自分自身の苦しさやつらさを話すことになる。これは決して容易ではない。ワーカーは自分の話をきちんと聞いてくれるだろうか、相談して何か問題解決の糸口が見つかるのだろうか、といったような不安を抱えているはずだ。利用者が相談の初期に抱くこのような不安を決して忘れることなく、利用者が安心して相談したいと思える援助関係をつくり上げることの大切さを再認識する必要がある。利用者に信頼してもらえる関係をつくるためには、相談面接力が必要不可欠である。さらに、対応の緊急性の判断をすること、もし自分の所属機関が最適な支援を提供できないことがわかったとき、最適な機関に紹介をすることである。利用者がどこに行けばよいのかわからない「たらい回し」状況を決してつくらないことが大切である。

　相談のあるべき姿は、利用者が最初に相談した場所でずっと支援しつづけてもらえることである。最近強調されるようになった「ワンストップサービス」は、この考えに基づいたものである。しかし、まだそれがむずかしい場合があることも事実であるため、インテークの過程が想定されてきた。

＊10
最近の海外のソーシャルワークの主要テキストを見ると、インテークという用語を用いることが少なくなっており、アセスメントに統合されているようである。

＊11
インテークは、ワーカーが、まず利用者の相談を受け、当該機関での支援が最適かの判断も含めたアセスメントを行う一部のプロセスを意味し、「受理面接」と訳されてきた。近年、この相談受け付けのプロセスを「エンゲージメント」のプロセスとし、「利用者との関係をつくっていくプロセス」とよぶようになっている。本書でインテークという用語を使用する場合には、「エンゲージメント」と意味するところはほぼ同様である。このプロセスで利用者と援助関係をしっかり形成し、利用者が利用者にとって当該機関での支援が最適かを判断し、当該機関を含めた最適な支援提供でのアセスメントプロセスに移行する。利用者理解を深めるプロセスである。本書第2章第2節参照。

3 アセスメント

（1）アセスメントの概要

　第3ステップは、「**アセスメント**」である。アセスメントとは、問題状況の総合的な理解を行うために、<u>情報を収集・分析・統合</u>することである。

　アセスメントという言葉を聞くと、情報の収集そのものだけ、ととらえる人もいる。しかし、アセスメントは、最適な支援方法を利用者とともに見出していく初期プロセスであり、<u>収集した情報をしっかり分析し、問題のもつ多面性も理解できるように統合する</u>ことまでを含むものである。アセスメントは、どのような解決法があるのかを考える基礎となるステップであり、建設作業に例えれば、基礎工事にあたる部分である。アセスメントが不十分であるということは、基礎工事がしっかりされないまま、その上に建物を建てるようなものである。

　ソーシャルワークにおいて、利用者をアセスメントするということは、単に対象となっている人の理解だけにとどまらず、利用者を取り巻く環境をも含めた理解をすることが重要である。[*12] 例えば、利用者が一個人であったとすると、その人に影響を与えている家族、職場や学校などその人がかかわっている集団・組織、地域社会などの環境と利用者がどのような相互関係にあるのかを理解しようとする視点がソーシャルワークのアセスメントの特徴であるともいえる。このような視点をもったアセスメントをすることで、続くプランニングの際に、利用者と利用者を取り巻く環境との相互作用を考慮に入れた支援方法を考えることができるのである。[*13]

　次のステップの「プランニング」で有効に使うため、アセスメントで収集された情報を、まとまりがあり、かつ意味のあるものにする「情報の分析・統合」の作業が必要になる。この分析・統合を促進し、ワーカーが大量の情報に埋もれないようにするために、情報を視覚化してわかりやすくする「エコマップ」「ジェノグラム」などのマッピングのツールも多数開発されている。これらに関しては第2章で説明する。

（2）アセスメント面接・その他の情報収集

❶アセスメント面接

　アセスメントの中心は、利用者と直接会って話を聞かせてもらう「アセスメント面接」であることが多い。そのため、ワーカーは、必要な情

*12
本書第1章、第2章では、主に個人・家族、彼らを取り巻く環境をアセスメント対象にしているが、アセスメントの対象は、組織や地域の場合もある。例えば、何らかの課題を経験していると考えられる対象が福祉施設であれば、その施設という組織がアセスメントされる。

*13
実際に支援を開始する前に、利用者とソーシャルワーカーとの間で「契約関係」を明確にし、支援目的や、双方で合意すべき約束ごとなどを文章化し、署名しておく「契約」のプロセスがあることが望ましいと言われている。契約概念が発達し、かつ訴訟も多い北米では、通常書面による契約が行われる。

報を収集する力を備えておかねばならない。情報収集を面接によって実施する際には、言語・非言語の両方のコミュニケーション力に支えられた「相談面接力」と「観察力」が必要となってくる。

　渡部律子は、複数のソーシャルワークや臨床心理の研究者による面接技術に関する文献をレビューし、相談援助面接における言語コミュニケーションを「面接における言語反応のバラエティー」として、便宜上15項目にまとめて紹介している。それらは、「①場面構成などの面接に直接関係しないが、面接の中で使われる言語反応」「②受け止め・最小限の励まし」「③明確化・認知確認」「④相手が表現したことの繰り返し」「⑤言い換え」「⑥感情や事実の反射・明確化」「⑦要約」「⑧質問」「⑨支持・是認・勇気づけ・再保証」「⑩情報提供」「⑪提案・助言」「⑫解釈・説明」「⑬分断化されたさまざまな情報の統合」「⑭焦点化、見えていない点に気付き、あらたな展望を開く反応」「⑮仮説的状況に関する質問」である。[*14]

❷その他の情報収集

　アセスメントで中心になるのは、利用者との面接から得る情報であると述べたが、利用者の理解を統合的・多面的に行うためには、そこで得られた以外の情報をも収集する必要が出てくる。もちろん、ワーカーは本人から直接さまざまなことを聞かせてもらう努力をするが、同時に利用者についての理解をさらに深めるために必要な情報を他者・他機関からも得ていく。地域住民の話、利用者がすでに接触をもっている行政機関・医療機関などからの情報等、多角的な情報収集が必要な場合があることに留意したい。

　利用者の支援のためという明確な目的をもち、秘密保持原則を守るならば、関係機関間で協力し合うことは、利用者の福利向上につながる。しかし、本人以外から情報を得たり、関係機関で<u>情報共有したりする場合には、秘密保持原則、利用者のプライバシー保護に十分な配慮をする</u>ことを忘れてはならない。また、このような多様な情報を用いる場合にワーカーが注意しておかなければならないことは、他者から得た情報をそのまま安易に受け入れるのではなく、先入観をもたず利用者に向き合い、それらの情報の適切さを吟味した上で、情報を用いることである。

わたなべりつこ（渡部律子）

*14
これらの言語反応は、アセスメント面接の初期により多く使用されるもの（①〜⑧など）と、中期以降、利用者の状況がかなり明らかになった時点でより多く使用されるもの（⑨〜⑮など）があるといえる。

4 プランニング

　利用者の置かれている状況が理解でき、利用者を取り巻く環境がどの程度問題解決に役立つか、問題解決のために不足しているもの（資源等を含む）は何か、などということを明確にしていく「アセスメント」のステップが終了すると[*15]、次は、「どのような支援をするか」を計画していく第4ステップの**プランニング**である。ソーシャルワークには、多様な支援方法やワーカーの機能があるため、利用者の抱えている課題、ワーカーの所属機関の特性などを考慮して、最適な支援方法やワーカーの役割を決めていくことになる[*16]。

　例えば、利用者が何らかの情報を得ることで問題解決できる場合には、情報提供を行う。さらに、情報提供より一歩進んで、必要なサービス提供機関と利用者を結び付けることが必要な場合には、「ブローカー」とよばれている仲介機能を使う。これらは、情報提供やサービス機関との結び付けが中心の支援である。利用者が「長期にわたり複数のサービス調整を必要としている場合」には、サービス間コーディネーションを提供するケアマネジメントを実施する。ケアマネジメントは広範な福祉の領域で用いられる支援法であり、高齢者のみならず、慢性精神疾患があって地域生活を送っている人、虐待を受けている子どもなどにも有効な方法だといわれている。

　突然の余命宣告といったような危機状態にあるとき、利用者がその危機を切り抜ける間、「危機介入」とよばれる支援方法をとり、期間限定で[*17]、ワーカーが中心になって積極的に支援を進めていくこともある。本来、ソーシャルワークでは、利用者の「自己決定」を尊重し、ワーカーと利用者の協働関係をもとに問題解決にあたるが、危機状態にあるときにはその例外となる。利用者の問題の中核が、複数の機関や人間間での問題のとらえ方の違いなどにあり、意見調整が必要な場合には、「メディエーター（調整役）」となり、関係者間の話し合いの場を設けて関係者が問題解決に向けて協働できるようにする。

　利用者がワーカーのところに相談に来るときは、利用者が問題を自分一人で処理しきれず、通常できていたことができなくなっていたり、自信をなくしていたりすることも少なくない。そのようなとき、ワーカーが利用者のもっている力を再発見し、それを発揮できるように「支持的役割」「イネーブラーの役割」を果たす[*18]。非行や児童虐待といった不適応行動に対する行動変容プログラム、薬物依存などの依存症に対するグ

*15
ソーシャルワークのアセスメントは一度で終わるものではなく、継続プロセスである。時間の経過に伴う変化に合わせて「再アセスメント」が実施され、その結果に合わせてプランニングも再考される。

*16
プランニングの際には、利用者との協働作業によって何を支援のゴールにするのか、どれぐらいの期間を想定するのか、ゴール達成のために誰が何をいつ実施するのか、といったことを明確にしておく。

*17
危機介入の際、利用者が安定してくるまでの一定期間に限ってのみ、このようなワーカー中心の援助を実施する。危機が過ぎれば、通常の利用者中心の援助に移行する。

*18
優れたワーカーは、ごく自然にこの支持的役割やイネーブラーの役割を果たしていると考えられる。なお、ここで用いるイネーブラーという用語は、依存症領域での意味合いをもつものとは異なることを付け加えておきたい。

ループワーク、家族療法といった「カウンセラー」や「セラピスト」としての支援を実施するワーカーも数少ないが存在する。[19]

　本書第3章第1節4「ソーシャルワーク実践のアプローチ」で解説されている、心理社会的アプローチ、機能的アプローチといったさまざまなアプローチへの理解を深め、適切に応用できることが、支援のプランニングでは重要である。

5 支援の実施

　第5のステップでは、第4ステップで作成した支援プランを実施する。支援では先述した情報提供、ケアマネジメント、危機介入、などさまざまな方法が用いられる。

　支援プランを考えるとき、実際に利用者に必要な資源やサービスが存在していないことが判明することがある。例えば、認知症の高齢者が通えるデイサービスが存在しない、子育てに悩む若い母親の日常の心配ごとに応じてくれる相談機関が近隣にない、といったような例である。このようなサービスや資源の不十分さが明らかになった際には、新たなサービスや資源開発活動を行う必要性が出てくる。ワーカーにできる方法を2つあげてみたい。

　1つめは、公的なシステムづくりに時間がかかったり、実現が困難と考えられたりする場合などに用いる方法である。それは、NPO（非営利組織）や地域住民などにはたらきかけて新たなサービスをつくり出すことである。[20]

　2つめは、行政などにはたらきかけて、そのようなサービス提供ができるシステムづくりを促進することである。新たな「サービスづくり」のために必要なデータを集めて提供することやサービスプログラムの提案を行うことなどがその例である。

　このようなワーカーの活動は、利用者に代わってその権利を代弁する「**アドボカシー**（advocacy）」に相当する。[21]

6 モニタリング

　支援が適切に実行されているか、当初めざした「支援ゴール」に向かって適切に進んでいるかをチェックすることを**モニタリング**とよぶ。モニタリングの結果によっては、再アセスメントを行い、支援プランを

*19
欧米に比べると、わが国では、ソーシャルワーカーの主要な業務にこのカウンセリングやセラピーといった方法がとられることは少ない。

*20
例えば、前述した若い母親が相談できる機関が存在しない場合に、住民参加型の組織、婦人会、老人クラブなどにはたらきかけて、相談窓口をつくるとともに、相談を受けられる人々を養成していくといったようなことがあげられる。

*21
アドボカシーには、個人が対象となるケース・アドボカシー（case advocacy）と、同様の課題を抱えるグループ（集団）が対象となるコーズ・アドボカシー（cause advocacy）の2種類ある。

作成し直す。[*22]

　支援はその開始段階で、利用者とワーカーの間において、何をゴールにするかを決めておかなければならない。例えば、老親の介護でストレスをため込んでいる介護者の娘さんが利用者の場合、「介護環境を見直し、自分の時間がとれるような介護状態をつくること」がゴールになるかもしれない。さらに、ここに「日々のストレスレベルが下がる」ことが含まれる。このような支援ゴールは、第4ステップの「プランニング」の段階で、ゴール達成に最適であると考えられる方法を選択して、達成に向けて実施されていく。ワーカーは、支援が実施されている間、当初のゴールに向けてどのような成果を上げているか、をモニタリングし続けていく。

　モニタリングの方法は、その着目点から大きく2つに分けることができる。1つは、目に見えて、測定しやすい客観的なデータである行動の変化等を見ていくもの、もう1つは、感じ方、考え方、QOL（生活の質）といった目に見えにくい主観的な変化を見ていくものである。先のケースを使って主観的な変化の例をあげると、利用者自身に介護環境を点数化してもらい、報告してもらうことができる。また、同様に、利用者にストレスレベルの変化を報告してもらうことも可能である。

7 支援の終結・事後評価

（1）終結

　結果としてゴールが達成できていることがわかれば、支援の「**終結**」に向けて準備を始める。支援を急に打ち切ると、利用者がその後どうしていったらよいのか迷ってしまう。そのため、終結に向けては、前もって準備をする必要がある。準備に関して大切なことを3点あげたい。

　第1に、時間的余裕をもった事前伝達である。ワーカーから利用者に対して、「ゴールが達成できて安定しているのでそろそろ支援を終結する準備をしよう」といったことを伝える。[*23]その際、終結予定日に先立ち、十分な時間的余裕をもっておくことが必要である。

　第2に、支援プロセスをともに振り返ることである。ワーカーと利用者でこれまでの道筋を振り返り、ゴール達成において利用者が果たした役割、そのプロセスで見えた利用者の力・強さなどを話し合うことが大切で、利用者のエンパワメントにもつながる。

　第3に、終結後の生活予測である。利用者の抱える不安、今後支援が

* 22
「モニタリング」は、第6ステップに入っているが、第3ステップの「アセスメント」の段階から意識しておかなければならないことである。

* 23
利用者は終結に関して不安を感じることも少なくない。そのため、利用者が終結準備を十分できるよう、時間の余裕が必要となってくる。

終了した際に支援者なしにどうやっていけるかについて、利用者が不安を残さないように具体的に話し合う。

このプロセスを通して、利用者自身が自分の力を再評価する機会が提供できるとともに、将来起こり得る問題に関する不安を表明でき、そのような場合の解決方法も話し合える。その際に、もし将来何か問題が起こり、自分の力だけではどうしようもないときにどうしたらよいか（誰に相談できるのか）をも含めて話し合っておくことで、利用者が「自分は放り出されるのではないか」という不安を取り除くことができる。

なお、「終結」は必ずしも上述のようなプロセスを経て起こるとは限らないことにも留意が必要である。利用者が急に相談に現れなくなったり、状況が急変して、より専門度の高い機関のケアに移っていたりなど、さまざまな形で突然中断・終了することがある。また、ソーシャルワークの支援では、明確に「これで終結・ここで終結」として終わりにしにくいケースも少なくないのが現状である。

（2）事後評価

モニタリングで得られた情報等をもとに支援の成果を評価し、終結に向けての準備をするステップでは、支援でめざしていたゴールを達成できたかの**評価**を行う。評価は、目的・対象などによりさまざまな方法等があるが、ソーシャルワーク展開過程においては大きく分けて、援助のプロセス（過程）の適切さに着目する「プロセス評価」と、最終的な達成度に着目する「結果（成果）評価」がある。

結果（成果）評価を少し補足説明する。前項で述べたモニタリングは結果評価の一つのプロセス、と考えてもよいかもしれない。結果評価では、通常「援助を開始する前の状況」と「援助を導入した後の状況」が比較される。評価に際しても、利用者の参加の意思を確認し、協働作業していくことが重要である。[24]

評価をする場合の尺度（基準）を大別すると、以下に述べる❶固有の問題に対してつくられる評価尺度、❷標準化された尺度、の2つになるだろう。

❶固有の問題に対してつくられる評価尺度

これは利用者の固有の課題に合わせたもので、その利用者固有のゴールをどの程度達成することができたかを測るものである。そのバリエーションには、①行動などの測定可能なゴールがどの程度達成できたかを

点数化して評価したり、ある行動が起こる回数などを観察して実際に測定したりする方法や、②数値として表しにくい恐怖や喜び、自信などといったような内的な状況を測定する方法などがある。

　ここで、数値化しにくい内的状況を評価測定する例をあげてみたい。母親の介護に疲れ自信を失っている娘のAさんが、援助が始まった当初は、自分のことを卑下し、非常に低い自己評価をしていたと仮定してみよう。Aさんが「私は母親の要求に全く応えることができていない。そんな介護しかできない私は価値がない」という自己評価をしているときを0点とし、「私なりにできることをきちんとやっている」という自己評価ができたときを10点とすることに決めて、援助の進展につれこの点数がどう変わっていくかを評価していくこともできる。[25]

　この例では、対象を個人の利用者に設定しているが、対象が家族全体、また地域であっても、このような評価尺度を考案することが可能である。

❷標準化された尺度

　これは、既存の尺度を使って利用者の問題の変化を評価する方法である。臨床現場には、よく使われるすでに標準化された尺度が数多くある。例えば利用者の主な問題が抑うつ状態であれば、「抑うつ尺度」、もし不安が問題であれば「不安尺度」など、標準化された尺度が存在し使用されている。これらの標準化された尺度は、たいていいくつかの定型質問から構成されており、利用者がそれらの質問に対して「はい」「いいえ」や「点数」で答えていくことができるようになっている。

　また、このような固有の問題に関する標準化された評価尺度とは別に、利用者が提供された支援にどの程度満足しているのかを評価する尺度も存在する。[26]

　シングル・システム・デザイン（Single System Design：単一事例実験計画法）[27]とよばれる評価方法は「行動療法」を用いる実践家たちが主に使ってきたものであるが、今では、行動療法家のみならず、ソーシャルワーク支援の成果評価にも使われている。例えば、夫の介護で疲労し、ストレスのために夫を怒鳴ってしまう妻が「介護者の会」に参加することで、「夫を怒鳴る」頻度がどう変化していくのかをグラフ化していくことができる。

　シングル・システム・デザインの特徴は、①援助活動を始める前にベースラインとよばれるデータ（問題になっている行動の頻度等）をとること、②評価の方法に関して具体的に利用者に説明を行うとともに利

*25
このような評価の尺度化は、ワーカーが一人で決めて実施するのではなく、利用者と話し合って実施するものである。

*26
コルコランとフィッシャー（Corcoran, K. & Fischer, J.）は、「あなたが受けたサービスの質はどうでしたか」「支援は問題の改善に役立ちましたか」といったような質問に4点評価で回答する満足度質問票を紹介している。

*27
シングル・サブジェクト・デザイン（Single Subject Design）ともいう。本双書第12巻第3部第7章第3節（6）参照。

用者の参加の意思を確認すること、③評価の対象となるデータをどれだけの期間で収集するかに関して決めておくこと、④収集されたデータは評価のためのみならず、利用者とソーシャルワーカーが利用者の変化をともに振り返って見ていくための材料とすること^{*28}、があげられる。

8 アフターケア

　終結後も必要に応じて**アフターケア**や**フォローアップ**といわれるケアを実施することになる。正式な支援の終結後も完全に利用者に対して援助の扉を閉ざすのではなく、必要なときには利用者が他者に支援を求められるようにしておくことが大切である。支援終結の際には、あらかじめ「また、Xか月後ぐらいに、一度どのような様子でいらっしゃるかお尋ねしたいと思いますが、いかがでしょうか」と、利用者にアフターケアに関する情報を伝えておくと利用者も安心するだろう。アフターケアで利用者と再度会った段階で、①特別な支援の必要がない、②少し補足的な支援が必要である、③（状況の変化などにより）かなりの支援が必要である、のどれに相当するかを判断し、適切な支援を実施することになる。

引用文献

1）Barker, R. L. (2014) *'The Social Work Dictionary'* 6th ed., National Association of Social Workers, p. 269, p. 305, p. 413.

2）Hepworth, D. H. et al. Eds. (2017) *Direct Social Work Practice-Theory and Skills*. 10th. ed., MA: Cengage Learning. p. 425.

3）Levy, J. S. (2011) *Homeless Outreach & Housing First：Lessons Learned*, Loving Healing Press. p. 3.

参考文献

● Corcoran, K. & Fischer, J. (1987) *Measures for Clinical Practice*, The Free Press.

● 渡部律子「アウトリーチ実践ができるソーシャルワーカー養成に影響を与える要因」『社会福祉研究』第115号（2012年）、鉄道弘済会

● 渡部律子「ソーシャルワークの実践過程」北島英治・副田あけみ・高橋重宏・渡部律子 編『ソーシャルワーク実践の基礎理論 改訂版』有斐閣、2010年

第2章
ソーシャルワークの展開過程

学習のねらい

　本章では、ソーシャルワークの展開過程を事例も使用しながら解説する。
　第1章では、援助過程の全体像について述べた。本章では、それらの過程をさらに具体的に解説していく。第2章で、特に紙幅を割いたのは第3節のアセスメントである。この節では、アセスメントの定義と位置付けを明確にすることで、包括的支援に不可欠な基礎の学びをより深める。さらに、アセスメント面接の際、ワーカーに必要な基礎知識・スキル、ツール等も紹介する。ソーシャルワークの展開過程では、たとえ支援対象が個人であっても、その個人を取り巻く家族、近隣、関連機関、地域社会、制度といった環境と個人の間で起きている相互作用を考慮し、ミクロからマクロまでを視野に入れた支援をすることが必要不可欠である。
　利用者が自ら支援を求めてこない場合にも、アウトリーチを実施し、利用者が適切な支援を受けることができるようにする必要がある。利用者状況の全体像を俯瞰できるアセスメントをもとにした支援プランを実施し、支援が利用者にどのような影響を与えることができているのかをモニタリングし続ける。支援の終結にあたっては、支援の成果を評価するとともに、必要に応じたアフターケアの実施も必要である。このような一連の過程が、ソーシャルワークの展開過程であることを意識し、実践に役立ててほしい。

第1節 ケースの発見

①　事例に見るケースの発見
（民生委員のはたらきかけ）

　第1章でも述べたように、ソーシャルワークのプロセスがケース発見から開始することは少なくない。

　まずは、以下の事例1を読んでいただきたい。本章では、この事例1を使ってソーシャルワークの展開過程を具体的に示したい。なお、事例1及びその展開は、地域包括支援センター等の相談機関で取り扱った複数の実際事例からエッセンスを取り出し、それらを組み合わせてつくり上げたものであることを最初にお断りしておく。*1

＊1
地域包括支援センターが、具体的にどんな役割を担うかに関しては、地域ごとに違いがある。そのため、本節で展開する援助が地域包括支援センター以外の援助職者によって行われることもある。

事例 1 － ①

　ある地域包括支援センターのソーシャルワーカーAさんのところに、地域の民生委員であり、またアパートの大家をしているBさんから電話があり、「うちのアパートに住む67歳になるひとり暮らしの男性のCさんの体調がよくないようで、部屋も散らかっている。気にかかるのだが、どうしたらいいだろうか？」という相談があった。

　Bさんは、Cさんと付き合いがあり、これまでも何回か話をしたことがあるので、訪ねてみたところ、体調も悪いらしく、食事もきちんとしていないようだった。Cさんは、もともとあまり自分のことを話したがらない人なので、あまり話はできなかった、とのことだった。Bさんは地域包括支援センターが総合相談窓口だということを知っていたし、これまでも何回か気になった地域の人の相談にのってもらっているので、「今回もお願いしたい。必要ならば、Cさんのところに行く際に自分もついていく」と話された。

　あなたが、ワーカーのAさんであれば、Cさんがこのような状態に陥っているということを聞いて、何を考えるだろうか。この事例では、近隣住民の一人である民生委員がケースを発見し、アウトリーチによる支援が開始される。

2 ケース発見から相談に至る経緯

　Ｃさんが民生委員とともに地域包括支援センターに相談をすることに
至る経緯は、次のようなものであった。

事例1 ー②

　アパートの大家でかつ民生委員も務めるＢさんは面倒見のよい人で、これ
までもＣさんのことを何かと気にかけていた。今回も、Ｃさんが外に出る様
子がないため部屋をのぞいたところ、ひげもそらず、寝間着のままで布団に
寝転がっていた。今までも特にきれい好きとはいえなかったが、それなりに
部屋の中は片付いていたのに、そのときは、家の中に新聞、食べ物のプラス
チック容器、衣類などが散乱していた。

　Ｂさんが、それとなくＣさんに様子を聞いてみたところ、「大丈夫です」
と、それ以上Ｂさんに迷惑をかけたくないようであった。しかし、Ｃさんに
身寄りがないこと、この間、家で転倒したことなどを考えて、とにかく誰か
の助けが必要だと感じた。Ｂさんは、Ｃさんが借金を返し続けており、それ
が生活費を圧迫していることも知っていたので、「一度誰か専門家に相談し
てみたらどうだい」と声をかけたこともあったが、律儀なところのあるＣさ
んは、「いや、自分がつくった借金だから、とにかく払える間は払います」
と言っていた。

　そのような経緯はあったが、今回の様子からＣさんは介護保険を適用でき
るかもしれないとも考えたＢさんは、「やっぱりちょっとこれからのことが
心配だよ。私ができることは限られているけれど、こんなとき、相談にのっ
てくれるところがあるんだよ。相談してみないかい」ともちかけた。すると、
最初は「他人に面倒をかけるのだけはごめんこうむりたい」と言っていたＣ
さんだったが、Ｂさんが「嫌なら断ればよい。私も一緒にいるから、どうし
ていったらいいか一緒に考えてもらおうよ」と言うと、「大家さんがいてく
れるなら……」ということで納得した。

第2節　インテーク

＊2
本書第1章第2節参照。

前節の事例1－①において、このようにして地域包括支援センターの
ワーカーの支援につなげることができた。通常、この次の過程として想
定されているのは、インテーク[＊2]とよばれるもので、その目的の一つは、
「自分の所属機関で利用者の相談を受けることができるかどうか」の**ス
クリーニング**をすることである。

インテーク面接で重要なことは、不安を抱えて相談にやって来たであ
ろう利用者が、安心して自らの問題を話せる環境を整えることである。
そのためにワーカーがすべきことは、利用者に信頼してもらえる<u>援助関
係を形成する</u>ことができるよう、細心の注意を払うことである[＊3]。

＊3
「援助関係の形成」の詳
細は、本書第4章第1
節参照。

さらに、<u>機関の機能との適合性</u>、<u>支援の緊急性</u>をしっかりと見極める
ことが必要となる。適合性や緊急性の見極めと援助関係形成を同時に行
うことは簡単ではないが、ワーカーを信頼できなければ、利用者が正確
な情報を提供してくれる可能性が低くなることを忘れてはならない。利
用者や関係者に生命の危険性があるような緊急支援の必要性の高いケー
スでは、<u>リスクのアセスメント</u>をしなければならない。

このことを念頭に置いて、まずは必要最低限の情報を利用者から聞か
せてもらう。その結果、自分の機関では問題を取り扱えない、あるい
は、他の機関に引き継ぐまでの間だけ支援する、ということになるかも
しれない。そのような場合は、継続支援ケースに比べて、収集できる情
報量や対応に充てられる時間に限りがあるが、利用者の置かれている状
況の重要なポイントを理解し、<u>利用者ニーズに最適な機関に紹介</u>するこ
とが重要である。インテークは、目的が非常に明確で焦点化されたアセ
スメントの一種と考えられるだろう[＊4]。

＊4
所属する機関によって
は、インテークとアセ
スメントを区別してい
るところがあるかもし
れないが、第1章で述
べたように、最近のア
メリカのソーシャル
ワークの教科書では、
インテークはアセスメ
ントの一部ととらえ論
じられることが多い。

事例1の展開の際、このインテークに相当する面も次のアセスメント
に含めて展開していく。

第3節　アセスメント

1　アセスメントとは何か

　第1節の事例1-①を再度、思い出してほしい。当初得た情報から何が考えられるだろうか。Cさんの年齢から推測すると、認知症が始まって、「自分の身の回りのことができなくなっているのではないだろうか」「自己管理（セルフケア力）の問題があるのだろうか」「他人に助けを求めたくない人なのだろうか」。このようなさまざまな推測ができるかもしれない。この推測の中に、利用者の状況を適切にとらえているものがあるかどうかは、ここでわかっているだけの情報では判断できず、より多くの豊かな情報が必要となる。

　アセスメント過程は、何らかの問題状況にある利用者に対する「最適な支援法」を見つけるために必要不可欠なものである。そこで行われることは、利用者システム^{*5}が直面している問題、利用者システムを取り巻く環境、そしてそれらの相互作用の影響を理解していくことである。問題の背景に何があるのか、問題をつくり出し、かつ継続させているのは何なのかが理解できなければ、どのような支援が最適かを決定することはできないはずである。

　ヘップワース（Hepworth, D. H.）らは、アセスメントの定義が1つではないと断った上で、アセスメントを「……実践家と利用者の間に起こるプロセスで、利用者のニーズ、強さ、より適切な利用者像を提供するために、情報が収集、分析、統合されるのである」と述べ、「不充分なアセスメントをもとにした介入は、おそらく非効率的であり、誤った方向性を示し、害さえももたらす」とまで言い切っている[1]。さらに、メイヤー（Meyer, C. H.）も、問題状況、対象者のニーズ、問題を取り巻く環境を十分アセスメントせずに支援法を考えて実行し、その結果、支援が成功しても「まぐれ当たり」（hit or miss）にすぎず、アセスメントはソーシャルワークプロセスで最も重要な基本中の基本、と述べている[2]。

2　アセスメントに必要な情報の収集

　アセスメントは、情報の収集、分析、統合ということであると述べ

*5
利用者は個人に限定されないために、問題を抱えている対象をこのようによぶ。例えば、家族、グループ、地域も利用者システムとよばれる。

た。ではその情報は、どこから、どうやって入手するのだろうか。

　情報収集と聞くと、面接場面を思い浮かべる人が多いが、アセスメントを行う際の情報源は、必ずしも面接だけとは限らない。さまざまな方法で利用者の問題、利用者本人、利用者を取り巻く環境に関する情報を得ることが可能である。もちろん情報は豊かであるに越したことはないが、利用者の問題特性、所属機関特性、時間的制約などの状況に応じて、最適な情報量や情報源を柔軟に考えていかなくてはならない。

　すでに述べたように、利用者は個人に限定されないが、ここでは利用者システムを個人として設定し、そのアセスメントに役立つ情報をあげてみる。①利用者本人との面接から得た情報（言語情報だけでなく、面接で観察された「悲しみの表情」などの非言語情報も含む）、②（もしその必要があり、得ることができるのなら）家族など関係者からの情報、③利用者をこれまで支援してきていた関係機関等の人々（例：病院、公的サービス機関など）からの情報、④テスト結果（心理テスト、認知症の検査、発達検査など）から得た情報、⑤（面接などでの観察とは異なる）利用者の行動や、利用者を取り巻く環境（例：自宅訪問の際に見た家庭内環境）などの観察から得た情報、⑥（利用者との面接で援助職者が感じた）ワーカーとしての「感覚」（この感覚の適切さはしっかりと裏付けをとる必要がある）としての情報、などがあげられるだろう。

3 有意義なアセスメントを実施するためのポイント

　アセスメントが支援プランに生かされるために、注意しておきたいポイントがある。

　1点めは、ソーシャルワークでは、システム理論などの理論を基盤にして、利用者と利用者を取り巻く環境の複雑性・全体性が理解できる「統合的・多面的アセスメント」を実施する、ということである。これに関しては、このあと詳しく説明をするので、ここでは、ソーシャルワークがその発展の歴史の中でさまざまな理論を統合しながら、利用者を統合的・多面的にとらえるというアセスメントの視点をもってきたということを記すにとどめる。

　2点めは、アセスメントの継続性である。つまり、アセスメントは1回や2回で終了するものではなく、ソーシャルワークの展開過程を通して、新たな情報が加えられることで修正されていくものだということで

＊6
ソーシャルワークの利用者は、個人のみでなく家族、グループ、組織、地域と広範にわたる。本章ではそれらすべてを扱えないので、個人を取り上げる。

＊7
普通、人は初めて会った人に自分の抱えている問題や生い立ちなどを簡単に話すことはない。ところが、アセスメ

ある。そして、それに付随して、支援内容も修正・変更されていく。

　3点めは、アセスメントのプロセスでは、そこで得たさまざまな情報の統合や分析が行われ、その際、可能な支援プランも同時に考えはじめられることが必要だということである。これはアセスメントとプランニングの同時性ともよべるだろう。

　4点めは、アセスメント面接実施の際に、想像力と共感力をはたらかせることである。アセスメント情報は、利用者との面接を通して得ることが多い。利用者が、どのくらいの情報をどの程度の深さまで伝えてくれるかは、利用者の特性（言語表現力、問題解決に対する意欲等）にも左右される。そのため、ワーカーがそのような特性を早い時期に理解し、それらを考慮して、利用者の表現を最大限促進していかなければならない。例えば、子どもの不登校問題で悩んでいる母親は、アセスメント面接に臨むにあたって「自分が親として適切なことをしていなかったと責められるのではないだろうか」「混乱している自分がきちんと話をすることができるだろうか」「話をした結果、本当に何かしてもらえるのだろうか」など、さまざまな思いをもつだろう。利用者によっては、ワーカーとの面接結果がサービス等の申請受理を左右する、自分の人生に大きな影響を及ぼす、などと恐れの気持ちを抱いていることもあるだろう。そのため、ワーカーが適切なアセスメント面接を実施するためには、利用者の置かれている立場を想像し、その思いを共有・共感できることが必要になってくる。

　5点めは、援助関係を形成する力の基本を押さえることである。前述した想像力・共感力をもって利用者と接することができれば、利用者が「この人になら話をしてもよい」と考えてくれる可能性は高くなる。しかし、それだけでは十分ではない。利用者が、初めて出会ったワーカーに、悩み、苦しみ、悲しみ、ときには自分の弱点、生い立ちなどを深いレベルまで話してくれるためには、想像力、共感力以上のものが必要である。アセスメント面接の内容・深さは、担当するワーカーによって違っていることを実践経験の豊かな人は気付かれているだろう。その違いは、利用者が安心して自分の思いを話せる、つまり、援助関係を形成できる条件をつくってくれるワーカーであるかどうかに大きくかかってくる。

　そして、援助関係構築に必要な条件としてよくあげられるのが、バイステック（Biestek, F. P.）の援助関係構築の7原則の、①個別化（利用者を個人としてとらえること）、②意図的な感情表出（利用者の感情表

ント面接では通常では容易に話しにくいことをも利用者に話してもらうのである。

＊8
自分がワーカー側に立っていると忘れがちになるが、このような利用者の気持ちに思いをはせることが重要である。援助の原則として、「利用者の置かれている立場に立ってみる」ということがいわれている。

＊9
利用者も、ワーカーはどのような人か、どの程度自分を理解してくれる可能性があるか、どのような考え方をする人なのか、といったようなことを考え、ワーカーの力に関して、ある種のアセスメントを行っているといえる。これはおそらく意識的にではなく、自然に行われ、その結果によって利用者はワーカーに語る内容やその深さを微調整していると考えられるだろう。

＊10
援助関係形成の前提条件として、ワーカーが自分自身の特性を理解しておくという「自己覚知」がある。この自己覚知や援助関係形成などは本書第4章第1節でも論じられているので参照してほしい。

＊11
バイステックによる原著翻訳は、現在旧訳（田代・村越、1965年）と新訳（尾崎・原田・福田、1996年）の2種類がある（後者については2006年にさらに新装改訂版が刊行されている）。本文中、かっこ内に示したものは新訳である。

現を大切にする）、③統制された情緒的関与（援助職者は自分の感情を自覚して吟味する）、④受容（受け止める）、⑤非審判的態度（利用者を一方的に非難しない）、⑥自己決定（利用者の自己決定を促して尊重する）、⑦秘密保持（秘密を保持して信頼感を醸成する）である。さらに、ワーカーの態度の「純粋さ・本物さ」、利用者に対する「関心」「あたたかさ」「信頼」「尊敬」などである。これらが実践できるには、まず自分自身の特性を理解し、それらが、前述したような原則の実現にどのような影響を与えるかを考え、自分なりに修正していくトレーニングをしておく必要がある。

4 事例１の展開
－アセスメントのための訪問

（1）地域包括支援センターの相談員による初回訪問と
アセスメント面接

　地域包括支援センターのワーカーのＡさんは、民生委員のＢさんから簡単な問題の経緯を聞かせてもらい、利用者であるＣさんの自宅訪問に先立って気をつけておかなければならないことは何かを考えた。その内容は、以下のとおりであった。

事例１－③

①Ｃさんは、体調が悪いために部屋を片付けられなくなっている可能性が高く、自分の家が汚いことを人に指摘されたくはないはずである。また、「他人に迷惑をかけることだけはごめんこうむりたい」という考え方の持ち主であるため、自分が訪問することは、精神的にも負担があるだろうし、強制的に「あれをこうしろ、これをこうしろ」などと指示されるのではないかという不安を抱いているかもしれない。そのため、Ｃさんのそのような思いを尊重し、Ｃさんの望みを実現するのを手伝うことが自分の役割であることをしっかりと伝えたい。[*12]

②今後の生活を考えた場合、「医療」「緊急時のこと」「住まいの整頓」「食事」「借金」などが、課題になる可能性があるが、Ｃさんのペースに合わせるとともに、Ｃさんが「自分は非難されている。自分は自分の生活をきちんと管理できない敗北者だ」などと感じることがないように注意したい。今まで借金を払い続けていること、人に面倒をかけないようにしていることなど、Ｃさんの強さの表れだと感じられるところも少なくない。Ｃさんの強さや生活上の興味・関心を見つけ出し、それらを理解していきたい。[*13]

*12
ワーカーは、担当ケースの特性により、自分が果たす役割が変化することを自覚している。

*13
本節６（1）「アセスメント面接のポイント」で説明するストレングス視点をもつ援助をしようとしている。

③現時点では、Bさんの話からの推測にすぎないが、そこで見えた課題の変化（「体のつらさが減ること」「緊急の際に助けを求める人がいること」「家が暮らしやすい状態に保たれること」や、「食事が適切にできること」「借金返済の負担が軽くなること」）などには、関心をもってくれるかもしれない。Cさんが「今後の生活で何を必要としているか」をきちんと確かめた上で、焦らずにゆっくりとCさんのペースと思いを尊重して、課題があればその解決を支援していきたい。

❶初回面接でのやりとり－導入部分

　以上のようなことを考慮して実施したアセスメント面接でのやりとりと、その際にワーカーAさんが考えたことは、以下のようなものであった。

事例1 － ④

やりとりの様子　ワーカーAさんの行動・考えなど

　民生委員で大家さんのBさんが、アパートの部屋の外から声をかけると、Cさんは少ししゃがれた声で「はい、ドアは開いています。どうぞ入ってください」と返事をしてくれた。Cさんはドアを開けてくれていた。自分たちが訪問することを覚えていて、待っていてくれたのかな、それなら、「支援を受けることに対する完全拒否」でもないかな、とワーカーは少し安心した。

　ワーカーとBさんが部屋に入ると、Cさんは、6畳一間の部屋の奥の窓際に布団を敷いており、起き上がって迎え入れてくれた。部屋の中は確かに物が散乱しており、新聞や雑誌類がうずたかく積まれていた。また、お弁当の空き箱などもそのままになっていた。しかし、そのような中でCさんが台所から布団に行くまでの間にはきちんと片付いたスペースがあった。「散らかっています。こんなに汚い所で申し訳ない」。ぼそぼそとではあるが、Cさんはこう話して、「起きているとまだふらふらするときもあるので、ちょっと布団の中で……」と言って、Bさんたちを手招きで自分の布団の近くに呼び寄せた。

　Bさんが、「Cさん、この人は地域包括支援センターといって、いろいろな相談ごとにのってくれるところで働いている社会福祉士のAさんだよ」と紹介してくれた。するとCさんは少し頭を下げた。しかし、その表情には、何を言われるのだろう、何をするのだろう、という不安と不信もあるように見えた。気を遣う人なのだなと感じた。

　ワーカーは、利用者の言葉だけではなく、その表情、また、家の様子などをきちんと観察することでCさんの状況を推測した。

Cさんにしっかりと向き合って、自分の来訪の目的と今後自分ができることを、自己紹介を兼ねて手短に話した。

「Cさん、はじめまして。お身体の調子があまりよくないと聞いていたのに、突然お邪魔することを受け入れてくださってありがとうございます。今、Bさんが紹介してくださったAです。今日、私がうかがったのは、Cさんがこうしたい、とか、ああしたい、とか思いながらできにくいことがあれば、それを聞かせていただいて、Cさんの思いにそったことができるかどうかをご一緒に考えていくためです。決して私が一人で何かを勝手にするわけではありませんので、お話を聞かせていただいた後、Cさんのお気持ちを聞きながら、何をどうできるかをご一緒に考えさせていただくために参りました。初めて会った人間に、いろいろな話をすることはご不安だと思います。私は仕事上、ここで聞かせていただいた話はCさんの許可なしには、他の者に話しませんので、そのことはご安心ください[*14]」と言ってからCさんの反応を待った。利用者が自分の問題を根掘り葉掘り聞かれるのではないか、非難されるのではないか、という不安をもっているかもしれないと考え、「利用者の思い・意思」を尊重していくことをしっかりと伝えた。さらに面接の「主役」が利用者のCさんであることを明らかにした。「秘密保持」の原則を明確に伝え、利用者の心配を軽減しようと考えた。

Cさんは、最初は目をつぶってじっとワーカーの話を聞いていたが、そのうち目を開けて、ちょっと驚いたような様子を見せた。そして、ワーカーの話が終わるとちょっと間をおいて、「そうですか……。私は今まで一度福祉関係の人と話しましたが、そのときの人とあなたは違いますね。でもね。私は何とか一人でもやってきたし、これからも人様の世話にならずにやっていこうと思いますよ」とつぶやいた。

ワーカーは、この言葉にCさんの強い思いを感じた。「ええ、Cさんが、ご自分一人で人の世話にならずにがんばろうとしてこられたことは、お身体を壊して大変なのにもかかわらず、こうしてお一人でがんばっていらっしゃることからわかります。そのお気持ちを大切にさせていただきたいと思います[*15]」と自分の支援の方向性をCさんに告げた。

しかし、Cさんは「そうですか……」とどこか、まだ、躊躇している様子である。ワーカーは、Cさんのペースを大切にしようと考えそのまましばらく黙っていたが、そのときにうずたかく積まれた雑誌類の中に古い映画雑誌があるのを見つけた。そこで、「Cさんは映画がお好きなのですか? 懐かしい俳優さんですね」と尋ねると、「ああ、いや、それは……」としばし、遠くを見るような表情をした後で、「死んだ妻が映画が好きで私もよく一緒に行ったんですよ。昔の話ですがね……」と、ポツリポツリと、妻の思い出を話し始めた。

その話しぶりから、Cさんにとって妻がとても大切であったことがワーカーにわかった。「奥さまが亡くなったことはCさんにとってはさぞ、おつ

＊14
利用者のCさんは、自ら支援を求めてきたのではない。初回訪問でワーカーは、自分の訪問理由を利用者にわかるように伝えることが重要である。

＊15
ワーカーは面接の早い段階で利用者のストレングスを発見し、言葉にして利用者に伝えている。

らいことだったでしょうね」と伝えた。するとＣさんは、当時の話、その後の自分の変化、そして、今に至る状況をポツリポツリと話し始めた。

　Ｃさんは、やはり人の世話になるということがとても嫌なのだ、ということを再認識した。また、福祉関係者とのよい経験がなかったのかもしれないと推測した。

　Ｃさんの「一人でがんばりたい」という気持ちは、自分の尊厳を保ちたい、という強さの表れである、と感じたので、そのことをＣさんに伝えた。そして、押し付けにならないように、その尊厳を決して脅かしたくないということも伝達したかったので、Ｃさんの返事をゆっくりと待とうと考えた。

　目に入った映画雑誌はＣさんの歴史の一部かもしれないと考え、そのことを話題にした。それがきっかけとなってＣさんが奥さまのことを話してくれたが、そこにＣさんの寂しさ、今の孤独感の始まりが見えたように思えた。

　このようなやりとりを経て、Ｃさんは自分の成育歴も交えて、現在の問題の背景を詳しく語りはじめた。

❷初回面接で利用者が話した内容

　初回面接で、Ｃさんが語ってくれた話は次のようなものであった。この中には、３回めの訪問時に新たに語られた情報も含まれているが、状況理解に必要なのでかっこ内に記す。また、前述した統合的・多面的アセスメント項目に当てはめてみるとどうなるかを、この後の**表２－１**にまとめてあるので、参考にしてほしい。

事例１－⑤

（成育歴）

　Ｃさんは、農家で男３人女２人の５人きょうだいの末っ子として生まれた。中学を卒業後、就職で都会に出て電気工場で働くかたわら夜間の工業高校に通い、電気のことを学び高校卒業の資格も取得した。上司は、真面目に働き仕事の知識もつけてきたＣさんを優遇してくれ、職場での地位・給料も上がっていった。Ｃさんは、お酒も飲まず、賭けごともしない真面目な人で、同僚たちが、競馬・競輪・パチンコといった遊びをしようと誘っても、一緒に行くことはなく、同僚たちの間では「堅物」といわれていた。

　人付き合いはよいほうではなく、口数も少なく、これといった趣味はなかったが、都会に出てきてさまざまなおいしい食べ物に出合い、それほどのぜいたくはしないが、たまにちょっとした外食をすることが楽しみになった。30歳になったとき、行きつけの食堂で働いていた５歳年下の女性と結婚し

た。妻はCさん同様、あまり口数の多い女性ではなかったが、働き者で、結婚後も食堂で働き続けた。妻はCさんと同様に農家の出身で、中学を出るとすぐに都会に働きに出ていた。両親は早くに他界しており、実家は長兄とその家族のみで、実家の家族とのかかわりは年賀状のやりとり程度になっているとのことだった。

　2人は子どもに恵まれなかったが、ときおり一緒においしいものを食べに行ったりして、無口なCさんも、妻にだけは仕事での悩みをボソッと話したりできるようになっていた。妻の楽しみは映画を観ることで、月に1回は一緒に映画を観るようになっていた。しかし、結婚して15年たったある日、それまで元気で病気一つしたことがなかった妻が「何だか身体がだるい」と訴えた。いつもと様子が違ったので、無理やり病院に連れて行ったところ、急性骨髄性白血病と診断され、入院後1か月で急逝してしまった。妻は40歳であった。

　妻が亡くなってからのCさんは、人が変わったように同僚と競輪や競馬などに行くようになった。また、お酒は弱かったにもかかわらず飲みにも行くようになっていた。工場での勤務状況もそれまでとは異なり、ときおり、無断欠勤もするようになった。そのような生活を5年間ほど続けた後、肝臓が悪くなり入院。50歳のときに、肝臓の疾患が見つかった。医師からはあまり身体に負担をかけない生活をするように、また、飲酒は慎むようにとのアドバイスを受けた。

　しかし、Cさんの生活にあまり変化はなく、55歳で退職した。その後、7年ほどは、スーパーマーケットの駐車場で車の誘導の仕事をしていた。今は、大した額ではないものの、何とか暮らしていける額の年金が入ってくるが、事情があり、経済的に楽ではない。家事はほとんどできず、食事は外食か、何か買ってきて食べる（初回面接では、この程度の表現であった。「妻が亡くなってから生活が荒れてお金の使い方もずさんで、複数の消費者金融からお金を借りたため借金を抱えており、今もその借金を毎月3万円返し続けている状態である。そのため、毎月の生活に使えるお金は多くない」ということは、3回めの訪問時に初めて語られた）。食事をきちんととることができないこともある。今は、家賃の安いアパート生活である。医者にも定期的に行き、投薬も受けなければならないが、会社を辞めてからは、全く検診も受けず、病院にも行っていない。

（家族）

　Cさんが成人するまでにきょうだいのほとんどが他界しており、3歳年上の姉だけが唯一存命である。彼女は、故郷で農家に嫁ぎ、今もそこで暮らしている。今は年賀状のやりとりをする程度で、ほとんど付き合いはない。

（現況）

　5か月前に、お酒を飲んで夜中にトイレに行く途中で転倒し、足を捻挫したようだった。医者に行くのが面倒で、何とか痛み止めを飲みその場をしの

いでいた。捻挫はほぼよくなったものの、その間、急速に体力・気力ともに衰えたようで、外出することがおっくうになった。何とか、食事は近所のコンビニに行って弁当を買っていたが、それさえも面倒できちんとできない日もあった。

　家の片付けはもともと得意ではなかったが、何もしたくなくなり、いつの間にか、家はコンビニ弁当の空容器や洗濯物、新聞、空き瓶などが散乱して、汚くなってしまった。自分は人付き合いが苦手で、妻が生きている間は妻のおかげで人ともつながっていたが、今はほとんどない。食事が面倒くさくなると、ちょっとくらい食べなくてもいいか、と思ってしまう。

　自分が困っても、いなくなっても、別に誰かが悲しむわけでもないと思う。ただ、アパートの大家さんのBさんはときどき家をのぞきに来てくれたりする。いい人だと思うが、詳しい事情を話す気になれないでいた（借金のことは、後に本人から語られた）。

　家のこと、自分の健康のこと、本当は何とかしなければと思う反面、もうどうでもいい、と投げやりになることが多くなってきた。また、こんな状況に陥っていることを情けなく恥ずかしくも思っている。

❸初回面接の終了時のやりとり

　さて、事例1はアセスメント面接で事例1−③〜⑤のような展開を見せ、初回面接を終了した。終了時のワーカーと利用者のやりとりと、それに関するワーカーの考え・行動は**表2−1**のようなものであった。こ

〈表2−1〉 初回面接終了時のワーカーの考え・行動

やりとりの様子	ワーカーの考え・行動など
初回のアセスメント面接で、Cさんの置かれている状況がおおよそ理解できた段階で、ワーカーはCさんに「疲れていらっしゃるときに、こんなにたくさんお話をしていただいて本当にありがとうございました。私なりにCさんのこれまでのこと、そして今の状況がある程度わかりましたが、Cさんが、今一番変えたいと思われることは何でしょうか？」とCさんの考えを尋ねた。	Cさんとのアセスメント面接で自分自身にはかなりいろいろな情報がわかり、Cさんの今後の課題も見えてきた。しかし、Cさんが自分で自分の生活のコントロール感を維持したいと考えていること、また、Cさんに力のあることを確信したため、まず、Cさん本人から優先的に解決したいことを尋ねることにした。
Cさんは、「うーん、そうですね。そんなふうに私の考えを聞かれると思わなかったので、今すぐにはちょっと答えられないかもしれませんが……」と間をおき、「今、自分でするのが大変だと思うことは、やはり食事の買い出しですかね。後は、ごらんのとおりの散らかりようで、それも何とかしたいと思いますね」と話した。	

（筆者作成）

＊16
ジェネラリスト・モデルに関しては、ルイーズ・C. ジョンソン、ステファン・J. ヤンカほか、山辺朗子・岩間伸之 訳『ジェネラリスト・ソーシャルワーク』ミネルヴァ書房、2004年を参照のこと。

の事例は、後にさらに展開していくが、ここでは一旦、展開を終了する。

　次に、アセスメントにおいて利用者や利用者を取り巻く環境の包括的な理解を促進するジェネラリスト・モデルに依拠した「統合的・多面的アセスメント」の枠組みを紹介し、この枠組みにそって事例1の理解を深めたい。

5 アセスメント－統合的・多面的な理解

（1）統合的・多面的アセスメントの背景

　ソーシャルワークは、その発展の歴史において、さまざまな理論を融合させつつ、人と問題を多面的に理解しようとする「統合的・多面的アセスメント」を作り上げてきた。このアセスメントを用いることのメリットの一つは、第1節の冒頭であげた事例1－①の利用者の問題を理解する際に、「利用者の努力が足りない」「このような利用者を援助するサービスが不十分だ」と単純に個人や環境のどちらかだけに問題の原因を求めようとしないことだといえる。もちろんアセスメントの結果として、個人か環境のどちらかにより大きな問題があることがわかり、それを支援の焦点にすることはあるが、そのような結論に達するためには、これから解説していくさまざまな側面と、それらの相互関連性を考慮していくプロセスははずせない。

　表2－2は、そのような理論・知識の統合の結果として、ヘップワースとラルセン（Larsen, J. A.）が論じたジェネラリスト・モデルに依拠するアセスメントの枠組みを渡部律子が整理・リスト化した16項目をさらに9つの大項目にまとめ直し「統合的・多面的アセスメント」と名付けているものである。この9項目の説明に入る前に、ソーシャルアセ

＊17
ソーシャルワークでは、俯瞰的、多面的な状況理解ができるアセスメントのために初期の理論に加えて、時代の変化に従い、多様な理論を取り入れてきた。例えば、システム理論、生態学理論、バイオ・サイコ・ソーシャルモデル、ライフモデル認知行動理論、ライフサイクル（発達心理学）、自我心理学、ストレスコーピング理論、ストレングス視点等があげられる。

〈表2－2〉統合的・多面的アセスメントで着目すべきポイント
　　　　　アセスメントで着目すべき大項目

（1）利用者の問題意識
（2）主訴－利用者は何が問題だと述べているのか
（3）問題の具体的な特性
（4）利用者の問題のとらえ方
（5）利用者の特性－利用者はどのような人か
（6）利用者の問題理解に必要な固有の情報
（7）利用者の問題対処力
（8）問題対処に関係する出来事・人・機関とその結果
（9）利用者のニーズと問題との関連性、今後の問題対処に必要な資源

（出典）渡部律子『高齢者援助における相談面接の理論と実際 第2版』医歯薬出版、2011年、278頁を一部改変

スメントに影響を与えている理論・モデルを３つ紹介したい。

（2）生態学理論、システム理論、
　　バイオ・サイコ・ソーシャルモデル

　利用者に最善の支援を提供するためには、利用者が抱えている問題の因果関係を単純化することなく、お互いに影響を及ぼし合っている「利用者」と「利用者を取り巻く環境」の相互作用に着目する視点が欠かせない。この視点の基礎となる理論、モデルの中から生態学理論、システム理論[*18]、バイオ・サイコ・ソーシャルモデル[*19]の３つを取り上げ、その概要を支援展開との関係にも言及しつつ解説していく。

❶生態学理論（エコロジカル・パースペクティブ）
　生態学理論[*20]は、「人々と彼らを取り巻く環境、それらの間に生じる相互作用の理解」の必要性を説いている。重要視されることは「人と環境間の適応、相互作用、適合度、相互関係、互恵性」[4)*21]であり、ソーシャルワークの実践とかかわりのある２つの概念として、ハビタット（Habitat）とニッチ（Niche）がある。ハビタットは、人が暮らす「特定の文化的背景をもつ物理的社会的状況」であり、ニッチは「コミュニティのメンバーがもっている地位や役割」[5)]である。

　少々単純化するが、Ａ君という中学２年生の事例を使用して、この理論を説明したい。Ａ君は、父親の転勤で、これまで通っていた都会の中学校から地方の中学校に転校することになった。これまで通っていた都心の中学校は有名高校への進学率が高いこともあってか、同級生間ではお互いがライバルという雰囲気であった。先生たちも進学率を重視しており、おとなしい性格のＡ君にとっては居心地のよい場所ではなく、友だちとよべる同級生は、ほとんどいなかった。そのような学校でＡ君は授業も休みがちになり両親も心配していた矢先の転校であった。両親もＡ君も新しい環境になじめないのではないかとしきりに心配していたが、この心配は杞憂に終わった。この中学校はのんびりした雰囲気で一クラスの人数も少なく、同級生も仲良く過ごしていた。Ａ君はそれほど外向的ではなかったが、担任の先生はそのようなＡ君の特性を理解してくれ、Ａ君が授業で発言しやすい雰囲気をつくってくれた。そのおかげもあって、Ａ君も少しずつ自分の意見を人前で言えるようになってきた。

　上の事例では、Ａ君が環境との相互作用によって異なる面を表現していることがわかる。人は環境に適応しようとする特性があり、人と環境

*18　ここでは、この３点に限定しているが、ソーシャルワーク実践に影響を与えた理論は数多くあるので、それらをしっかりと学んでほしい（本書第３章第１節など）。

*19　システム理論や生態学理論のソーシャルワークへの応用に関するメリットは多くの研究者が認めるところであるが、もちろん批判もある。ペインだけではなく他の研究者たちも指摘するのは、システム理論は複雑な構造を説明するのに非常に重要であるという利点がある一方、多面的な説明によって複雑さを生み出し、実践においてどのレベルの支援にするのかという選択に関する明確なガイダンスを提供することが困難になるという限界も指摘されている。

*20　ソーシャルワークの文献では理論とよばず、エコロジカル・パースペクティブとよんでいるものもある。本章では、基本的に生態学理論という用語を用いる。

*21　本章で、作成法、応用法を解説したエコマップは、生態学理論とシステム理論の両方の理論を取り入れていると考えられる。

＊22
エコロジカル・パースペクティブに依拠しつつも、この考え方が個人への適応に主眼を置いていることに対する批判に耐えうるソーシャルワーク実践モデルにしたのが、ジャーメインとギッターマンのライフモデルである（引用文献6 p. 203）。ライフモデルに関しては、本双書第9巻第4章第3節4参照。

＊23
これは、一般システム理論で、ルートヴィヒ・フォン・ベタランフィにより提案されたものである。

＊24
もし山口家が外部のシステムとのかかわりをほとんど避けているとすれば、それはクローズドシステムとよばれることになる。

＊25
恒常性を保とうとする傾向のことで、Equilibriumとよばれることもある。

＊26
これは、reciprocity（レシプロシティー）とよばれる。システム理論では、さまざまな変化が起こったときの全体性は、単なる部分の合計を超えるものであるという考え方をする（non-summativity）。

＊27
ピンカスとミナハンのシステム理論をソーシャルワーク実践に応用してきた（Pincus, A., Minahan, A. (1973) . Social Work Practice : Model and Method, Itasca, IL:F. E. Peacock）。

との間では常に相互作用が起きている。環境との間の適合度が高いか低いか、環境に対して自分がするはたらきかけにどれだけ環境が応えてくれるかという互恵性に着目していくのがこの理論の強調点であり、ソーシャルワークで利用者の課題を理解するのに有用な見方を提供してくれる。[22]

❷システム理論

システム理論は、生態学理論と同様に、世の中には、単に1つの原因だけで結果を説明できない事象が数多く存在することを認識し、複雑な事象の説明をも可能にしたことで、広範な領域で応用されている。[23]

システム理論では、「システム」とよぶ何らかの「実体・存在」は、他のシステムとの間に「境界」をもっていると考える。ここで、この実体・存在を山口家という家族システムと仮定してシステム理論による問題理解や支援法をペイン（Payne, M.）に依拠して考えてみよう。[6]

山口家の中には、父親、母親、息子、娘といった家族メンバーがいて、メンバー間では、お互いが交流、金銭のやりとり、時間を一緒に使う、といったかかわりをしている。このようなかかわりを「資源の相互交換」ととらえている。家族の間では、一緒に旅行したり、悩みごとを聞いたり、といった努力や時間を投資しているととらえ、「家族システム間での資源のやりとり」とする。資源のやりとりは、「エネルギーのやりとり」と総称される。山口家は家族内だけでなく、家族外の近隣コミュニティ、会社、学校などといったより大きな外部システムともエネルギーのやりとりをする。

このような外部のシステムとの交流が自由でオープンであれば、山口家は外部に向かって開かれた「オープンシステム（open system）」であり、その反対は「クローズドシステム（closed system）」であるとされる。[24]システムが境界を越えてエネルギーを投入するのは「インプット（input）」とよばれ、情報提供や必要な資源の手配を意味する。インプットは何らかの影響を及ぼし、「アウトプット（output）」となる。

山口家が問題を抱えた際、学校や近隣コミュニティに対してさまざまなはたらきかけをし（インプット）、そのはたらきかけに対して学校も近隣コミュニティも必要な情報や支援を提供してくれるというよい反応をしてくれ（アウトプット）、望ましい結果が生まれれば、山口家のメンバーは今後も外部システムに対してはたらきかけをしようとするだろう。このようなやりとりの連鎖は、「フィードバックループ」とよばれ

る。システムには、インプットが加えられても、システムの基本的な特性を維持しようとする「ホメオスタシス（homeostasis）[*25]」の特性がある。さらに、システムの一部が変化しただけでも、その他の構成要素のすべてに影響を与えると考える。[*26]ワーカーのような支援者が、山口家の問題解決に乗り出そうとすることは、家族が作り上げてきた関係性が外部のはたらきかけで壊されそうになることでもあり、支援に対する抵抗が見られることも、システム理論を応用すれば理解しやすいはずだ。[*27]

　ペインは、システム理論と生態学理論の応用がソーシャルワークに与えた影響を①近接領域の専門職と比較・説明でき、妥当性を示せる、[*28]②直接支援以外の支援オプションを明確にする、[*29]③利用者の全体性理解により、より有効な支援が可能になる、④利用者の環境への適応と同時に、環境を利用者ニーズに合わせていくことも考える、[*30]⑤支援方法の持続可能性を考慮する、[*31]⑥理論をうのみにせず熟慮して応用できる、[*32]の6点としている。[7]

　先述した2つの理論が融合され、エコロジカル・システムモデル（Ecological System Model）とよばれるソーシャルワーク実践モデルができた。このモデルでは、アセスメント時に利用者の置かれている状況を人と環境との相互作用としてとらえ（全体性理解）、支援においては利用者の力を最大限に生かし（エンパワメント、ストレングス視点）、利用者が必要としている資源と利用者を結び付けるだけでなく、必要に応じて資源創生するなどを実践で重要視している。[5]

❸バイオ・サイコ・ソーシャルモデル（Biopsychosocial Model）

　人が病気になったとき、その病気の原因や治療法は、どのような視点に立って考えられているだろうか。**バイオ・サイコ・ソーシャルモデル**が生み出された背景をたどってみると、この因果関係のとらえ方の変遷が見えてくる。ある病気はある特定の原因物質によって引き起こされているという「因果関係」を基本に考えるのが、20世紀の医学の主流のバイオメディカル・モデル（Biomedical Model）であり、感染病の予防や治療法の発見に大きな貢献をしてきた。しかし、この考え方は問題の原因と解決法を小さな要素的な視点からしかとらえておらず、その後、このモデルのみでは、真の意味での疾病及び治癒法の理解は不可能だということが徐々に明らかになった。その結果、病気の治癒には人間の身体要素のみに着目することでは不十分であり、患者の心理的な訴えや生活状況といった多面性、複雑な関係性理解を考慮したバイオ・サイコ・

[*28]
これらの理論を用いることで、家族や地域のダイナミクスやレジリエンスを変化させることが、ひいては個人の変化につながるという、俯瞰的な問題のとらえ方を提供するからである。

[*29]
個人支援に必要な他機関や他専門職あるいは遠い親戚等に影響を与えることが個人の変化に役立つかをシステム理論は証明してくれる。

[*30]
システム理論の応用により、問題の発生やその変化の可能性に関連するさまざまな要因が発見でき、利用者の支援の仕方は1つだけではないことが明らかとなる。これはエコシステムを理解した支援法選択である。

[*31]
望ましい変化をどのようにして維持していくために、誰がどのようにして変化を支えていけるのかを考慮することの重要性に気付かせてくれる。ソーシャルワークのプロセスでは、システム理論や生態学理論に従ったアセスメントを実施し、支援の終了後にはアフターフォローを含めることで、持続可能性を考慮した実践をしていると考えられる。

[*32]
ペインは、システム理論や生態学理論がアメリカで用いられているからといって、このようなアプローチが当然となっていない他の国々から出てくる批判に敏感でなければならないと述べている。

ソーシャルモデル（Biopsychosocial Model）の必要性が認識されるようになった。[33]「生物学的、心理学的、ストレスのような社会要素でできている現象」がバイオ・サイコ・ソーシャル（biopsychosocial）と考えられ[8]、このモデルは「ソーシャルワークの概念である人－環境の適合と同様に、<u>患者を状況の中（in-situation）に存在する人として統合的にとらえようとする考え方</u>」である。さらに「生物学的な要因の必要性を認識するとともに、それだけでは社会生活をする人としての人間を理解するには不十分であると認識している」といわれ、ソーシャルワークのヘルスケア領域における政策立案、提供において重要な役割を果たしている[9]。バイオ・サイコ・ソーシャルモデルの核となる視点は、生態学、システムの両方の理論に通じるものである。健康と病気の境界は決して明確ではなく「文化的・社会的・心理的」要因が混在していると考える。臨床検査では、病気であるという結果が出て治療を必要とするとされているにもかかわらず、問題を感じず快適に過ごしている患者がいる一方で、その反対の患者もいるということなどは、従来のバイオメディカル・モデルでは説明できない現象である。システム理論では、システムの構成要素はそれぞれがお互いに影響し合っているため「事象の全体性理解の重要性」を主張している。これは、バイオ・サイコ・ソーシャルモデルの考え方に適合するだけでなく、疾病と医療ケアが関連性をもつプロセスとして研究されていくためにも役立つといわれている[10]。

（3）統合的・多面的アセスメントで着目するポイント
❶利用者の問題意識

> なぜ、利用者は自ら支援を受けようと思ったのか？

　利用者支援の方向性に大きな影響を与える要因として、利用者の問題意識、あるいは、問題とのかかわり方、がある。これは、利用者が自ら進んで相談に来ているのか、そうでないのかということである。例えば長い間夫の介護をたった1人で行ってきた妻が、これ以上1人で介護を継続することの限界を感じて相談に来た場合と、同じような状況でありながらも、自分はまだがんばれると考えている妻が、周囲の人から無理やり相談機関に連れて来られた場合を比べてみれば、この2人の初回面接を担当するワーカーが出合う状況に違いがあることは想像できる。[34]
　社会福祉の現場では、虐待のケース等にみられるように、自らは支援

の必要性を感じていないにもかかわらず、何らかの法的な措置によって相談機関にやって来ることも少なくない。このような利用者は、「インボランタリー（非自発的）・利用者」ともよばれる。「○○という問題を解決したい」という問題の解決に対する意識が強く表明されにくく、「主訴」に相当することを聞かせてもらえないことが多いが、ここで大切なことは、利用者が「相談機関にやって来たことをどうとらえているのか」を話してもらうことであろう。[35]

　そのため利用者がワーカーに、「どのようなことをしてもらえる」と期待しているのかを、アセスメント面接の中で明らかにしていく必要がある。[36]

❷主訴

> 利用者は何が問題だと述べているのか？

　前述したように、ワーカーが出会う利用者の中には、自分から支援を求めてやって来る利用者とそうでない利用者がいる。前者の場合であれば、アセスメント面接の段階で、少なくとも自分の考える「問題」を話してくれるはずである。利用者自身が語った問題は、一般に「主訴」とよばれる。この「主訴」は、後に本当に解決を必要とする「問題の核心」でないことがわかることもあるが、利用者にとっての当面の気がかりなことである。そのため、主訴をしっかりと聞き、受け止めることが大切である。[37]「主訴」がそのまま単純に「支援のゴール」にならないこともあるが、利用者がどのように自分の困りごと・問題を述べるのかを明確にし、関係者やワーカーのとらえている問題とは区別しておくことが大切である。

　では、自ら問題意識をもたず仕方なくやって来た利用者の場合には、どうすればよいのだろうか。そのような場合、少なくとも次の2点を押さえることが役に立つだろう。1点めは、面接場面にやって来なければならなくなったことを本人はどうとらえているのかを「○○さんは、今日、ここに来るようにと言われていらっしゃったと思いますが、何のためにここに来るのだと思われましたか」などと尋ねて明確にしておくことである。2点めは、アセスメント面接で関係者がもっている問題意識とは異なる何らかの気にかかることがあるかどうかを尋ねることであろう。

*35
一方、自分から進んで相談にやって来た人であったとしても、解決に対する高いモチベーションをもっていると思い込むことは危険である。

*36
利用者がワーカーに対してもっている役割期待が不明確なまま支援が進み、問題がより複雑化することも少なくない。

*37
主訴には重要な意味があるにもかかわらず、利用者の主訴を明確にしないまま、関係者やワーカーが「問題」と考えていることのみに焦点が当てられて支援が進んでいくことがある。特に利用者が高齢者等で家族同席面接のときなどに起こり、利用者自身が支援の意味をわからないままになることがあるので注意したい。

❸問題の具体的な特性

問題の開始時期、継続期間、頻度、場所、時、場面は？　深刻度は？

　ここで、利用者が「うつ状態でほとんど家から出ることができない」ということを主訴に相談をしてきたと仮定してみよう。ワーカーは、この「うつ状態」という言葉を聞いてどのような状態を想像するだろうか。一日中誰とも会わずに家にこもって暗い顔をして暮らしている利用者であろうか。利用者の問題を理解することが重要であるにもかかわらず、利用者の問題の特性をきちんと聞かないまま、ワーカーが自分なりの推測をもとに援助を展開してしまうことも少なくない。当然のことであるが、利用者の問題を詳しく具体的に理解していなければ、適切な援助プランを作り上げることはできない。*38

　例えば、「どのようなことが気がかりでいらっしゃいますか」といった質問で主訴を尋ねたとき、利用者が自然に問題の具体的内容を説明*39 してくれるかもしれない。また主訴のみが語られたとすれば、「いつごろからこのようになったのでしょうか？」という質問を行い、利用者の話の流れにそってより詳しい情報を得ていくこともできるであろう。このような質問に対する答えの内容が、問題の深刻さを教えてくれるだろう。

　例えば先ほどの「うつ状態」という主訴の場合にも、2か月前に亡くなった夫の死を契機に始まったのか、かれこれ10年以上鬱々として暮らしてきたのか、の違いによって、今後の問題解決に向けてのプランが大きく変わってくるはずである。また、うつ状態になる頻度や、夜暗くなって一人で食事をしようとするときに家の中だけで起きるのか、あるいは、ほとんど一日中どのような場所でも起きるのか、などを押さえておく必要があるだろう。さらに、問題の理解に役立つことは、その問題が「誰かといるとき」に特に多く起きるのか、あるいはそうではないのかを知ることである。

　さらに、その問題がどの程度、日常生活の障害になっているのかという深刻度を理解することも大切である。*40 相談援助においても利用者が抱える問題が、利用者自身の日常生活に及ぼす影響を知ることで、その問題の緊急性やその問題に対する利用者の取り組みがどれほど真剣になるかの予測にもつながるだろう。

---

*38
問題の特性について最低限押さえるべきことは、問題の内容（what）、問題の継続期間（how long）、頻度（how often）、問題の起こる場所（where）、時（when）、（もしいるとすれば）誰がいるとき（with whom）などの6点である。これらは、アセスメント面接の際に尋ね、説明を求めることで見えてくることもあるが、ほかの話をしているときにこれらに相当する内容が語られることも多い。

*39
質問は、大きく2つの種類に分けられる。1つは、答えが「はい」「いいえ」や「〇〇です」になる"閉ざされた質問"である。もう1つは、答え方の自由度が高くなる"開かれた質問"である。この質問は"開かれた質問"の例である。

*40
このように、ある出来事が人に及ぼす影響には違いがある。その問題の影響が大きく生活の障害になっていれば、何とかして取り除きたいと考えるであろうし、本人にとってそれほど大きな障害になっていなければ、その問題を必死になって取り除こうとはしないだろう。

❹利用者の問題のとらえ方

> 利用者は問題をどのように感じ、考え、それに応じてどのような行動をとっているのか？

　先述した問題がどの程度日常生活の障害になっているかに関連してくることの一つに、利用者の「問題のとらえ方」がある。

　問題のとらえ方は、問題に関しての考え、感情、行動の３つの側面から、利用者の反応を理解することでより正確な把握ができる。例えば、13歳の子どもがひきこもり状態になったことを相談に来た母親が、「子どもには子どもの人生があると考えてあきらめるしかないですよね」と言いながらも、家では毎日何度も子どもに向かって「どうしてあなたはそんなふうになってしまったんでしょう。きっとお母さんのせいなのね」と泣きながら訴えているとすれば、この母親は、「子どものひきこもり」に対して、知的には何とか理解してこだわらないようにしなければならない、と考えているが（考え）、実際には、悲しみ・怒り・落胆などの感情をもち（感情）、子どもが罪悪感をもつような責めるという行動（行動）をしていることになる。つまりこの例では、利用者の知的なレベルでの発言が行動レベルと感情レベルの反応と食い違っていることになる。

　この「考え、感情、行動」の３側面から問題を見ようとすることは、さまざまな人間理解の理論が統合されている例でもある。[*41]これらの理論は、利用者のもつ問題や利用者自身の特性によって、どれを応用することが最適かは異なってくるはずである。そのため利用者の問題に対する、思考、感情、行動の３つの側面をすべて見ていくことで、利用者理解がいっそう深まり、単一の理論に従って人を理解することが回避できる。

❺利用者の特性

> 利用者はどのような人か？

①ライフサイクルとの関係

　人間は人生のさまざまな時期に、ある程度共通した経験をする。発達心理学者のエリクソン（Erikson, E. H.）は人が生まれてから死ぬまでの人生を８つの段階に分け、それぞれの段階における発達課題とその課

*41
ソーシャルワークは、人間の行動変容理解に精神分析理論（特に人生初期の家族関係を基礎とする感情と思考を重視）、行動理論、認知理論など多様な理論を応用してきた。

題達成に失敗した場合の問題をあげ理論化を行った。これは、ライフサイクル心理学とよばれている。長きにわたり発達心理学の関心は成人期までであり、中年期、老年期を取り上げた研究者は数少ない。エリクソンの8段階に分類された発達理論が着目された理由の一つは、中年期以降の発達に目を向け論じてきたことであろう。[*42] 利用者の抱えている問題を理解する際に、利用者がこのようなライフサイクルのどの時期に位置しているのか、また、通常その時期に出合うとされている課題と利用者の抱えている問題がどのような関係をもつのか、を理解しておくことは役に立つ。

　例えば、次の2つを比べてほしい。1つめは、親に反抗的な態度を見せる14歳の少年である。2つめは、70代の老親に反抗的な態度をとる、これまで親に対して反抗することのなかった43歳の中年の男性である。この2つを比較した場合、14歳の少年の場合は、多くの若者とその親たちが通り過ぎるべき課題を経験していることがわかる。一方、43歳の男性は、ライフサイクルでいえば次世代育成が中心課題となる年齢になっており、この年齢で突然親とのいさかいが始まったことは、通常の発達課題以外の問題を抱えている可能性が考えられる。もちろん、発達課題があっても、その人たちにとってその経験のつらさがなくなるわけではないが、その課題はある時期が来れば、成熟プロセスで変化していく可能性がある。言い換えれば、問題の深刻さと解決策の予測にもつながっていく。

②成育歴・強さ・長所、価値観・人生のゴール

　利用者の抱える問題の解決策を見つけ出すためには、利用者の成育歴を理解しておくことは重要である。しかし、成育歴を尋ねるタイミングや収集する情報量は、利用者の抱える問題特性、支援目的などによって異なる。[*43]

　利用者の成育歴は、問題解決に有益なさまざまな情報を提供してくれる。成育歴とは、その人がどのように成長してきたのかを理解することであり、どのような人間とどのような関係を築いてきたのか（他者との関係のつくり方）、どのような輝かしい経験をしたか、あるいは問題に遭遇したのか、どのような強さ・長所を身に付けてきたのか、といった豊かな情報が含まれている。子どもとのかかわりがうまくいかないで悩んでいる親の理解に役立つ情報として、親自身が成長過程で自分の親とどのようなかかわり方をしてきたのか、そこから導き出した理想の親像、あるいは、そうはなりたくないと考えている親像がどのようなもの

*42
エリクソンの発達段階は8段階として知られているが、彼の死後に出版された著書『ライフサイクル、その完結』（2001年、151頁）では、「80歳代や90歳代になると、それまでとは異なる新たなニーズが現れ、見直しが迫られ、新たな生活上の困難が訪れる」と、新たな9段階めの必要性を述べている。

*43
面接のどのような時期にどの程度の情報を聞くかは、利用者の問題の種類や置かれている状況に応じて慎重に判断する必要がある。例えば、先述した危機介入の場合、今すぐ解決すべき問題がある。そのようなときは、詳細な情報を得るのは支援開始後になる。

なのか、といったものがあるだろう。また、成育歴を通して<u>利用者の価値観</u>（何に価値を置いているか？　何を好み、何を好まないかなど）や、<u>人生のゴール</u>、<u>特有の考え方のパターン</u>も知ることができる。深いレベルでの利用者理解が深まることは、利用者のもつ力を生かした支援法の発見につながるのである。

　利用者の生きてきた歴史という文脈の中での問題理解も忘れてはならない。戦争という時代を生き抜いてきた、集団就職で都会にやってきて働き続けてきた、といったようなことの意味を考える必要がある。時代背景、個人の人生で意味のある出来事を「利用者の歴史年表」などの形で作成することは、このあと解説をする「エコマップ」と同様に有益なツールとなるので、ぜひ試してほしい。

　利用者が要介護状態の高齢者の場合、ワーカーの目の前にいるのは、「年老いた寂しげな利用者」かもしれない。しかし、それはその人の人生の中の一部分の姿であり、その底にある力、あるいは全体像は目の前の姿を見ているだけでは簡単にはわからない。成育歴を振り返ることによって、利用者は自分自身がもっていた力、あるいはまだ今も十分発揮できる自分の力を実感したり、自分自身の問題をより明確にしたりもできる。利用者が自分の歴史を語ってくれることによって利用者の強さ（ストレングス）等のさまざまな発見ができ、<u>アセスメント情報に過去・現在の時間軸が加わり、濃さと奥行きが出る</u>のである。

　成育歴を知るために、唐突に、「あなたの子どものころから現在に至るまでのことを話してください」と言って教えてもらえることはまれであるし、利用者に違和感を抱かせることにもなる。アセスメント面接は、決まりきった質問をすることで進むものではない。利用者が自らの問題やその背景を話してくれている間、ワーカーは、それらのことに耳を傾け、そこで話の流れにそって成育歴を聞いていくのである。

　アセスメント面接で情報収集するにあたっては、必ずそれらの情報が果たす役割を考えなければならない。つまり、情報が利用者の問題理解や問題解決に有用なものでなければならない。単なる興味本位や形式的な目的だけで、さまざまな情報を教えてもらうのではない。そのため、アセスメント面接では、利用者の思いに共感できる力が必要であるとともに、利用者が語る情報を分解したり、組み立てたりする「分析・統合」の知的な作業が必要なのである。

❻利用者の問題理解に必要な固有の情報

> 利用者の問題を理解するための固有情報にはどのようなものがあるか？
> …医療・健康・精神保健・認知力・経済状況・学力等の情報

　ソーシャルワークでは、利用者の固有の問題状況によって、その問題領域に関するより詳細な情報収集とアセスメントが必要になる。

　例えば、医療ソーシャルワークでは、疾病に関する予後予測等も含めた情報、高齢者の介護の場合には、ADL、IADL、認知症などに関する情報が必要になってくる。虐待が疑われるケースでは、リスクをアセスメントするための虐待に関する詳細な情報収集が不可欠である。このような固有のアセスメントの必要性や内容は、所属機関や利用者の問題に関係する制度などによって異なってくる。自分が仕事をする領域では、どのようなツールが必要かを考え、情報収集ツールの存在を確認することが大切である。

*44 の脚注:
＊44
日常生活動作（Activity of Daily Living）のこと。食事、排せつ、移動、入浴など毎日繰り返される基本的な動作群をいう。

*45 の脚注:
＊45
手段的日常生活動作（Instrumental ADL）のこと。買い物や料理、乗り物利用など、ADLよりも高度、複雑な行動をいう。

❼利用者の問題対処力

> 利用者は、現在直面している問題にどのような対処をしようとしたのか？
> その対処の仕方は、これまでの利用者の他の問題対処と同じようなものか。
> その結果はどうであったか？

　私たちは、何らかの困難に出合ったとき、どのようにしてその困難と向き合うのだろうか。ソーシャルワークの仕事をしていると、幾多の困難にも負けずにがんばって生きていこうとする姿勢を見せる人に出会い、その人のもつ力のすごさに圧倒されることがある。その一方で、どうしてこのぐらいの問題で何もかもを投げ出してしまうのだろう、と思わされる人にも出会うはずである。そのようなとき、利用者に対して安易な判断をしてしまうことを防ぐためにも、なぜ、そのように異なる問題への向き合い方をするのか、を理解するための枠組みが役に立つ。人が問題にどのように向き合うのか、という「問題対処の仕方」に着目することで、その人固有の問題対処法とその背景を知ることができ、今後の具体的な支援展開に生かしていける。

　問題対処は**ストレスコーピング**ともよばれ、ラザルス（Lazarus, R. S.）とフォルクマン（Folkman, S.）という研究者がその第一人者として

名を知られており、数多くの研究が積み重ねられてきている。[*46]ラザルスとフォルクマンは、ソーシャルワークの基本視点と同様に、人の問題は環境との相互作用の中で起きていると考えている。そして、問題が起きたとき、その問題に遭遇している個人のもつ経済力、健康度、知的能力、サポートの存在、同時に起こっているストレスを引き起こすような問題の存在、個人の問題に影響を及ぼす制度、組織等、といった「資源」を個人がどれだけもっているか、また、個人がそれらの資源を資源として認識し使う力をもっているかが、その後の問題対処に影響すると考えている。もし「この問題は自分には対処し切れない」という評価を下した際には、問題と直接向き合ってその問題を解決するような方法をとることはなく、お酒を飲んで気持ちを紛らわせる、そんな問題は存在しないと問題の存在を否定する、といったようなやり方で、自分の感情をコントロールする解決法をとりがちであるといわれる。[*47]

❽問題対処に関係する出来事・人・機関とその結果
　ーシステム理論・エコマップ

> 問題の解決に関係する出来事・人・機関はどのようなものか？

　問題が起こるのに関連した人や出来事は何か、それらは問題をより悪くしているのか、あるいはよくしているのかを明らかにすることは、利用者に対する援助法を考える際に重要である。同時に本人が現在抱えている問題以外のストレッサーが存在するかどうか、あるいは、どのようなシステムがこの問題に関与しているかについて把握することも求められる。[*48]先述したシステム理論、生態学理論等を応用して、利用者の置かれている状況の全体像や複雑に影響し合っている環境要因を明らかにすることができる。そのために使えるアセスメントのツールとなるエコマップはこの後で詳しく使用具体例とともに解説する。

　他者からの支援は、「ソーシャルサポート」とよばれ、問題解決や軽減に大きな影響をもつ。アセスメントの際には、利用者がどのようなサポートを必要としているのか、どのような人、機関がどのようなサポートをしてくれているのか、また、そのサポートがどのように役立っているのか、あるいは役立っていないのかをしっかりと見極めなければならない。これは、利用者を取り巻く環境が利用者に与える影響の理解となる。単にサポーターがいるからということで安心するのではなく、サ

第2章

＊46
ストレスコーピングとソーシャルサポートに関しては、これまで膨大な数の調査研究が行われている。興味のある方はぜひこれらを一読されることをお勧めする。さまざまな最新の研究が網羅されているハンドブックとしては、下記がある。
Folkman, S., Nathan, P. E. eds., (2010) *The Oxford Handbook of Stress, Health, and Coping* (Oxford Library of Psychology) , Oxford University Press, Inc.

＊47
ラザルスとフォルクマンは、「問題中心コーピング」と「感情中心コーピング」とよばれる、2種類の問題対処法を想定したが、これらは決して固定的ではなく、変化する動的なものである。問題に直面している個人の環境や個人の環境とのかかわり方によって変化する性質のものであり、コーピングは動的なプロセスとして考える必要があることを忘れてはならないだろう。

＊48
「❼利用者の問題対処力」で述べたように、対処は個人特性と環境との相互作用であり、その結果が個人にとってネガティブなものになるか、ポジティブなものになるかには、複数の要因が関係している。

ポートには利用者にとってマイナスの影響を及ぼす「ネガティブサポート」を提供する人がいることも認識しておきたい。

以下、サポートの種類とはたらきをみておきたい。

①ソーシャルサポートの6つの機能

渡部は、先行研究のレビューをもとにソーシャルサポートを6つの機能に分類している[11]*49。その6つの中から、4つを選択し、以下、簡単に説明したい。*50

<u>自己評価サポート</u>とは、自分の価値を再度確認し、高めることができるようなサポートである。特に自分の社会的立場、仕事、家庭などでの能力などに疑問を抱き自信を失いかけたときに大切であり、効果を発揮するといわれている。

<u>情報のサポート</u>とは、問題に直面したとき、その問題を解決するのに必要な資源に関する情報を提供してもらうことで、それまで考えつかなかった代替的な行動の仕方などを見つけるのに役立つサポートである。適切な情報を必要なときに入手できるかどうかは、生死をも左右することがある。他者に情報サポートを提供するためには、その提供者が相手のニーズを理解し、そのニーズを満たすために必要な情報のネットワークをもっていなければならない。

<u>道具的サポート</u>とは、まさに人が必要としている具体的な援助のことである。食べるものがない人に食料を提供する、掃除ができない人の掃除の手伝いをする、お金がない人にお金を工面するなどの、実際的なサポートである。

<u>モチベーションのサポート</u>とは、行動継続意欲のサポートである。脳梗塞の後遺症で長い間リハビリテーションをしなければならないとき、事業に失敗して一からやり直さなければならないとき、これから長い期間夫の介護をしていかなければならないときなど、人はくじけそうになったり、その長い道の先に希望を見つけられない気がしたりすることがある。モチベーションのサポートとは、そのようなときに励まし、今やっている努力の先にどんなことが起こり得るかの希望を示し、がんばっていく途中でくじけそうになったときフラストレーションの解消法を教えたりすることを通して提供されるサポートである。

私たちは、問題に出合いその対処をする際に、このようなサポートを提供してくれる人がいるかいないかで、問題への取り組み方が大きく変化する。そのため、利用者に必要な種類のサポートを提供してくれる人の存在とその効果を見極めておくことは大切である。

*49
①自己評価サポート、②地位のサポート、③情報のサポート、④道具的サポート、⑤社会的コンパニオンサポート、⑥モチベーションのサポート、である。

*50
本文で解説していない2つは、父親、母親、妻、夫、息子、娘、会社の部長、自治会の役員など、社会で人が果たしているさまざまな役割から得られている満足や充実感につながる「地位のサポート」と、そこにその人がいてくれるという存在自体がつくり出す「社会的コンパニオンサポート」である。

②ネガティブサポート

　サポートを考える際、もう一つ大切なことがある。それは、「ネガティブサポーター」とよばれるマイナスのはたらきをする人の存在を認識することである。当人は、相手のために支援をしていると考えていても、その人がしている「サポート」が、サポートを提供される人にとってはかえって問題を大きくしていたり、解決を困難にしていたりすることもある。そのため、サポートの効果をしっかりと見極める必要がある。サポーターの存在とその影響をアセスメントで押さえておけば、次の段階の支援のプランニングに生かしていくことができる。

　このようなことを念頭に置いてエコマップを作成し、次の段階であるプランニングに役立てることが大切である。

❾利用者のニーズと問題の関連性・今後の問題対処に必要な資源
　ーアセスメント情報を統合しプランニングに結び付ける

> 　利用者のどのようなニーズや欲求が満たされないためにこの問題が起こっているのか？
> 　利用者がもっている、今後の問題対処に有効な資源は何か？
> 　利用者がもっていないが、今後の問題対処に有効な資源は何か？
> 　どのような外部の資源を必要としているか？

①ニーズからプランニングへの思考プロセス

　アセスメント面接では、利用者の問題を理解するためにさまざまな情報を聞かせてもらう。しかし、それらの情報がバラバラなままでは意味がない。さまざまな情報を統合していくプロセスで、利用者のニーズは何かを明らかにできなければならない。ニーズが明確にできて初めて、「何が、どのような条件がそろえば、利用者のニーズを満たすことができるか」を考え始めることができ、次に、利用者のニーズを満たすために必要な資源を利用者はどの程度もっているのかを評価していけるのである。[*51]その結果、そこで不足している資源は何か、それらをどこからどうやって見つけ出していくことができるかを考えるプロセスが必要となる。このような思考をたどることが、次の支援段階であるプランニングである。

②ニーズ、利用者のもっている資源、今後必要な資源の関連性

　ニーズが明らかになった段階で、利用者のもっている資源がその

＊51
ソーシャルワークでは、「資源の開発」の重要性を認識している。

　ニーズの充足のためにどの程度役に立つのか、不足した資源をどうすることができるのかを考えていくことで、支援のプランニングが機能的なものとなる。

　このことを以下のエピソードを使ってもう少し詳しく見ていきたい。

エピソード

　認知症になった独居の父親を心配した娘が、「父親の今後の生活がどう変化していくのか、自分にできることは何かを知りたい」と相談してきた（ここでは、相談にやって来た娘を主利用者として考えていく）。この娘さんとのアセスメント面接で次第に明らかになってきたことは、母親は数年前に亡くなっており、父親はつい最近まできちんとひとり暮らしを維持していた、ということであった。

　実は、父親本人も自分の異変に気付き、最初はうろたえたものの、今は娘にも、「できる限り、認知症の進行は遅らせたいが、自分の今後のことで娘に迷惑はかけたくない。できれば、自分が安心して暮らせる施設を探してほしい」と言っている。裕福とはいえないまでも、それなりの蓄えがある。

　娘はひとりっ子で父親思いであるが、自分も家庭と仕事をもっている。自分でも、この先どのような問題が起こる可能性があるのかについて本などで勉強している。父親には娘としてできる限りのことをしてあげたいとは思うものの、自分の家庭を壊してまでの無理はしないでおこうと決めている。幸い父親が現状をそれなりに理解しており、してほしいことを娘にはっきりと語ってくれている。

　エピソードでは、娘と父親の両者のニーズは、「父親の尊厳を損なわないような対応をしてくれる人々がいて、必要に応じて専門家の治療も受けられる環境を見つけ、そこで暮らせる手はずを整えること」になるだろう。現在の問題である、独居で認知症と診断された父親の今後の暮らしへの不安を父親本人、娘とも抱えているということは、上記のようなニーズが充足されないことで起きていると考えられる。

　父親、娘は問題対処に必要な判断力、現状理解力、経済力などをそれ相応に備えているようだ。このような場合、問題解決に必要で今後見つけていかなければならない資源が何かといえば、前述した条件に見合うような施設ということになるだろう。

　このエピソードに関して、利用者のニーズ、利用者がもっている問題対処に有効な資源、今後の問題対処に必要な資源、の関係性を図にしたものが、**図2-1**である。説明のため、シンプルにしすぎている側面も

〈図２−１〉利用者のニーズ、ニーズ充足のためにもっている資源、必要な資源の
　　　　　関係図

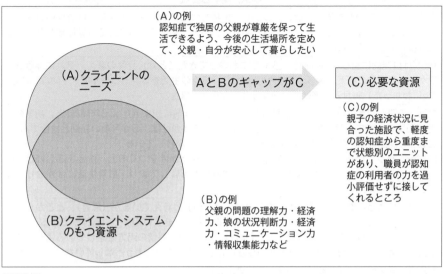

（A）の例
認知症で独居の父親が尊厳を保って生活できるよう、今後の生活場所を定めて、父親・自分が安心して暮らしたい

（A）クライエントの
　　ニーズ

ＡとＢのギャップがＣ

（C）必要な資源

（C）の例
親子の経済状況に見合った施設で、軽度の認知症から重度まで状態別のユニットがあり、職員が認知症の利用者の力を過小評価せずに接してくれるところ

（B）の例
父親の問題の理解力・経済力、娘の状況判断力・経済力・コミュニケーション力・情報収集能力など

（B）クライエントシステム
のもつ資源

（筆者作成）

あるが、（A）から（B）を引いたものが、（C）今後問題対処に必要な資源、と考えられるだろう。

　このケースの場合は、クライエント（利用者）システムがニーズ充足に必要な資源をかなり備えていたために、（A）クライエント（利用者）のニーズと、（B）クライエントシステムがもっている問題対処に有効な資源、との重なり合う部分が大きくなっている。この重なり合う部分が小さい場合には、（C）が大きくなる。ワーカーは、この（C）に相当する部分をどうやって見つけられるのか、を考えなければいけない。その結果、既存の資源では不十分な場合も出てくる。そのような場合、次のステップの支援のプランニングで考慮すべきことは、「必要な資源が存在しない場合に、工夫を凝らし、代替資源を見つける、あるいは、その資源を作り出す」ということである。

（4）事例１のエコマップ、アセスメントの枠組みに従った問題理解

　ここまでアセスメントの際にどのような側面に着目していくか、その枠組みを９つのポイントから解説してきた。では、この枠組みを用いると事例１はどのように理解されるのかを見てみよう（**表２−３**）。

〈表2-3〉統合的・多面的アセスメントのための9つのポイントから見た事例の内容

アセスメント項目	事例に関する要点
①利用者の問題意識-自発的に支援を求める利用者かどうか	自分からは、援助を求めていない。しかし、気持ちのどこかには何とかしなければいけない、という思いはある。そのため、仲介者がいれば、自分で納得できる範囲で行動に移せる。完全に支援を拒否していない。
②主訴-利用者は何が問題だと述べているのか	（最初は自発的に語らなかったが、少しずつわかってきたことは）身体の衰え。それに伴うセルフケアへの意欲の低下（食事、家の片付けなど）。日々の生活をコントロールできていないこと。（後にわかった）毎月返し続けていかなければならない借金。
③問題の具体的な特性	生活への関心や意欲の低下、借金は妻が亡くなった22年前に始まった（22年間継続）。病気の悪化は50歳のときで、17年前。そして、家が荒れ出すきっかけは、5か月前の転倒と捻挫である。これらの問題はすべて本人が一人でいるときに起こり、継続している。 家が汚くなっていることはさらなる「転倒」を招くきっかけをつくる上、借金を返し続けていることでわずかな年金が少なくなり、それが食費にも影響しており、日常生活にはかなりの障害となっている。
④利用者の問題のとらえ方	本人はこのような問題を「何とかしなければいけない」と考えているが（思考）、どこから手をつけるのか、どうしたらいいのか、助けを求めることができずに困っている様子である。「どうでもいい」というあきらめの気持ちと、「情けない」という感情の両方を感じているようである（感情）。実際には、自分から今何かの行動を起こして生活を変えようとはしていない（行動）。
⑤利用者の特性-利用者はどのような人か	利用者は老年期の初期であり、心身ともに衰えを感じている。 成育歴をまとめると、農家の5人きょうだいの末っ子として生まれ、中学卒業と同時に都会に出て電気工場で働きながら夜間高校で勉強する。両親は早くに亡くなり、きょうだいのほとんどはすでにいない。生きている姉がいるが、ほとんど行き来はない。真面目な性格で、人付き合いは苦手でほとんど友人らしい人はできなかった。工場では仕事を認められる。唯一の楽しみはおいしいものを食べること。30歳で5歳年下の女性と結婚。子どもはできなかったが、妻とは、妻の好きな映画を一緒に見に行ったり、仕事のことも話したりできるようになった。 妻が40歳、利用者が45歳のときに妻が急性骨髄性白血病で急死。それ以来、飲めなかったお酒を飲み、しなかったギャンブルなどをし、借金をつくるとともに、生活が荒れる。また、肝機能を悪くする。55歳で退職。その後しばらくはアルバイトをした後、アパートで年金生活をしていた。
⑥利用者の問題理解に必要な固有の情報	認知機能に問題はないようである。しかし、ADLはやや低下してきている。また、肝臓の疾患を抱えているが、詳しい病状は不明（ここしばらく、医者に行っていないので、不明であり、はっきりとした診断及び今後の治療の可能性を見極める必要がある）。 住環境は決してよいとはいえない。木造の築50年のアパートであり、日当たりが悪く、夏は風が通らないので、ムシムシするが、冷房設備もない。内風呂はあるものの、旧式の風呂である。
⑦利用者の問題対処力	体調を崩し、セルフケアが不十分になってからは、この問題に関して、特に自分から動いて何かを変えようとはしてこなかった。借金の問題については、少ない年金の中からとにかく払い続けている。本来真面目で地道に努力をする力をもっている。 以前、妻を亡くしたときに、そのつらさを忘れるためにギャンブル、飲酒という方法で問題に対処したが、今回はそのような方法はとっていない。
⑧問題対処に関係する出来事・人・機関とその結果	最初に利用者の生活が変化した際には、「妻の死」があった。その後の問題に関係しているのは、借金をしている消費者金融、アパートの大家さん、医療関係者（本来は継続的に医療ケアを受ける必要があるのだが、ここしばらく、きちんと通院もしていない）である。親族もほとんどいない。
⑨利用者のニーズと問題との関連性、今後の問題対処に必要な資源	自分で自分の生活をコントロールしたい、人の世話にはなりたくない、という思いがあるが、借金、健康状態の悪化、家事能力の不十分さ、頼れる状況が改善しないまま、サポーターの欠如、などといった状況にあり、コントロールが困難になってきている。 物的・人的資源が不十分で、問題が継続している。利用者が現在もっている人的資源（ソーシャルサポート）で、問題解決のためCさんを実際にサポートしてくれるのは、民生委員で大家さんのBさんだけである。必要な資源は、借金問題、当面の家事、健康回復・維持、今後のセルフケアなどを支援してくれる人・機関。

（筆者作成）

6 アセスメント面接

（1）アセスメント面接のポイント

アセスメントではどのような情報が必要かを知っていても、必ずしも適切に実施できるとは限らない。支援に役立つアセスメント実施のためには、相談援助面接力が必要である。言い換えれば、この人にならこの話をしたい、この情報を伝えたい、と利用者に思ってもらえるコミュニケーション力がワーカーに要求される。

面接に関しては本書第4章第1節4・5で述べられている上、コミュニケーション論の専門書もたくさんあることから、本節では、ソーシャルワークのアセスメント面接場面において、ワーカーと利用者の間で起こるやりとりに影響を与える要素のうち、主だったものに焦点を当てて説明していきたい。

これまで述べてきたように、普通、人は自分の深い内面の葛藤や歴史を初めて出会った人に話そうとは思わない。その例外が「自分の問題を何とかしたい」という強い動機づけのある場合である。しかし、たとえ利用者に強い動機づけがあって自分の心境を語り始めたとしても、ワーカーが自分の思いを理解しようとしていない、あるいは、とうてい理解できないだろうということに気付いたら、それ以上話す気をなくしてしまう可能性は高い。[*52]

アセスメント面接では、利用者に「この人になら話をしてもよい」と思ってもらえる実態を伴った「コミュニケーション力」が要求される。そのために必要なことはたくさんあるが、そのうち6つのポイントに絞って説明したい。

①面接の意図をきちんと利用者に伝える。何のためにこれから話を聞くのか、その情報は何に使われるのかを明確にする。

②利用者が「気にかかっていること」「相談したいこと」を明確にするために、そのことについて語ってもらい、しっかりと問題を理解する。

③利用者の表現する「感情」と「事実」の両方に注意を払う。利用者の話の流れにそいながらも、焦点を保った面接をする。そのために「問題」解決に関連すると考えられる情報を語ってもらえるよう努める。

④ワーカーは自分の仮定や思い込みで話を進めることなく、自分の理解が利用者のものに近いかどうかをきちんと確認しながら、話を進

*52
ワーカーが尋問するように次々と質問を繰り出したり、問題ばかりに焦点を当て「問題探し」をしていると感じたりしたときも同様であろう。また、話を聞いてくれても、最終的に「聞きっぱなし」にされそうな印象を受け、自分の問題の解決につながっていかないと思われる場合にも、利用者は肩すかしをくらったように感じる。

*53

自分がワーカー側に立っていると忘れがちになるが、このような利用者の気持ちに思いをはせることが重要である。援助の原則として、「利用者の置かれている立場に立ってみる」ということがいわれている。

*54

ストレングス(strength)とは、「強さ」のことである。ソーシャルワークは、利用者のもつ強さを大切にする。そのため、一見「問題ばかり」に思える利用者だとしても、その人がもっている「力を見つけ、その力を利用者にも伝え、問題解決に使う」視点が重要である。

めていく。^{*53}

⑤利用者の話を聞きながら、常に「利用者のもつ力、できていること、できるであろうこと」を見つけ出す姿勢を保つ。それらを見つけたときには、きちんと利用者にその「強さ（**ストレングス**）^{*54}」や「力」をフィードバックしていく。

⑥ある程度の情報が得られ、利用者の置かれている状況が理解できた段階では、問題の整理を行い、これからその状況の中で何ができるか、何をしていく必要があるかに関して（今後の方向性、ゴール）、利用者と話し合い、理解した内容を共有する。

（2）利用者の全体像が見えるアセスメント面接

　図2－2は、アセスメント面接が進行する時間の経過を縦軸にして、面接の適切さにより、得られる情報量、面接の結果見えてくる利用者像が異なるという関係性を図示したものである。図の左側は（A）「適切」なアセスメント面接、右側は（B）「不適切」なアセスメント面接の場合の情報の集まり方を示している。楕円形で示したのが、仮定された「全体像」であり、斜線を入れた部分は、その全体像に対して集まってきた情報である。例えていうならば、ジグソーパズルを完成させていくよう

〈図2－2〉アセスメント面接の時間の経過と情報量・情報の統合

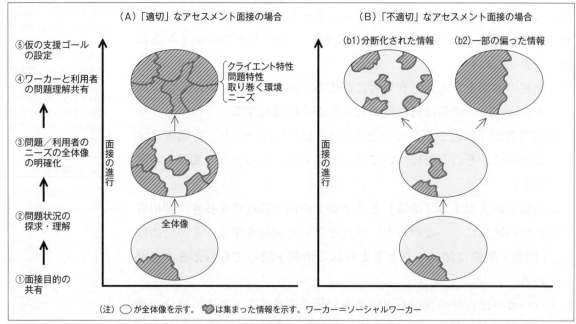

（注）◯が全体像を示す。🖾は集まった情報を示す。ワーカー＝ソーシャルワーカー

（筆者作成）

48

なものである。

　図２−２の縦軸は、アセスメント面接の始まりから終了までである。ここには、面接が理想的に進んだときに、時間の経過とともにアセスメント面接で何が起こるかを書き入れた。アセスメント面接では、①ワーカーと利用者が面接の目的を共有し、②利用者の問題状況理解のためのやりとりが行われ、③（少しずつ）問題の全体像や利用者のニーズが明確になり、④ワーカーと利用者が「面接におけるやりとりから見えてきた利用者の問題や問題の背景」の理解を共有し、⑤仮の支援ゴールを設定、というプロセスとなる。

　もしこのようなプロセスをふんだ「適切」なアセスメント面接ができれば、左側の（A）に示したように、面接のプロセスが進むに従って、「利用者の全体像」が見えてくる。つまり、利用者自身、問題、利用者と問題を取り巻く状況、に関する情報が集まり、それら全体が意味をもったまとまりのある姿をとっていくのである。

　一方で、アセスメント面接において、事務的に情報を収集したり、焦点を定めないまま利用者の話をただ聞きっぱなしにしたりすると、右側（B）の「不適切」な面接の（ｂ１）のように分断化された情報がただバラバラに存在するか、（ｂ２）のように一部の偏った情報のみが集まって面接を終了することとなる。つまり、さまざまな情報が集まったかのように見えるが、それらが、「利用者の全体像」を形成できるようなものにはなっていかないのである。

（3）観察力が果たす役割

　アセスメント面接で、利用者理解のために、言語能力とともに重要なものが観察力である。観察力とは、利用者の表情、姿勢、ジェスチャー、などに表れる、言葉では表現されない不安、とまどい、心配、悲しみ、おそれ、怒りなどを見つけ、それを援助に反映させていける力である。

　このような観察で特に重要になってくるポイントとして、第一に、利用者が表現した言葉と非言語の表現の間の不一致を見逃さないことがあげられる。例えば、利用者がワーカーの提案に関して「そうですね。それはいい考えですね」と言いながらも、まだ十分納得できていないのではないかと思われる表情が浮かんでいることに気付くことがある。そのようなときには、「今、○○さんの表情を見ていると、私の提案がまだしっくりときていないのかもしれないと思ったのですが……、私が提案を急ぎ過ぎたようです。もう少し○○さんのお考えを聞かせていただい

BOOK 学びの参考図書

●B.I.デイトン＆R.キャンベル 編、黒川由紀子 日本語版監修、望月弘子 訳『高齢者のカウンセリングとケアマネジメント－The Delicate Balance: Case Studies in Counseling and Care Management for Older Adults －』誠信書房、2004年。

　本書はタイトルにケアマネジメントとあるが、紹介されている内容は優れたソーシャルワーカーによる高齢者支援実践とその分析である。事例を紹介するだけでなく、それぞれの事例に関して6つの共通テーマに従った分析からは、ソーシャルワーカーが果たす広範な役割を担当のケース、実践場所の要求に従って使い分けていく必要性とその根拠が明確になってくる。

*55
このような関係性の理解は、家族、小グループが利用者の際に重要になってくる。興味のある人には、家族療法やグループワークの専門書の一読をお勧めする。

てもよろしいですか」と、利用者を非難するのではなく、自分が観察して気付いたことを利用者に投げかける。そうすれば利用者が本当の思いを表現する機会を提供することができる。

　第二のポイントは、家族の合同面接のように複数の利用者がいる場合である。このような場合には、それぞれの人が座る位置や会話の際の表情などに注意を払い、関係性理解につなげていく。

　16歳になる長男の暴力行為で相談に来た両親と3人の息子との面接を想定してみたい。もし初回面接の際に、母親と子どもは近い距離に座り、父親だけが離れた場所に座っているとすれば、このような位置取りは、家族の中で父親が孤立している可能性を示しているかもしれない。また、長男が話をするとき、父親と視線を合わせようとせず、二男と三男はずっとうつむいていることを観察したとすれば、言葉では表現されなくても、長男、父親、二男、三男の家庭内での力関係のアセスメントができる可能性がある。*55

　第三のポイントは、自宅などの生活場面での面接の場合である。近隣の様子、家の片付き具合などから、日常生活環境のマネジメント力の一端を知ることができる。

　このように、観察から得られる情報は貴重なものである。ワーカーは利用者が表現する言葉（言語メッセージ）のみでなく、非言語のメッセージもきちんと理解し、その理解をアセスメントとそれに続く援助に生かしていくことが大切である。

7 アセスメントツールとしてのマッピング

（1）マッピングの利点

　アセスメント面接で、利用者や関係者からさまざまな話を聞かせてもらった結果、情報はたくさん集まったもののそれらをどう整理して利用者の問題解決につなげていけばよいのか、と迷うことも少なくない。そのようなときに役に立つのが、**マッピング**（Mapping）とよばれる、情報を整理し視覚化する作業である。

　マッピングは、バラバラになっていた情報を1つのまとまりをもった情報として見せてくれる。他職種の人と今後の支援プラン作成のための情報共有をするときにも、言葉のみでなくこのような視覚化されたツールがあれば相互理解がより早くなる。マッピングにはさまざまなものがあるが、本項ではその中から4つを選択して簡単に紹介する。

（2）エコマップ

　ソーシャルワークのアセスメントツールとしてよく使われるものの一つに「**エコマップ**（社会資源開発図）」がある。エコマップの目的は、クライエントシステムとそれを取り巻く周囲の資源・環境とのかかわりをビジュアルに示して、現状の理解と今後の支援策づくりに役立てていくことである。

　ここで説明するエコマップは、1978年にハートマン（Hartman, A.）[56]により紹介されたものである。ハートマンのエコマップの使い方は、課題を抱える家族とともに作成することで家族とソーシャルワーカーがともに現状理解を共有し、今後何が必要かの理解を促進することであった。言い換えれば、クライエントとソーシャルワーカーがともにアセスメントと支援計画づくりに応用するツールであった。家族療法ではこのように用いられたが、その他の領域ではソーシャルワーカーのアセスメントのツールといったような用いられ方もしている。

　エコマップは、ソーシャルワークの歴史の中で原形は残しつつも、その後少しずつ形を変えて発展していった。また、実践家がクライエント理解のために最も有益であるように修正を加えてもいる。さまざまな修

＊56
ハートマンは、家族療法家で、元ミシガン大学ソーシャルワーク大学院教授。

〈図２-３〉エコマップ

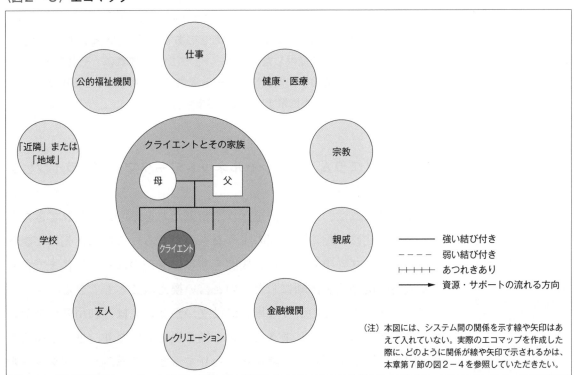

強い結び付き
弱い結び付き
あつれきあり
資源・サポートの流れる方向

（注）本図には、システム間の関係を示す線や矢印はあえて入れていない。実際のエコマップを作成した際に、どのように関係が線や矢印で示されるかは、本章第7節の図２-４を参照していただきたい。

（出典）渡部律子『高齢者援助における相談面接の理論と実際 第２版』医歯薬出版、2011年、70頁。Hartman, A.（1978）をもとに一部改変

＊57
本書第3章第4節6及び第4章第7節1（4）参照。それぞれ一例として各々の特徴をふまえ、自分の実践に最適な用い方をしてほしい。

＊58
この作成法と図2-3のエコマップは、筆者がミシガン大学の授業で講義を受けたHartman, A. (1978) 'Diagrammatic assessment of family relationships', Social Casework, Vol. 59, No. 8, pp. 465-476.に準拠している。その後エコマップの作成法には、バリエーションが出てきている。重要なことは、どれを使うかではなく、視覚化により情報が整理されていることである。

正を経ても変わらない点は、「家族というクライエントシステムと、家族を取り巻く資源・環境とのかかわり方を視覚化して理解するツール」ということである。[57]

まず本節では、ハートマンによって説明されたエコマップの記載方法を紹介していく。

エコマップは、アセスメントツールとしてソーシャルワークでよく使われる代表的なものであるが、図2-3に示すように利用者システムを取り巻く外部システムは何か、関係性はどうかを表すものである。エコマップの作成法は、以下のとおりである。[58]

（エコマップの作成法）
①真ん中に大きな円を描き、そこに利用者家族の家族図を書き入れる。男性は四角、女性は丸印で表す。図に示すように、夫婦を横線で結び、その下に線を入れ年齢の高い人が左にくるように、子どもを書き入れていく。家族の年齢などは適宜書き込む。
②家族図の周囲にこの家族を取り巻く人、組織などの関連するシステムを丸印で書き、「仕事（職場）」「近隣」「親戚」「○○病院」「○○デイサービス」などその名称を入れていく。公的サービスを利用しているのであれば、「福祉事務所」「児童相談所」なども記入されるであろう。
③上のステップが終われば、利用者家族と②で記入したそれぞれの関連システムとの関係性を線で示していく。実線は「強い結び付き」、破線は「弱い結び付き」、線路のような線は「あつれきのある関係」である。また、両者の間で相手に資源を提供したりサポートしていたりすれば、それを矢印で示す。両者ともに相手に資源やサポート提供をしていれば、矢印はどちらからも流れているように示す（図2-3参照）。

BOOK 学びの参考図書
●M. マクゴールドリック・R. ガーソン・S. シェレンバーガー、石川元・佐野祐華・劉 イーリン 訳『ジェノグラム（家系図）の臨床－家族関係の歴史に基づくアセスメントと介入』ミネルヴァ書房、2009年。McGoldrick, M. & Gerson, R. (1985) Genograms in Family Assessment, Norton.
ジェノグラムの書き方やモデルの詳細の参考にしてほしい。この書籍には、フロイトなどの著名人のジェノグラムが記載されている。さらに興味のある人は、日本語によるジェノグラムに関する本も出ているので読んでいただきたい。

（3）ジェノグラム、ソーシャルネットワークマップ、ライフヒストリーグリッド

ジェノグラムは、家族療法を行う臨床家たちを中心に使われてきたもので、3世代にわたる家系図のようなものである。これは、先ほど説明したエコマップの中心にある家族図をさらにさかのぼった世代まで含めて家族間の関係性を詳細にしたものと言い換えることもできる。

ジェノグラムがどのような場合に役立つかといえば、利用者システムが、世代間を超えて同じような問題を繰り返していたり、世代を超えた家族関係に問題を理解する鍵があったりするときであろう。マクゴールドリック（McGoldrick, M.）とガーソン（Gerson, R.）の著書には、さ

まざまな著名人のジェノグラムも掲載されているので、参考にしてほしい。

　エコマップ、ジェノグラムのほかに、小嶋章吾は、ソーシャルワークの記録の一部として、アセスメントの視覚化に役立つ方法をいくつも紹介している[12]。本節では、その中から2つを紹介したい。

　第1は、ケンプ（Kemp, S.）、ウィトテカー（Whittaker, J.）、トレーシー（Tracy, E.）による「ソーシャルネットワークマップ」である。これは、家庭内、職場、などのそれぞれの「生活の場」で、「具体的、情緒的、情報／アドバイス、批判」等のサポートの程度を、「1＝ほとんどない」から「3＝常にある」の3段階で評価し、「援助の方向性、親密さ」に加えて、どれぐらい頻繁に会うか、どれぐらいの知り合いか、を得点化して表にしたものである。これは、前述した統合的・多面的アセスメント情報に含めた「ソーシャルサポート」を詳細に得点化して表の形にしたものとも考えることができるだろう。

　第2は、アンダーソンとブラウン（Andersonn, J. & Brown, R.）による、「ライフヒストリーグリッド」とよばれる個人の歴史を領域別に年表化したものである。生年月日から始まる年号、そのときの年齢、居住地、家族構成と家族に起こった特記すべき出来事（家族の誕生、死、病気等、特徴的な出来事）、学校（学年変化、学業成績等）、健康、スポーツクラブや友人とのかかわりなどの活動、その他、という項目をつくり、年表の形で、毎年どのようなことが起こったかを記述する。これは、統合的・多面的アセスメント情報の中の成育歴、特記すべき出来事の項目を詳細に図表化したものと考えられる。

第4節 プランニング

1 最適な支援プランニングに必要な条件

＊59
これにより、利用者、
利用者の抱える問題、
利用者を取り巻く環境、
のそれぞれとそれらの
相互関係の両方を理解
していくことができる。
その結果、利用者にど
のような援助が最適か
を考えることができる
のである。

　前述のように、支援のプランニングには「適切なアセスメント」の実施と、そこで得られたさまざまな情報の分析・統合が必要不可欠である。[＊59]

　よい支援をするためには、アセスメント面接の段階で、ワーカーの頭の中に暫定的な支援法、資源情報、関連機関の知識がなければならない。もし、自分が知っている既存の資源で利用者支援が適切に行えないときには、「資源開発」とよばれる、必要な資源をつくり出していくことも必要になる。

　プランニングは、ワーカーが1人で行うものではなく、利用者とともに、何を支援のゴールにするのか、そのゴールはどのようにして達成できるか、といったことを具体的に話し合う協働作業で行うものである。

2 ソーシャルワーカーの役割

　プランニングの範囲は、ワーカーの職場（期待されている役割）やもっている知識・スキルに左右される。日本のワーカーが、必ずしも北米のソーシャルワーカーと同じような役割を担って仕事をするわけではないが、職域によっては、国の違いを超えて同様の役割や知識・技術を用いる。そこで本節では、ソーシャルワーカーに期待されている役割と日本の現状を、簡単に述べたい。

　ソーシャルワーカーは、広範な領域で仕事をしており、職場環境によって主な役割が異なることがある。

　副田あけみは、ソーシャルワーカーの役割を整理し、大きく4つに分類している。[13] それらは、「A. 直接サービス提供役割：支援役割、カウンセリング役割、イネーブリング役割、教育・指導役割、グループワーク・サービス提供役割（ファシリテーター）、ケア提供役割（ケアテーカー）」「B. ソーシャルネットワーク強化役割（ネットワーク・コンサルタント）」「C. 資源システム結合役割：仲介役割（ブローカー）、権利擁護・代弁役割（アドボケート）、調停役割（メディエーター）、ケースマネジメント役割（ケースマネジャー）」「D. 公的資源システムの改善・強化役割：組織変革役割（イノベーター）、コンサルテーション役割、

ネットワーキング役割、資源動員・開発役割（モビライザー）」である。

日本の社会福祉実践現場で仕事をする人たちにとってなじみのある役割は、資源システム結合役割に分類されている「仲介役割（ブローカー）、権利擁護・代弁役割（アドボケート）、ケースマネジメント役割（ケースマネジャー）」であろう。

近年注目されている地域包括ケアシステムが適切に機能するために必要不可欠なスキルとして「連携」がある。この連携は、資源システム結合役割の一つである。連携が機能するためには、参加メンバー間でのゴール共有、役割認識、ゴール達成の評価が必要となる。

電話相談や対面相談面接で多様な問題を抱えている人の話を聞いて、その人たちに「最適のサービス、資源を紹介する」仲介者としての仕事もさまざまな場で行われている。

さらに、自分で自分の権利を主張することができない人が不当な扱いを受けていることがわかったとき、その人たちに代わって取り上げられている権利を取り戻し、その人たちに必要な生活環境整備を行う「権利擁護」は、虐待などの被害者となりやすい障害のある人、児童、高齢者を対象に仕事をする人たちにとって必要不可欠となってくる役割である。

また、介護保険が始まったことで、広く社会に知られるようになった用語「ケアマネジメント」（ケースマネジメント）は、長期にわたる複数のサービスを必要としている、地域生活を送る利用者のために、マネジメントを行う役割として存在する。この役割もケアマネジャーのみでなく、多くのワーカーが担っているであろう。

一方で、直接サービス提供役割に含まれるカウンセリングなどは、「私はやっていません」というワーカーが多いかもしれない。しかし、ケアマネジメントの実践においてもカウンセリング機能の重要性を強調しているソーシャルワーカーたちがいる。インガソル＝デイトン（Ingersoll-Dayton）とキャンベル（Cambell, R.）は、利用者である高齢者に対するカウンセリング機能を適切に用いることで利用者の福利に貢献できるケアマネジメント実践が可能になることを、12の事例のていねいな分析を通して読者に伝え、カウンセリングとケアマネジメントという２つの機能の間で微妙なバランスを保っていくことの重要性を論じている。日本の実践現場でも、利用者の生活の質（QOL）[*60]を高められる援助をしているワーカー等は、ケアマネジメントプロセスで、適切なカウンセリング機能を発揮している。

しかし、日本ではこのようなカウンセリングの必要性の認識は高くな

*60
QOLは、Quality of Life の略語である。

い。このような現状を副田が適切に表現しているので、少々長くなるが引用したい。「アメリカなどと異なり、日本には、精神力動アプローチ、家族療法アプローチ、認知・行動変容アプローチ、遊戯療法などのアプローチに基づくカウンセリング・サービスを専門に提供しているソーシャルワーカーは極めて少ない。（略）しかし、これらのアプローチを研修やスーパービジョンによって学び、問題のアセスメント方法や、面接技法、グループワークの技法に役立ててカウンセリング役割を行うことは、児童相談所、児童養護施設、情緒障害児短期治療施設[*61]、婦人相談所、母子生活支援施設、保健所、知的障害者施設、精神障害者のデイケア施設などでも必要と思われる」[14]。

＊61
現在は、児童心理治療施設に名称変更されている。

3 支援プランニング

　ここで事例1に戻って支援プランニングについて考えていきたい。

　初回面接が終了する際、ワーカーとCさんは、まずCさんが話した2点（食事の買い出しと部屋の片付け）を変えていくことを目標に設定した。さらにワーカーは、Cさんの健康状態も気がかりであった。健康状態の今後の変化に、どの程度の期間、どのようなことをしていったらよいか（援助期間）が変わる可能性があり、その確認ははずせないと考えた。

　そこで、少し落ち着いた段階で最初に述べられた2点に加えて、医療ケアについて話し合った。ワーカーが、「Cさんがめざしていらっしゃるのは、体調を整え、ご自分で日々の生活をきちんとできるようになるということですね」と確認すると、Cさんは「ええ、お恥ずかしい話です。食事の支度を自分でできなくても、せめてちょっとしたものを買ってきて食べる生活には戻したいと考えています」と話してくれた。

　その一方で、Cさんは、今まで他人が家に入ったことがなかったこと、また、人と話すのがあまり得意でないためにどうすればよいかわからないこと、誰かが家に来て自分のペースを崩されることに対する不安があると話した。そこで、ワーカーは、家事を手伝いに来てくれる人とCさんの仲介役をすること、その際自分も同席することを約束した。

　ワーカーは、Cさんが抱えているという借金のことが気にかかったが、初回面接を受け入れること自体もむずかしそうであったCさんが、ここまで援助を受けることに積極的になったことを評価し、今ここで新たに借金の話題を出すことは、Cさんの「弱さ」を語ってもらうことになるため、今後の課題として残すことにした。

第5節　支援の実施

❶事例1の展開

　事例1の展開から続きを考えてみよう。

　初回面接終了時に、Cさんとワーカーが話し合い支援のプランニングをした。そのプランの際に、両者が合意した大きなゴールは、「自分で自分の生活を維持していけるようになること」で、具体的には、健康維持ができる食事がとれるようにする、（転倒したり生活がしにくくなったりしないように）部屋を片付ける、健康状態のチェックと今後の健康管理である。長期的には、必要な支援を求められるようになるため、他者に自分の要求を適切に伝える方法を身に付けること、であった。

　これらの具体的な実施方法は**表2－4**のとおりである。

　表2－4の支援計画は、初期アセスメントをもとにしたものであり、今後支援が進んでいくにつれて変化していく可能性をもっている。さらに、現段階の支援実施法はミクロ実践が中心であるが、利用者であるCさんにとって最優先すべき課題が変化していくことで、さらに近隣地域やコミュニティの資源との結び付きなどが支援に入ってくることが予想される。

　このような支援プランの実施のために、ワーカーはさまざまな役割を担う。ワーカーの支援内容を振り返り、そこから学べるポイントを5点あげたい。

〈表2－4〉**事例1における支援プラン内容と支援実施の方法**

支援プランの内容	支援実施の方法[62]
①健康維持に適した食事がとれるように食事の買い出しを行う。 ②部屋の片付け（体調のすぐれない間）	暫定的に家事援助を手配する。要介護認定を申請する（要支援に認定される可能性あり）。
③健康状態チェックと今後の健康管理	（最初から病院に行くことには抵抗があったので）まずは、地域包括支援センターの保健師に協力を依頼、同行訪問し、そこから適切な病院につなげていき、必要な医療を受けられるようにする。
④（今後適切に必要な支援を求められるように）他人に自分の要求を適切に伝える方法を身に付ける。	最初はワーカーが仲介者また役割モデルとなり、少しずつCさん自身がその方法を習得していく。[63]

（筆者作成）

*62
具体的なサービス計画は、制度により影響を受ける。ここで示したサービスも介護保険法の改正によって影響を受けるものである。しかし大切なことは、利用者のニーズを第一に考え、その後ニーズのどれがフォーマルなサービスで充足できるかを考えることである。フォーマルサービスが存在しなければ、どうすれば利用者のニーズを代わりの方法で充足できるかを考える姿勢が大切である。

*63
本書第3章第1節4（6）行動変容アプローチの応用が考えられる。

　第1は、Cさんの力を見つけ出してそれを活用できるようにする支援
の役割である。利用者の強さを見つけてそれを活用していくのは、どの
ようなケースにでも適用できるし必要であろう。しかし、特に本事例の
利用者であるCさんは、自分自身で何とか問題を解決したいともがきな
がらもそれがうまくいかず、自信喪失していた。そのようなCさんに
とって、この支援が有益であったことは明らかだろう。ワーカーによる
支援は、「ただ誰かに助けてもらう受け身」経験ではなく、「自分の意思
を尊重してもらい、自分自身が生活の主導者としてできることを見つけ
出し実行していくことを手伝ってもらう」経験になったといえるだろう。

　第2は、Cさんとさまざまな支援提供者とを結び付ける仲介・連携の
役割である。社会福祉現場で働くワーカーの多くは、利用者にどのよう
なサービスが提供可能かを考え、そのサービスと利用者を結び付ける仲
介・連携役を果たしている。よい仲介とは、サービスと利用者との適合
性を見極めた上で実施されることを再度述べておきたい。

　第3に、サービスとの結び付けにとどまらず、さまざまな支援を必要
としているCさんにサービスが提供された時点で、サービス提供機関が
適切に機能しCさんの支援ゴール達成に貢献できているかどうかに関し
て、サービス調整をするコーディネーター役やケアマネジメント役を果
たしていることも明らかである。

　第4に、初回のアセスメント面接時から、利用者の話にきちんと耳を
傾けサポートしており、カウンセラー役も果たしていることがあげられ
る。

　第5に、資源（インフォーマルサービス）の発見とその活用があげら
れる。後にCさんの支援ゴールに加えられた「料理教室への参加」は、
仲介機能といえるが、フォーマルなサービス以外の資源利用を考えてい
る点で評価に値するだろう。

　事例1では、Cさんが地域社会でさまざまな環境の影響を受けながら
生活している個人であることを認識した支援が実施されている。

第6節　モニタリング

　支援が進むにつれて利用者の生活の変化が見えてくる。当初の支援プランニングがめざしたゴールを達成できているかどうかをしっかりとチェックしていくのがモニタリングである。支援ゴールの達成度のモニターには、大きく分けて2つの方法があると述べた。1つは「行動の頻度の変化」などわかりやすい形での客観性をもつ指標に着目する方法であり、もう1つは満足度などの質的で主観的ともいえる指標に着目する方法である。事例1でのモニタリングには、その両方を想定してみた。

　下の**表2-5**では、第5節であげた4つの支援ゴールを左の列に記し、それらが達成できているかどうかを確認する具体的なモニタリングで着目するポイントを右の列に記した。右の列では、モニタリングで着目するポイントと同時に、将来、支援の進展に従って次の段階でめざしていきたい支援ゴールも〈　〉内に記した。

〈表2-5〉事例1における支援ゴールとモニタリングで着目するポイント

支援ゴール	モニタリングで着目するポイント〈次の段階でめざす支援ゴール〉
①健康維持に適した食事がとれるように食事の買い出しを行う。	日々適切な食事をとる〈将来健康状態が回復したら自分で買い出しや食事準備ができる〉。
②部屋の片付け（体調のすぐれない間）	部屋が片付いているかどうか〈将来は自分で部屋の片付けができる〉。
③健康状態チェックと今後の健康管理	健康状態を自覚し必要な医療ケア（通院・服薬等）を行う。
④（今後適切に必要な支援を求められるように）他人に自分の要求を適切に伝える方法を身に付ける。	自分のニーズを関係者に伝える。

（筆者作成）

❶事例1の展開

事例1ー⑥

　支援プランが実施に移され、ホームヘルパーがCさんの自宅を訪問する際、ワーカーも同行した。家の片付けも食事のための買い物も「Cさんの意思を反映したもの」にするため、ヘルパーと前もって打ち合わせを行い、Cさんの状況を簡単に伝えた。
　その上で、ワーカーはCさんの意向が今後の支援に反映されることを確実にすることをめざした。家を整理していく中で、必ずCさんに「これはどこ

にしまいましょうか？」「これは、どうしますか？」と一つひとつの作業に承認を得ていった（自己決定尊重）。

　この作業を通して明らかになったことは、Cさんが何をどうしていきたいのか、ということをしっかりと表現できる人であること、不要なものを捨てる決断の中でも、妻の記憶にまつわるものは「置いておきたい」と言い、そのプロセスでヘルパーやワーカーに、自分の若かったころのこと、苦労した話、がんばってきたことなどを語ってくれた。[65]

　食事の買い出しに関しても、少しお金の余裕があるときには、「今日は、○○の弁当を買ってきてくれますか？」と、名の知れたブランドの弁当を指定した。ワーカーが、「Cさんは、おいしいところをよくご存じなのですね」と問いかけると、「自分にはあまり趣味はなかったが、都会に出てきた当時、おいしいものを食べることが小さな楽しみになった。本当は自分で少しでも食事の用意ができればいいな、とときどき思う」とまで話してくれた。これを聞いたワーカーは、「体調が回復してきたら、それもできるかもしれませんね」と言い、公民館で実施されている「男の料理教室」の情報を提供した。[66]すると、いつになくCさんは興味を示した。

　家の片付けと食事の手配のための3回めの訪問時に、Cさんは「すまないけれど、実は、銀行に行かなければならないんだが、一人で歩いていくのはまだ不安なので、一緒について行ってもらえるだろうか？」とワーカーに尋ねてきた。そこで、ワーカーが銀行に同行すると、「女房が亡くなってから、それまでしたこともないギャンブルなんかをやってね、いくつかのサラ金に借金があるんでね……」と打ち明けた。民生委員のBさんからCさんの借金のことを聞いており、いつかは借金問題を一緒に話し合いたいと思っていたワーカーは、このことを専門家に相談することで借金の額を減らせるのではないか、と考えていた。

　そこで、これをよい機会だと考えて、無料で法律相談にのってくれる組織があり、[67]Cさんの件も相談してみると何らかの方法が見つかり、今よりも経済的に余裕が出る可能性があるという情報を提供した。すると、Cさんは、「そういうものがあるというのは聞いてはいましたが、相談にはお金もかかるだろうし、弁護士なんて敷居が高かったんですよ」と、借金を今も返し続けている理由を語ってくれ、「相談してみたい」という意向を示した。

　先述したように、初回のアセスメント面接ですべての情報が集まることはまれで、アセスメントは継続プロセスである。新たな情報が得られれば、その時点で再アセスメントを実施し、それに従って、支援ゴールやプランも変更される。そのために活用されるのが、モニタリングである。本事例でも利用者であるCさんの変化をモニタリングすると少しずつ変化を遂げてきていることがわかる。さらに、支援実施後、新たな

＊65
アセスメントのための情報は、面接場面だけから得られるのではないことを本章第3節2で述べた。ここに記した状況は、まさにその例である。

＊66
このように、利用者の生活上の変化に合わせて、最適な時期に情報提供することが大切である。

＊67
ワーカーは利用者支援に最適な資源に関する情報を集め、それらを理解しておくことが大切である。利用者が必要な資源に関する正しい情報をもっていなかったために、困難な状況から抜け出せないことも少なくない。

ニーズも引き出すことができ、それらが新たに支援ゴールとして加えられた。それが、以下の**表2-6**である。事例1の場合には、大きな支援ゴール自体に変更はないが、追加支援ゴールと、ゴール達成のために必要なワーカーの支援内容もさらに加わった。このようにモニタリングの結果、再アセスメントを実施し支援ゴールやプランを変更し、それを実施していくことは、モニタリングが果たす大きな役割といえよう。

〈表2-6〉**事例1におけるモニタリング後に追加された新たな支援ゴールとモニタリングで着目するポイント**

追加支援ゴール （ワーカーの具体的な支援内容）	モニタリングで 着目するポイント
⑤消費者金融から借りている借金返済減額（ワーカーからの情報提供と無料法律相談機関への紹介。担当者とうまく連絡がとれ問題解決への話し合いができるようにワーカーが仲介を行う）。	法律相談機関での相談をする。借金問題解決に向けた具体的な動き。
⑥（体調が回復した段階で）自分でちょっとした調理ができるようになる（ワーカーが情報提供と公民館で実施されている「男の料理教室」への紹介）。	ホームヘルパーから簡単な調理のコツを学び実践。料理教室参加。実生活での料理づくり。

（筆者作成）

第 **7** 節　支援の終結と事後評価、アフターケア

1 支援の終結と事後評価

　事例１の展開を続けよう。

　事例１の利用者Ｃさんは、時間の経過とともに、新たな問題解決に向けて次々と生活に変化が見られるようになった。Ｃさんは少しずつ体調も回復し、借金の返済、医療機関への受診、家事能力の獲得ができた。同時に、他者が必要なときには自分から支援を求めることもできるようになった。その結果、自分が必要なときに自分を支援してくれる人々がいること、支援を得ることと自分の意思の尊重が同時に可能なことを体験していった。これらのことが明らかになった時点で、ワーカーはそろそろＣさんへの支援の終結時期が近づいてきたと考え、ＣさんとともにこれまでＣさんが<u>達成してきたことを振り返る機会</u>（終結に際しての重要な準備段階）をもった。するとＣさんは、「私もこんなに自分が変われるとは思ってもいませんでした。家内が死んで以来、もういつ死んでもいいと思って自暴自棄に生きていました。誰ともかかわりたくない、どうせ誰も自分を助けてくれない。よしんば助けてくれても恩を感じろという態度をとられる、と思っていました」と支援開始当初の自分の状況と今の変化を語ってくれた。

　ワーカーは、Ｃさん自身がどれだけ責任感の強い人か、また、自力でがんばろうとしていたか、に関する自分の理解を述べ、それらは彼の強さであったと判断したことを伝えた。さらに、そのような強さをもとにして、人とのかかわりを増やして自分の生活を変えていったこれまでのＣさんの変化を総括して伝えた。その際、Ｃさんと話し合って設定した支援ゴールであった、①健康維持に適した食事がとれるように食事の買い出しを行う、②部屋の片付け（体調のすぐれない間）、③健康状態チェックと今後の健康管理、④（今後適切に必要な支援を求められるように）他人に自分の要求を適切に伝える方法を身に付ける、⑤消費者金融から借りている借金返済減額、⑥（体調が回復した段階で）自分でちょっとした調理ができるようになる、の６点に関して、一つずつ十分な時間をとって、「仮に最初の状態をゼロ点とすると、今の状態は、10点満点でいえばどのような点数になりますか」と尋ねた。[68]

*68
これは、本書第１章第
２節７（２）「事後評価」
で解説した評価尺度の
中の①「固有の問題に
対してつくられる評価
尺度」に相当する。Ｃ
さんがめざした固有の
問題の解決度を10点満
点で評価してもらって
いるのである。

62

　Cさんは、「そうですね。まだまだ10点満点とは言えないけれど……」と、自分が望んでいたすべてがおおよそできていると報告してくれた。ワーカーも同様に受け取っていたので、そのことを伝えた上で、「これだけのことがおできになった今、いったん私どもの支援を終えることを考えられると思いますが、いかがでしょうか」と、Cさんの判断を尋ねた。すると「私も今は何とかやっていけそうな自信が出てきました。もう大丈夫だと思います。本当にありがとうございました」という返事を得た。ワーカーは、「もちろん、私たちは人生でさまざまな問題にぶつかることがあります。Cさんがまた何か相談したいと思われることがあれば、いつでもご相談にのらせてください[69]」と伝えた。さらに、Cさんに対するアフターケアについて「またしばらくしたら、Cさんにご連絡を差し上げた上でその後どのようにしていらっしゃるか、ご様子を伺いに来させてもらってよいでしょうか」と尋ねると、Cさんは快く了解してくれた。

　図2-4は、Cさんの支援開始前と終了時の2つのエコマップが比較できるように並べて示したものである。これらを比較するとわかるように、ワーカーが介入する前に、Cさんがプラスの関係でつながっていた

*69
もし、利用者の抱えている課題の本質を押さえた支援ができていなければ、終結の話が出た途端、利用者が新たな問題をワーカーに伝えてくることもよくある。

〈図2-4〉事例の支援開始前と開始後のエコマップ

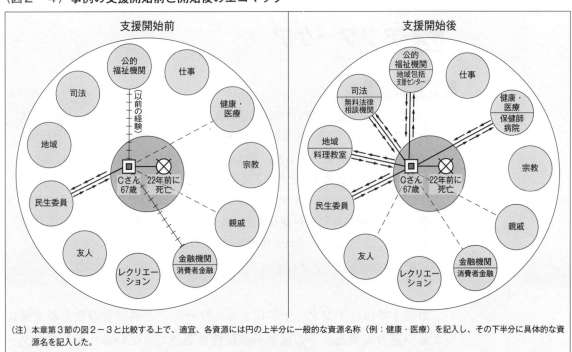

（注）本章第3節の図2-3と比較する上で、適宜、各資源には円の上半分に一般的な資源名称（例：健康・医療）を記入し、その下半分に具体的な資源名を記入した。

（筆者作成）

唯一の人は大家さんでかつ民生委員のBさん、そして、葛藤がある「マイナスの関係」でつながっていたのは消費者金融、また、以前何らかのときに関係をもった福祉機関とも葛藤のある関係であったことがわかる。また、医療機関は必要不可欠であったにもかかわらず、その関係は薄いものでしかなかった。親戚、近隣、友人などとはほとんど関係がない。

　それが、ワーカーの介入によって、新たに、無料法律相談機関（司法）、保健師（医療）、（保健師経由でCさんが話しやすい）医療機関、ホームヘルパー（公的福祉機関）、地域包括支援センター（公的福祉機関）、（公民館の）料理教室（地域）、といったシステムとのかかわりができた。また、無料法律相談機関の介入によってネガティブな関係であった消費者金融との関係も変化させることができるだろう。

　これらのエコマップを見てみると、まだいくつか将来必要であり、かつ可能な展開も考えられる。それらは、親戚との関係を何らかの形で再構築していくのか、少しできた地域とのつながりで「友人」とよべる人たちとのかかわりができてくるかどうかなどであろう。これらは支援終結後もアフターケアの段階で確認することができる。

　なお、本事例では、満足のいく成果が出て計画的に支援終結をしているが、実際には、何らかの理由で支援を中断せざるを得ない「計画外の終結」のあることをご理解いただきたい。[*70]

*70
利用者の支援継続拒否、転居、死などがその一例である。

2 アフターケア

事例1 − ⑦

　Cさんの支援終了後3か月が経過したころ、ワーカーはCさんに電話を入れアフターケア訪問の約束をした。電話でのCさんの声は明るく、「その節は本当にお世話になりました。今は自分なりに少しずつ日々の生活に楽しみも見つけ始めています」とのことであった。
　訪問の日、ワーカーが、その後3か月どのようにして暮らしていたか、を尋ねると、終結時に気がかりであった、地域の人とのつながりがさらに広がってきていること、それも無理をせず、Cさんらしいペースであることがわかった。

　事例1では、アフターケアにより、ワーカーと利用者の双方が支援による一定の成果と、その成果の継続性を確認できている。もしアフターケアの段階で新たな問題が見えた場合には、支援を再開することになる。

第8節 ソーシャルワーク展開過程のポイント

　ここまで、具体例を使って、アセスメントやプランニングを紹介してきたが、最後のまとめとしてさらに重要な点を4つあげたい。

　1点めは、ワーカーが、すでに<u>アセスメント面接段階で、利用者のもつ強さは何か、それをどのように支援のプロセスで生かしていくことができるのかということを考慮している</u>ことである。利用者が借金を返し続けていること、人に頼ろうとしなかったこと、家の片付けや食事に関して自分の意思を明確に伝えられること、などを見つけ出し、後に支援に生かしている。アセスメントとプランニングの関連性を再度確認したい。

　2点めは、<u>アセスメント面接における観察力と、その観察情報を生かしていくことの重要性</u>である。利用者の強さの発見と利用者からの信頼を可能にしたのは、利用者の言葉のみでなく、表情、周囲の状況（自宅の映画雑誌）をしっかりと観察し、そこで発見したことを面接に生かしていったことだろう。

　3点めは、ワーカーが<u>アセスメントは継続プロセスであることを自覚</u>し、利用者の借金問題や料理教室参加など、必要に応じて支援ゴール、プランニングを修正・追加していることである。

　4点めは、アセスメントでもプランニングでも、<u>利用者の心の動きと問題へのかかわり方の準備のでき具合をしっかりと見ながら、適切なタイミングを考えて動く</u>ということである。

　本事例では、大家であり民生委員のBさんから利用者の借金の話を聞いていたにもかかわらず、あえて初回面接ではそのことにふれず、利用者がワーカーを信頼しその問題を打ち明けてくれるタイミングを待ったこと、人とのかかわりづくりを慎重に進めたこと等にその配慮が見られる。

　Cさんのプランニングにおいて注目してほしいことは、利用者の置かれている状況と利用者の力を見つけ出せる「アセスメント面接」を実施し、その後の支援ゴール作成、ゴール達成のための具体的なプランニングに生かしたことである。そしてそのプロセスでは、<u>常に利用者とワーカーが話し合いながらお互いの協働作業として</u>これらを実施していったことである。

引用文献

1）Hepworth, D. H., Rooney, R. H., Rooney, G. D., Strom-Gottfried, K. & Larsen, J. (2010) *Direct Social Work Practice: Theory and Skills*, 8th ed., Brooks/Cole, p. 172.

2）Meyer, C. H. (1995) *Assessment; Encyclopedia of Social Work*, 19th ed., NASW Press, pp. 260-270.

3）Kadushin, A. & Kadushin, G. (1977) *The Social Work Interview: A Guide for Human Service Professionals*, 4th ed, Columbia University Press, p. 133.

4）Barker, R. L. (2014) *The Social Work Dictionary*, Washington DC: NASW Press, p. 134.

5）Hepworth, D. H., Rooney R. H., Rooney G. D., & Strom-Gottfried, K. (2017) *Direct Social Work Practice: Theory and Skills*, 10th ed., Cengage Learning, pp. 13-17.

6）Payne, M. (2014) *Modern Social Work Theory*, 4th ed, Palgrave Macmillan. pp. 191-192.

7）Payne, M.、前掲書、pp. 191-192.

8）Barker, R. L. (2014). *The Social Work Dictionary*, Washington DC: NASW Press, p. 41.

9）Rock, B. D. (2002) 'Social Work in Health Care for the 21st Century: The Biopsychosocial Model', in Roberts, A. R. & Greene, G. J. (eds.), *Social Workers' Desk Reference*, Oxford University Press, pp. 11-12.

10）Engel, G. L. (1977) 'The need for a new medical model: A challenge for biomedicine', *Science*, Vol. 196, No. 4286, pp. 129-136.

11）渡部律子『高齢者援助における相談面接の理論と実際 第2版』医歯薬出版、2011年、43頁

12）小嶋章吾「ソーシャルワーク実践における記録」北島英治・副田あけみ・高橋重宏・渡部律子 編『ソーシャルワーク実践の基礎理論 改訂版』有斐閣、2010年、233～234頁

13）副田あけみ「ソーシャルワーカーの役割」北島英治・副田あけみ・高橋重宏・渡部律子 編、前掲書、242～266頁

14）副田あけみ、前掲書、235～236頁

参考文献

● F. P. バイステック、尾崎　新・原田和幸・福田俊子 訳『ケースワークの原則－援助関係を形成する技法』誠信書房、2006年

● Hartman, A. (1978) 'Diagrammatic assessment of family relationships', Social *Casework*, Vol. 59, No. 8, pp. 465-476.

● Hepworth, D. H. and Larsen, J. (1993) *Direct Social Work Practice* 4th ed., Brooks/Cole.

● E. H. エリクソン・J. M. エリクソン、村瀬孝雄・近藤邦夫 訳『ライフサイクル、その完結 増補版』みすず書房、2001年

● 庄司順一・西澤　哲 編『ソーシャルワーカーのための心理学』有斐閣、2001年

第3章
ソーシャルワークの実施

学習のねらい

　本章では、アセスメントやプランニングからの流れを受けたソーシャルワークの実施過程に求められる、各種の概念とその展開方策についての理解を深める。

　第1節では、地域を基盤としたソーシャルワークという全体的な枠組みの中で展開することを重視した上で、ソーシャルワーク実践における各種アプローチを概観する。

　第2節では、グループダイナミクス（集団力学）の理解のもと、グループワークの定義や展開過程を学ぶ。

　第3節では、社会的孤立や社会的排除といった問題が顕在化するなかで、地域社会で生じる課題を地域の中で解決していくためのコミュニティワークについて、その概念や展開策を学ぶ。

　第4節では、第3節においてもふれた社会資源開発について、その意義を確認した上で、そもそも社会資源とは何かや、社会資源の整理の仕方等について学び、あらためて社会資源を創生していくことをソーシャルワーカーのコンピテンスとしてとらえていくことを理解する。

　第5節では、社会や地域を変えていくためのソーシャルワーク実践であるソーシャルアクションについて、いかに社会や地域、行政等へはたらきかけていくかのポイントを学ぶ。

第1節 ソーシャルワーク実践のアプローチ

1 実践理論から実践モデルとアプローチへ

ソーシャルワーカーは、悩みごとや問題を抱えたクライエント（利用者）を受け入れ、アセスメントの過程でクライエントとクライエントを取り巻く状況を読み解く。そしてニーズや希望を明らかにしながら、支援方法とその手順について計画し、実践を展開する。ソーシャルワーカーはクライエントのパートナーとして、どのように寄り添えばいいのだろうか。また、このようなソーシャルワーク実践にはどのような裏付けがあるのだろうか。クライエントから信頼され、社会から承認されるためには、自らの実践を言語化し、説明することが求められる。

ところで、理論というものを最も短く、簡単に言い表そうとすれば、「説明できること」である[*1]。すなわちソーシャルワーク実践を展開するにあたって、その理論的背景の理解は、ソーシャルワーク実践を展開する際の自分のふるまい方、パートナーとしての寄り添い方を説明することを可能にし、社会的承認につながる。

理論の意味が「説明できること」であれば、ソーシャルワーク実践を説明するにはソーシャルワーク実践理論を用いることになる。実践理論は「ソーシャルワークという実践活動の基盤となる考え方や方法を示すもの[1]」であり、ソーシャルワーカーの活動の基盤となる考え方や方法をクライエントや社会に示すことによってソーシャルワーカーの実践を説明することができよう。またソーシャルワークの実践理論は、「a. 問題発生原因や問題存続要因を理解する独自の枠組みと、その枠組みに基づいた実践方法、だけを指すのではない。b. 問題発生原因や問題存続要因を理解する独自の枠組みは特にもたないが、一定の視点や考え方に基づく対処方法で事態の改善やクライエントにとって望ましい状況をもたらす方法、また、c. 問題改善をもたらすかどうかよりも、クライエントにとって望ましいと考えられる一定の視点から提示された実践方法、も指す[2]」とされ、ソーシャルワーク実践理論の幅の広さをうかがい知ることができる。

しかし実践理論があまりに幅広いと、実践理論のどこを使って実践を説明するのか、またどこを適用させてクライエントに寄り添うのか、戸

*1
理論とは、より正確には「説明できる考え方の枠組みをもつこと」である。同じ現象を異なる理論から説明するとその解釈が変わってくる。

惑いが生じる可能性がある。そのため本節では、実践理論を実践モデル^{*2}やアプローチを含むものとしてとらえ、実践モデルは、問題発生、問題存続のメカニズム、またクライエントとその環境を理解する枠組みであり、アプローチは、一定の視点や考え方に基づく問題解決の道筋を示す方法であるとしておく。

＊2
実践モデルは本書で紹介するモデルのほかにも一元化モデル、解決志向モデルなどが存在する。ソーシャルワークの発展に伴って、問題を個人の内側に求める治療モデルから、個人と環境との関係に求める生活モデル、そしてストレングスの視座を支援に活用してきた。

2 実践モデル

　上で述べたように、実践モデルは、問題発生、問題存続のメカニズム、またクライエントとその環境を理解する枠組みである。「どのように」問題が発生しているのか、ソーシャルワーカーは、その原因・要因を突き止めようとする。また問題が存続しているのは「なぜか」、というような問いを立て問題に向き合う。実践モデルはこのような問いの枠組みを規定している。

❶治療モデル

　治療モデルは、医療モデル、医学モデルともよばれてきた枠組みである。ソーシャルワーク（特にケースワーク）が発展する過程において、**リッチモンド**（Richmond, M. E.）の『**社会診断**』の果たした役割は大きい。リッチモンドはケースワークを「社会的証拠」の収集から始め、「比較・推論」を経て、「社会的診断」を導き出す過程として規定している。クライエントの抱える問題を社会診断により明らかにし、その原因にアプローチする枠組みは、医師が病気の原因を明らかにして治療を施す過程を模している。

　ソーシャルワーク（ケースワーク）は1920年前後から精神分析学の影響が大きくなり、1930年以降には精神分析の影響を受けた力動的精神医学とケースワークの結び付きが著しくなった。フロイト（Freud, S.）の精神分析理論をよりどころにした見解は「**診断主義**」とよばれ、診断主義に基づいたクライエントの理解や実践を展開するケースワーカーや教育組織としての「診断主義学派」が確立した。

　問題を発生させている原因を特定し、その原因に直接はたらきかけて問題解決をめざす治療モデルは、直線的な因果関係で示されるわかりやすい枠組みである。問題の原因を分類、リスト化しておくことで、より効果的なアプローチを見つけ出すことも容易となり、治療モデルは説明力のある実践の枠組みを提供することに寄与する。

❷生活モデル

　人と環境、そしてその相互作用の3つの側面にはたらきかけるソーシャルワークの独自性が明らかになってくると、一般システム理論や生態学（エコロジー）[*3]に基づくソーシャルワークのあり方が考えられ始めた。これは、特に伝統的な診断主義学派に特徴的であった医学的なクライエントのとらえ方、治療モデルによる援助から、社会環境とそこに存在する人との相互作用から問題が発生すると考えるような全体性をとらえる**生活モデル（ライフモデル）**への転換の時代でもあった。

　生活モデルは、クライエントが置かれている状況は多様であり、問題が発生している単独の原因を突き止めるのは容易ではなく、問題はさまざまな要因によって引き起こされていると考える。そのため、クライエントの生活やクライエントが置かれている社会環境を総合的に理解して、問題を発生させている複雑な状況を理解しなければならない。例えば、1つの要因にはたらきかけることで、別の要因を変化させる。その変化がクライエントの置かれている状況の変化となり問題が軽減し、同時に別の要因にはたらきかけることが問題解決につながるといったはたらきかけとなる。

　このような生活モデルの考え方は1973年に**ジャーメイン**（Germain, C. B.）によって生態学的視座（Ecological perspective）[3]として紹介された。やがてジャーメインと**ギッターマン**（Gitterman, A.）との共著による『**ソーシャルワーク実践と生活モデル**』[*4]（The Life Model of Social Work Practice）へ発展した。

❸ストレングスモデル

　ストレングス（strength）は日常的に使われる単語であり、ソーシャルワーク実践においても多様な意味をもつ。ストレングスモデルは、ソーシャルワーカーがクライエントのもつ強さを認識し、その活用による変化を推進し、対応力を助長する支援を展開するモデルである。

　伝統的な治療モデルによるソーシャルワーク実践は、欠乏や病理に着目して、その問題を特定することにより支援を展開してきた。ここでは、クライエントは支援対象とみなされる。これに対してストレングスモデルでは、クライエントは主体であり、クライエントが自らの強み、もてる力を発揮することを重要視する。このストレングスは個人のストレングスに限定されず、家族のストレングス、グループや組織のストレングス、地域のストレングスを含む。

*3
生態学は、生物と環境、生物同士の関係性、相互作用を理解しようとする学問のこと。

*4
日本語訳は、田中禮子他監訳『ソーシャルワーク実践と生活モデル（上・下）』ふくろう出版、2008年。

このようなストレングスモデルの考え方は、ラップ（Rapp, C.）とゴスチャ（Goscha, R.）による共著『ストレングスモデル［第3版］－リカバリー志向の精神保健福祉サービス』（The Strengths Model: Case Management with People with Psychiatric Disabilities）が日本語訳されている。またカンザス大学のストレングス研究所の所長であったサリービー（Saleebey, D.）による『ソーシャルワーク実践におけるストレングスの視座』（The Strengths Perspective in Social Work Practice）により広がった。

③ 地域を基盤としたソーシャルワーク実践のアプローチ

（1）地域を基盤としたソーシャルワーク実践の計画

アセスメントで明確となったクライエントのニーズに対応して支援計画を立案する。その際、当人をエンパワメントして問題解決能力を高めていくという視点とともに、地域を基盤としたソーシャルワークを展開するためには、適切な地域の社会資源やネットワークなども意識した支援計画の立案が必須となる。ソーシャルワーカーは、アセスメントで得た情報を分析・統合し、支援関係を土台としてクライエントとともに目標を設定する。その際の目標設定のための具体的な方策を考えるプロセスで、地域の共通基盤として存在するネットワークの利用や、社会資源の活用・開拓といった基本的な基盤を確認しておく必要がある。

ところで、**個と地域の一体的支援**、権利擁護、連携と協働やネットワークの活用といった基盤はもちろんのこと、クライエントを個別化して理解しつつ、問題の解決や状況の改善にかかわろうとするならば、ソーシャルワーカーとしてクライエントや地域に寄り添うアプローチの方法をより多くもっていることに越したことはない。特定のクライエントの問題が共通となる基盤の枠組みと、ある1つのアプローチによって解決することもあれば、クライエントの変化、かかわりのターゲットによって複数のアプローチを組み合わせて支援することもある。ソーシャルワーカーの実践の力は、共通基盤に加えて、適用できるアプローチの知識と技術を組み合わせていく力ともいえる。

（2）地域を基盤としたソーシャルワーク実践アプローチの
　　イメージ

　図3-1は、地域を基盤としたソーシャルワーク実践のアプローチを
イメージした「たんすとその引き出し」である。個と地域の一体的支
援、連携と協働、ネットワーク、権利擁護、社会資源の創造といった基
盤の上に、本節で紹介するアプローチをたんすの引き出しのようにイ
メージするといいだろう。

　ソーシャルワーカーとしてクライエントや地域に寄り添うための引き
出しを準備し、ニーズや課題に応じて必要な引き出しから適切なアプ
ローチを選択し、ときに組み合わせたり、応用したりしながら支援の方
法・ツールとして提示できることは、クライエントの信頼を得て支援活
動を展開する上で必須のことといえる。クライエントの問題が単独の引
き出しから用意されるアプローチのみで解決する場合もあり得る。しか
し、そのような場合でも支援の展開過程に合わせて複数の引き出しから
アプローチを組み合わせて支援することも必要となる。日常生活で私た
ちがたんすから洋服を選んでコーディネートするのと同じように、ソー

〈図3-1〉地域を基盤としたソーシャルワーク実践アプローチの引き出し

（筆者作成）

シャルワーク実践のアプローチについても、共通の引き出しからなるものに加え、その他の引き出しからそれぞれのクライエントのニーズや課題にそった適切なアプローチを選択して組み合わせ、ソーシャルワーク実践を展開することが大切である。

4 ソーシャルワーク実践のアプローチ

以下に、引き出しを構成することになる実践的アプローチより、代表的なものについて、事例を用いつつ概説する。

（1）心理社会的アプローチ

事例 1

　A君は小さなころから小動物に興味がある小学校４年生で、自宅では金魚やザリガニ、カメを飼っている。クラスでは生き物係になっており、教室で飼育しているメダカ、校庭のニワトリの世話を責任をもって取り組んでいた。夏休みが始まって間もなく、生徒のいなくなった教室内の気温が上がり、メダカの一部が死んでしまった。クラスの友だちはメダカが死んだことをA君のせいにして、A君を困らせた。もちろん担任の先生はA君を責めず、フォローするが、A君の通っている学校だけではなく、通っているスイミング・スクールの子どもたちまでA君を責めた。その日以来、A君は魚を食べなくなってしまった。

　さらに悪いことには、自宅の水槽の水温も上昇してザリガニが死んでしまった。水槽から悪臭がして、ふだんからザリガニやカメの飼育のことをよく思っていなかった母親と姉からこっぴどくしかられた。特に生き物嫌いの姉はザリガニがいなくなったことを喜び、今度はカメもいなくなればいいというようなことをA君に話した。

　二学期が始まって３週間経つが、A君は学校に通えていない。学級担任が母親に連絡すると、A君は朝になると頭が痛いとか、おなかが痛いと言って部屋から出てこなくなってしまい、部屋で一日中ふさぎ込んでカメをながめているらしい。学級担任は教室の外にまで影響が及んでしまっているため一人で対応しきれず、教育委員会から派遣されているスクールソーシャルワーカーにどうしたらいいか相談してみた。

❶心理社会的アプローチの背景

心理社会的アプローチの源流はケースワークの母とよばれるリッチモンドまでさかのぼることができる。リッチモンドはケースワークの基本

として、個人と個人を取り巻く環境の間にはたらきかけることをあげているが、個人を環境とのつながりで考えるソーシャルワークの視座はすでにリッチモンドのケースワークから始まっていたといえよう。ウッズとロビンソンによれば、リッチモンドはケースワークの目標はパーソナリティの発達であるととらえており、「過去と現在の社会関係や環境はパーソナリティを形づくる大きな力となる[4]」と考えていた。1920年代、30年代のケースワーカーはパーソナリティの理解をフロイトらのパーソナリティの心理学に求めた。クライエントの心理を理解することによってクライエント理解を深め、支援に役立てたのである。フロイトの精神分析理論をケースワークに適用させる見解を診断主義学派とよぶ。

　1940年前後に、**ハミルトン**（Hamilton, G.）が「心理社会的」（Psychosocial）という用語を最初に用いたが、1940年代、1950年代はケースワークの目標と技術が心理療法とどのように違うのか試みられていた時代であった。そのような時代を経て心理社会的アプローチは1960年代以降、**フローレンス・ホリス**（Hollis, F.）によって形づくられた。

❷心理社会的アプローチによる支援

　心理社会的アプローチを適用させようとするワーカーは「すべての年齢の人々が、成長、学習、適応能力をもち、少なくともある程度までは自分の社会的（環境）や物理的環境を修正できると信じている[5]」とされる。心理社会的アプローチを特徴付けるキーワードは**「状況の中の人（Person-in-Situation）」**であり、「クライエント」「クライエントの社会環境」、そして「クライエントと社会環境の相互作用」という3つの視座から対象を理解しようとするものである。また心理社会的アプローチはクライエントを環境から切り離すことなく理解して援助を展開することから、システム思考的な支援モデルであるエコロジカル・ソーシャルワークにもつながる。

　「状況の中の人」を理解するためにアセスメントが重要となるが、アセスメントの範囲は当然のように、クライエントを中心として、クライエントの社会環境にまで及ぶことになる。どのような状況の中にクライエントが置かれているのか、そして「その状況の中でのクライエント」を理解するためのアセスメントとなる。事例1で取り上げたA君の場合、A君のふさぎ込んだ心理的な状況を理解するためには、夏休みにA君が経験した状況を理解しなければならない。なぜA君が魚を食べないのか、ふさぎ込んでしまっているのかといったような状況を理解する

＊5
本書第2章第3節7参照。

ためには、エコマップのようなマッピングの技術が活用できる。情報を視覚化することは「状況の中の人」の理解を促進するだろう。もちろんＡ君自身のパーソナリティを理解するための過去の情報収集も含めたトータルな情報が支援計画作成に必要となってくる。

　ホリスは、ケースワークを効果的に使用するために、クライエントに対する直接支援を6つの技法群に分類している[6]。第一の区分は持続的支持の技法群で、ワーカー側の各種の活動を含み、クライエントに対して関心をもっていることや支援しようという意欲や理解を示しながら、ワーカーはクライエントを受容し持続的に支持する活動である。第二の区分は直接的指示の技法群であり、示唆や助言などが最も頻繁に使用される。クライエントのとるべき行動についてワーカーの意見を表明することも含む。第三の区分は浄化法、換気法とよばれ、鬱積した感情や興奮を吐露することを勧める技法群である。第四の区分は人と環境の全体関連性についての反省的考察で、クライエントとクライエントが置かれている状況全体を振り返り話し合う技法群である。この区分の支援では情報の共有にアセスメントで作成したエコマップなどが利用できるだろう。第五の区分は、クライエントの応答の仕方や傾向について振り返る反省的話し合いの技法群である。第六の区分はクライエントの現在の行動に関連すると思われる過去の生活などについて振り返り吟味する発達的な反省である。以上のように、心理社会的アプローチではクライエントとその状況に応じて、意識的に選択されたコミュニケーションが大切となる。

　事例1ではスクールソーシャルワーカーがかかわる事例として取り上げたが、クライエントをその置かれている環境、相互作用を含めて理解する視座など、ソーシャルワークの基礎的な枠組みにつながるアプローチであるため、対象を限定するアプローチではない。家族支援、依存症などを含む精神保健分野、児童・障害分野など、広く適用できるアプローチである。

（2）機能的アプローチ

事例2

　Ｂさんは子どものころから機械が好きで、工業高校卒業後、いくつかの大手自動車メーカーの工場で期間従業員として働いていた。ところが、日本経済の急激な後退によって、期間従業員としての継続ができなくなり、収入が途絶えた。契約期間満了と同時に寮を退去しなければならず、Ｂさんは家族

を早くに亡くし頼る人もいなかったが、貯金と期間従業員の満了金でアパートを借り、次の仕事を探すこととした。

ハローワークに通い仕事を探していたにもかかわらず、資格や就職のための新しい知識（特にIT関係の知識など）が乏しいBさんは思うように仕事を見つけることができなかった。やがて貯金も底をつき、家賃の支払いがむずかしくなった。家賃の支払いのために短期間のアルバイトをいくつか掛け持ちしてやりくりしたが、忙しさのあまり体調を崩してアルバイトも続けられなくなった。

自暴自棄になってしまったBさんであったが、ハローワークで生活困窮者自立支援事業について案内された。それは仕事探しだけではなく、生活のいろいろな相談にのってくれるということであった。

❶機能的アプローチの背景

前述したように1920年代、30年代のケースワーカーはパーソナリティの理解をフロイトらのパーソナリティの心理学に求め、精神分析理論をケースワークに適用させた。1930年代、**タフト**（Taft, J.）、**ロビンソン**（Robinson, V.）らは、フロイトの弟子であった**ランク**（Rank, O.）の意志療法の考え方に基づくケースワークを形成した。ランクの心理学とは人間の精神性と創造性に着目し、過去ではなく現在に焦点を当てる。クライエントが支援を求めている問題について、過去にさかのぼって問題を解決するのではなく、現在クライエントが置かれている状況を焦点化するケースワークであった。また、「クライエントに、ワーカーの属する機関の機能を自由に活用させることを通して、クライエントの自我の自己展開を助けることこそ、ケースワークの中心的課題」[7]と考え、**機能主義学派**とよばれた。両派の相違から1940年代を中心に診断主義学派と機能主義学派は論争が繰り広げられたが、1960年代に入りスモーリー（Smalley, R. E.）がタフト、ロビンソンらの考えを再構築、洗練させた。

❷機能的アプローチによる支援

クライエントのニーズはソーシャルワーカーが見出すものではなく、クライエント自身が明確にするものであると考え、クライエント自身の意志で問題解決の方向性を決定できるように支援することが求められる。そして機能的アプローチでは、クライエントのニーズに合致するソーシャルワークの機能を個別化して提供することが大切であると考える。

機能的アプローチの特徴は、成長の心理学に基盤を置き、クライエン

トが成長する主体であること、ソーシャルワークは機関の目的を部分化、具体化することであり、クライエントは機関の機能を利用することにある。またソーシャルワークの概念は支援のプロセスであり、クライエントに何ができるのかをクライエントとワーカーがともに見つけ出そうとする過程であることがあげられる。スモーリーは機能的アプローチの5つの原則を明確化した。[8]

第1の原則は診断についてであり、クライエントの理解について、機関のサービスと関連していることの必要性を取り上げた。第2はソーシャルワークの初期、中期、終結期といった時間の段階を意識的に活用する原則である。第3は機関の機能がソーシャルワークの過程を焦点化させ、内容、方向付けを与え、社会に対する責任を保証するとした原則である。第4は、構造を意識的に活用する原則で、機関の機能から発生する構造や形式はサービスを決定し限界を設定するが、その範囲を肯定的に受け入れることで効果的に支援を進めるものである。第5の原則はソーシャルワークをより効果的にするために関係を用いるもので、関係の目的はクライエントが望ましい選択ができるように支援することである。

事例2で取り上げたBさんは後日、生活全般の相談のため、自立相談支援機関を訪ねた。ワーカーは面接の過程でBさんが機械好きであることを知り、Bさんの就労の可能性を広げることを考えつつ、自立相談支援機関が窓口となってできるソーシャルワークの機能としての生活困窮者自立支援事業の利用を提案した。

生活の基盤が安定したBさんは、パソコンのスキルを学び始め、落ち着いて就職活動ができるようになった。機関の機能を使いながら自立に向けて動き始めることができたのである。

(3) 問題解決アプローチ

事例3

　40歳の誕生日を迎えたころから体重増加に悩んでいたCさんは、ダイエット目的で自転車通勤を始めた。片道40分の通勤に慣れてきたころ、左側からバックで車道に出てきた軽自動車と接触し、頭部外傷を負い病院に運ばれた。幸い命に別条はなかったが、右半身に運動まひと感覚障害が残った。しかし、スポーツが好きだったCさんは理学療法士と話が合い、歩行訓練や筋力アップのためのリハビリテーションを順調に進めていた。

　Cさんは優秀なシステムエンジニアで仕事に対する責任感もあり、職場からは早期復帰を期待する声があがっていたため、作業療法士が作業療法の一

環としてノートパソコンをCさんの前に持ってきた。Cさんが仕事で使って
いるような最先端のパソコンではないが、Cさんはパソコンに触れることを
喜んでいたように見えた。

　退院が徐々に近づいてきたため、ワーカーが退院計画の相談のためにCさ
んとの面接を設定しようとしたが、Cさんは「退院はまだ早い」と強い調子
で言い放って面接を拒絶した。思うようにキーボードで入力できなかったこ
と、ノートパソコンのマウスパッドが操作できなかったことで、Cさんは
すっかり自信を失い、職場への復帰を望む一方で、自分の置かれている立場
があまりにも大変だと認識しているようである。

❶問題解決アプローチの背景

　問題解決アプローチは1950年代に**パールマン**（Perlman, H. H.）に
よって生み出され、『ソーシャル・ケースワーク－問題解決の過程』と
して出版された。パールマンは問題解決アプローチの基礎となっている
理論として自我心理学をあげて、「自我心理学は、いまなお豊かに発展
し、変化しており、精密な観察と新しい研究による検証も多くなされて
きた。その人をもっとも生かす（あるいは萎縮させる）ような人間への
対応（問題解決）と条件を知っておくことは、ケースワークの援助の生
き生きと脈打つ概念的な基礎を身に付けることになる[9]」と述べている。
またパールマンはデューイ（Dewey, J.）の教育哲学を取り込み、「人間
は、問題解決とか計画された目標を追求して社会的交互作用の中で活発
に参加することによって、自己を成長させる」というデューイの考え方
が、問題解決アプローチの根底にある考え方と一致していることを指摘
している[10]。そして、問題解決アプローチでは人が問題をもつことは何ら
不思議なことではなく、人生そのものが問題解決の過程であるととらえ
ている。

　パールマンの著書のタイトルでも明らかなように、彼女は「ケース
ワークの仕事は本質的に問題解決の過程である[11]」として、ソーシャル
ケースワークを「人びとが社会的に機能するあいだにおこる問題を効果
的に解決することを助けるために福祉機関によって用いられる過程であ
る[12]」と定義した。そしてパールマンのケースワークは**4つのP**、「人
(person)」「問題 (problem)」「場所 (place)」「過程 (process)」として
知られており、「ある問題をもてる人が、ある専門家がある過程によっ
て彼を助ける場所にくる[13]」と表現される。

*6
パールマンは後に「専門職 (profession)」と「制度や政策(provision)」を加えて6つのPとした。

❷問題解決アプローチによる支援

　問題解決アプローチは支援の過程を問題解決の過程であると考えるため、過程にそって支援を考えてみたい。問題を抱えるということは、クライエントがその問題を解決するための「動機づけ」「能力」、問題に直面しそれを軽減させる「機会」の１つ以上が不足しているか欠如していることになる[14]。そのためアセスメントでは「問題のある人」についての「動機づけ」「能力」「機会」についてアセスメントすることになる。Cさんは職場でも期待されており、また本人もシステムエンジニアとして仕事を継続することを望んでいる。また仕事に関する知識も豊富であり、後輩を指導する立場にある。頭部外傷による運動麻痺と職場復帰への焦りといったものがCさんのプレッシャーとなっていることがわかっている。

　支援の過程はアセスメントに基づき、「変化しようとするクライエントの動機づけを解放し、勇気づけ、方向性を与える[15]」ことで進行していく。クライエントは「潜在的な問題解決者[16]」であり、ワーカーは問題に取り組みたいと願うクライエントを支援する。そして、クライエント自身が問題に対処するためにクライエントの対処能力を解放し、繰り返し取り組んでみる。この段階では問題を切り分けて、クライエントが対処可能なサイズの問題に取り組むことにより、成功体験を積み重ねることが大切である。

　そしてワーカーは、問題の解決のために必要となる社会資源を整え、クライエントがアプローチしやすいように支援する。作業療法士との連携により、まずはCさんが得意のパソコンを使った作業をリハビリのメニューに組み込んでもらい、ノートパソコンはキーボードが小さいため、通常のデスクトップパソコンを利用してもらうこととした。病院内のネットワークに関する保守や業務管理など、ワーカーが苦労して取り組んでいたパソコンの作業は、Cさんにとってはリハビリにもなり、その後、病院内からいくつかコンピューターに関連する仕事がCさんの会社に委託され、Cさんの自信につながっていった。

　さらにワーカーはCさんを含め、Cさんの勤める会社と連携し、Cさんの知識を会社内での若手育成事業部で活用してもらうような方向性を模索していった。この事業部はテレワークも可能であり、Cさんは自信をもってワーカーとの退院支援の面接に臨むことができた。

（4）課題中心アプローチ

事例4

　Dさんは特別支援学校を卒業して、自宅から自転車で通えるファストフード店に就職した。店内の清掃、簡単な調理など少しずつできることに取り組み、毎月の給料日を楽しみにしながら働いている。Dさんは特別支援学校時代、バスケットボール部に所属し、仲間たちとバスケットボールを楽しんでいた。仕事にも慣れてきたDさんであったが、休みの日や、仕事の終わった後など、支援学校時代の仲間とのバスケットボールのことを懐かしく思い出していた。

　そんなある日、Dさんが店内清掃をしていると、知的障害のある人たちとそのボランティアらしい人たちがハンバーガーを食べに5〜6人で店にやってきた。店内清掃に集中していたDさんであったが、その人たちの楽しい話題が聞こえた。知的障害のある人たちがスポーツを楽しむスペシャルオリンピックス[*7]という活動に参加しているという人たちらしい。Dさんは仕事を終えて自宅に戻ったが、昼間の出来事が気になって仕方がなかった。

　そこで、支援学校の先生から困ったことや相談したいことがあるときに利用できると聞いていた相談支援事業所に何か知っていることがあれば教えてもらおうと思い相談することとした。バスケットボールができるようになれば楽しいと思いながらも、どこでやっているのか、自分が参加してもいいのか、仕事との調整ができるのかなど、不安にもなったDさんであった。

❶課題中心アプローチの背景

　課題中心アプローチは1970年代に**リード**（Reid, W. J.）、**エプスタイン**（Epstein, L.）によって成立した。1970年代は精神療法の領域で「伝統的なアプローチが処遇効果を上げるのに自然治癒するのとほぼ同じだけの期間を要するという調査結果が報告されるなど、伝統的な分析的アプローチに対する批判がピークに達していた[17]」時代であった。心理社会的アプローチのホリスは、ワーカーあるいはクライエントの行動を分析・分類して、タイポロジーとしてまとめたが、「リードはホリスのように行動を分類するのではなく、問題を分類した[18]」といわれている。また、課題中心アプローチは、クライエントの問題解決能力を重視するが、これはパールマンの問題解決アプローチからの影響を受けている。また課題中心アプローチは、同じ結果を生み出すのなら、支援期間が短いほうがよいと考え、緻密な計画に基づく短期間（3か月から4か月）の支援で効果を上げようとする支援である。

　課題中心アプローチにおける課題とは、「いま現在の問題をそれが解

*7 知的障害者の自立と社会参加を促進するため、スポーツのプログラムと競技会を提供している世界的な団体のこと。

決された時の状態（ゴール）に至るまでにとるべき目的を持った一連の行動なのである」とされる[19]。そしてこの定義にあるアクションは目的のある行動であり、課題中心ソーシャルワークでは、問題解決に向けての一連の目的ある行動が重要視される。この目的を達成するために、課題中心アプローチでは取り組むべき問題の選択にあたって原則を設けている。まず、課題中心アプローチで取り上げる問題はクライエント自身が認める問題であり、クライエントが自らの努力で解決可能な問題であり、そして、クライエントにとってわかりやすい具体的な問題を取り扱う。

❷課題中心アプローチによる支援

　課題中心アプローチでは文字どおり課題を中心として支援が展開される。支援展開の基本的な実践ステップはケースプランニング・フェーズ、実行フェーズ、そして終結フェーズというソーシャルワークのプロセスを極めてシンプルにしたものである。まず、ケースプランニング・フェーズでは、問題を明確化し、選択する。前述したとおり、選択される問題は、クライエントが認める問題であり、クライエント自身が自らの努力で解決できる、具体的な問題でなければならない。そしてその問題を解決するための目標を明確に設定し、支援の期間を設定する。ワーカーはクライエントとそれらを確認して合意を得て、契約する。

　Dさんは地域の相談支援事業所のワーカーにバスケットボールをやりたいけれど、どうすればいいのかわからないことや、将来は自立して結婚したいことなどを相談しにいった。ワーカーはDさんの話を聞いて、現時点での具体的な問題をDさんと明確化した。ワーカーはこれらの問題についてDさん自身が取り組めることは何かを面接で明らかにしつつ、支援計画を立てた。

　実行フェーズは、ケースプランニングに基づき課題に取り組む段階である。実行フェーズでは課題を遂行するだけではなく、課題遂行状況をモニタリングして、必要に応じて課題を修正しながら進める。Dさんはワーカーと約束したとおり、インターネットを使ってスペシャルオリンピックスという活動について調べ、地元の事務局の電話番号をメモした。Dさんは、ワーカーとの2度めの面接で、身振り手振りを踏まえたコミュニケーションのほうがわかりやすいので、それができない電話は苦手であることをワーカーに伝えたところ、電話で話をする練習をすることになった。終結フェーズでは計画的に課題が遂行されたか確認し終結するが、必要に応じて課題が修正されるか再契約されることもある。

　Dさんは電話で情報を収集し、休日は、二駅先の体育館まで電車に乗り、バスケットボールを楽しむことができるようになった。

（5）危機介入アプローチ

事例5

　自然災害はときに長期にわたって多くの人々の生活を脅かすことになる。例えば、台風シーズンの長引く大雨で発生した土砂崩れによって、地域が土砂で埋もれてしまう場合がある。土砂は住む家も、働く場所も、場合によっては家族さえも飲み込み、生存者は避難所に身を寄せて生活再建に取り組むことになる。

　Eさんは林業を営む50代の男性で、災害発生当時は木材の運搬に出かけており、早期に避難できた家族の一部は難を逃れた。しかし、土砂崩れがEさんから自宅、作業場、家族を奪い、Eさんは残った家族とともに避難所に身を寄せることになった。

　大規模な土砂災害であったため避難生活が長期化するなか、Eさんは食欲もなく、眠れず、一日中避難所の隅で過ごすことが多くなった。ふさぎ込んでいるEさんを家族が励まそうとするが、不安を家族にぶつけるようになってしまった。

　ソーシャルワークはEさんにどうアプローチできるのだろうか。

❶危機介入アプローチの背景

　人は日常生活を送る上でさまざまなストレスをもたらす出来事を経験するが、それまで生きてきた過程で得た知識や技術を用いて問題を解決し、情緒的安定を保っている。しかし、ストレスをもたらす出来事が、ビネットのような自然災害や火災、また性的な暴力、家族の突然死、交通事故など、個人の経験や能力で対応できるレベルをはるかに超え、習慣的な問題解決の方法を試しても、乗り越えることができず、情緒的混乱が継続する場合もある。このような経験は人を危機的状況に追い込み、心的外傷体験として残ってしまう。危機は、「個人の日常の安定した状況下において、知覚機能停止を伴う対処能力が損なわれた急性の情緒的混乱[20]」であり、「このような急性の情緒的混乱は身体的、心理的、知的、社会的悲嘆によって引き起こされる[21]」とされている。

　危機介入アプローチは**リンデマン**（Lindemann, E.）によるボストンのナイトクラブの火災により家族や愛する人を失った人たちや、また生き残った人たちの臨床研究が基礎となり、**キャプラン**（Caplan, G.）や

パラド（Parad, H.）らによって発展した。また「危機介入が最小限狙っている治療目標は、個人の直面している危機を心理的に解消する、少なくとも個人が危機に陥る以前に保持していた機能遂行の水準まで回復させていくこと[22]」であり、危機介入は短期精神療法からの発展形であることも覚えておきたい。

❷危機介入アプローチによる支援

危機介入アプローチには、ほとんどの危機に一定のパターンがあることに着目した一般的アプローチと、一般的アプローチで対応できない個別的アプローチがある。一般的アプローチでは典型的な介入段階として4段階が想定されている[23]。また危機介入アプローチは短期精神療法からの発展形であり、4週間から6週間、平均4週間の支援である。

第1段階は、クライエントと危機をもたらしている問題についてアセスメントする段階である。危機的な状況であるためクライエントの自殺、自傷、他害の可能性を判断し、必要に応じて保護しなければならないが、アセスメントによって危機状況を把握しなければ介入に結び付かない。事例5のEさんの場合、直ちにEさんを保護する必要はないだろう。しかし、Eさんは大切な家族と、生活の基盤のすべてが失われ、Eさん一人では対処できない状態を把握しなければならない。

第2段階はアセスメントに基づいて介入計画を立てる段階である。危機介入アプローチにおける支援目標は、クライエントの「パーソナリティ構造に大きな変革を引き起こすことではなく、個人の対処能力を少なくとも危機以前の均衡レベルまで回復させていくこと」にある。

第3段階は介入計画に基づき介入する段階であるが、有用な技術として、「個人が自分の直面している危機を知的に理解していけるように援助する」ことや、「個人が自分でもふれたくないような現在の感情をオープンにするよう援助する」ことがあげられる。Eさんは一人で抱え込み、ふさぎ込んでいる状況であり、感情が表出できるような支援を展開する必要があろう。またクライエントが過去にどのように危機的な状況を解消してきたのか、対処の仕方を吟味し、過去の対処方法に加えて新しい対処方法を模索することを支援する。

そして第4段階は危機が解消されたことを評価し、予期的な計画を立てる段階である。この予期的な計画によって経験を将来の危機に対処していくことにつなげられるように支援する。Eさんの場合はやり場のなかった感情が、Eさんを閉じ込めていたようである。ワーカーを前にし

て感情を表出し、緊張がほぐれ、身動きできない状況から少しずつ生活の再建に向けた試みが始められた。

（6）行動変容アプローチ

事例6

　Fさんは調理の専門学校へ通っていたが、幻覚や幻聴に悩まされ、就職することができなかった。Fさんの住む地域には障害者の相談支援事業や就労移行支援事業（ベーカリー）を行っているNPO法人（特定非営利活動法人）があり、精神科に通院しながらそこでパンを焼いていた。体調もよくなり、調理を専門に学んだ経験を生かし、Fさんは徐々に自信をつけていた。

　Fさんには、Fさんと同じように幻覚や幻聴に悩まされて就職することができなかった友人がいる。彼は別の就労移行支援事業所を最近まで利用していたのだが、体調もよくなったことで地元のレストランに就職ができた。しかし彼は3日で仕事を辞めてしまったらしい。その理由は、彼が就職したレストランの昼休みに皆で昼食をとっていたところ、同僚から多量に服薬していることを指摘され、それをきっかけに、また就労移行支援事業所に逆戻りしたという話を聞いた。Fさんは一般就職に向けて自信をつけつつも、その友人の話が気になって不安が増している。

●行動変容アプローチの背景

　行動変容アプローチは**行動療法**をソーシャルワークのアプローチとして適用させている。行動療法は学習理論を基盤とし、パブロフ（Pavlov, I. P.）によるレスポンデント（古典的）条件づけとスキナー（Skinner, B. F.）によるオペラント（道具的）条件づけに源流がある。社会的学習理論によってソーシャルワークにおける実践の幅が広がり、**認知行動療法**として思考や感情など認知面が行動療法に導入されている。

　レスポンデント条件づけはパブロフの犬として知られているもので、犬に肉片を与える際にメトロノームから音を出すことを繰り返すことによって、メトロノームの音だけで犬が唾液を分泌させる条件反射が起こる。このような条件づけをレスポンデント条件づけとよぶ。スキナーはネズミが箱の中のレバーを押すことによって餌を得る装置をつくった。ネズミは自発的に環境にはたらきかける操作（レバーを押す）で餌を得ることを学習するが、このような行動をオペラント行動といい、オペラント条件づけとして知られている。

　レスポンデント条件づけとオペラント条件づけは原因と結果の関係か

らなる学習理論であったが、1970年代になると、バンデュラ（Bandura, A.）らによって、人はほかの人の行動を観察したり模倣したりすることで学習可能であるという社会的学習理論が提唱され、社会的認知論に発展した。**社会生活技能訓練**（**SST**：ソーシャルスキルトレーニング）も社会的学習理論の影響を受け、認知行動療法の一形態として位置付けられている。行動療法では行動に先立つ「先行事象」（Antecedent）、先行事象に基づく「行動」（Behavior）、そして行動の「結果」（Consequence）という行動を中心とした ABC モデルを想定し特定の行動の理解に役立てるが、ABC モデルは行動変容アプローチにおいても有効な視座をもたらす。

❷行動変容アプローチによる支援

　行動変容アプローチではアセスメント、計画、介入、評価という明確な過程にそって支援が展開されるが、この過程はソーシャルワークの過程そのものであり、介入段階でのモニタリング、評価に続く終結を含むこともできる。行動変容アプローチでは、観察可能な行動に着目するため第1段階のアセスメントでは、変容させようとする行動を明確化するために、クライエントやクライエントにかかわる人たちが何を問題としているのかを明確化する。問題となる行動が特定化される場合は、クライエントを観察し、特定行動の生起頻度や行動が生起する構造について記録する。社会生活を送る上で望ましい行動が想定できるにもかかわらず、その行動の生起が見られないことが問題となっている場合は、なぜ望ましい行動がとれないのかを把握する。望ましい行動がわからない、わかっていてもできないという理由が考えられる。

　第2段階の計画では、アセスメントに基づいて観察可能な行動の変容を目標とする。望ましくない行動を変容させたり、減少させたりする場合、アセスメントの段階では確認できなかった望ましい行動がとれるようにすることや、すでにクライエントに備わっている望ましい行動を強化する目標も考えられよう。

　目標を達成するための介入計画立案にあたっては、ABC モデルに基づく先行事象や結果を操作し、一連の行動パターンを変容させる介入方法や、行動を身に付けたり、強化するために、SST に代表される社会的スキルを積極的に学習する支援方法から、目標を達成するにふさわしい方法が選ばれて、計画される。第3段階の介入は第2段階で計画された支援の実施であり、計画に基づき具体的に支援が展開される。ABC

*8
ABC モデルは、行動（Behavior）のみに着目するのではなく、行動を引き起こす先行事象（Antecedent）と、行動によって引き起こされる結果（Consequence）にも同様に着目する。ABC モデルでは先行事象を変化させたり、コントロールしたりすることにより、行動とその結果を変えていこうと考える。

第3章

モデルに基づく介入では、先行事象を操作して行動を変容させ、また結果によって行動を強化するような支援が展開される。社会的学習理論に基づく介入では、着目した行動について、ほかの人の望ましい行動を観察したり、まねてみるような機会を提供する。

　事例6で登場したFさんは、SSTのプログラムに参加した。このプログラムでは想定される昼休みの状況をワーカーやプログラムに参加しているほかのメンバーとともに再現し、職場の同僚から多量の薬を服用していることについて質問されたときに、どのように答えるかを、ロールプレイで反復練習した。薬の説明や服薬することで状態が保てることを簡潔に答えられるようになり、同僚の理解を得るための行動パターンを学習した。第4段階は評価であり、アセスメント時に着目した特定行動の変容を確認する段階である。観察可能な望ましい行動への変容や生起を確認し、支援が終結する。Fさんはベーカリーの店先で来客対応をしながら対人技能を高めている。何か心配な場面に出合ったときにはまたSSTのプログラムとして仲間たちと練習することができるのは、Fさんや仲間たちの安心にもつながっている。

（7）エンパワメントアプローチ

事例7

　Gさんは子どものころから文章を読むこと、文字を書くことが苦手で、教科書を理解するのに苦労した。しかし、Gさんは大変な努力家で、家族に支えられながら通信制の高校に入学、自分のペースで学びながら月に2回のスクーリングにも通った。友だちにも恵まれた楽しい高校生活を過ごし、卒業後は運送会社に就職した。

　運送会社ではトラックに同乗し、荷物を運ぶ仕事に従事した。倉庫から1か所に集められた荷物をトラックに積んで、配送先に荷物を届ける作業は、やりがいもあり、充実感を得られる仕事であった。しかし、トラックの積み荷に複数の配送先が混在すると、配送先では荷札を確認して、荷下ろしをしなければならず、荷札を読むのに時間がかかるGさんは、ドライバーや配送先の人たちから怒鳴られることが多くなった。それでも努力家のGさんは、積み荷の段ボール箱のデザインや、番号などを頼りに荷物の積み下ろしをしたが、配送先を間違えて職場に迷惑をかけ、すっかり自信をなくしてしまった。

　Gさんは、その後出勤することがつらくなり、退職して自室にひきこもっている。

❶エンパワメントアプローチの背景

　ソーシャルワークにおけるエンパワメントの視座は、**ソロモン**（Solomon, B.）による『黒人へのエンパワメント－抑圧された地域社会におけるソーシャルワーク』から広まった。エンパワメントアプローチは、何らかの生活問題が発生する背景には、個人とその個人を取り巻く環境との間にパワーの不均衡があり、その状態が存続することで、個人が無力感を感じて問題をいっそう困難な状況とする負の連鎖が存在することに着目する。Gさんは、楽しい高校生活を過ごすことができたにもかかわらず、職場の先輩、配送先である顧客との力関係の中で、無力感を感じ、何をやっても無理だというような気持ちになり、ひきこもっている。

　ソロモンによる『黒人へのエンパワメント』からもわかるように、**エンパワメントアプローチは公民権運動**、フェミニズム運動、障害者の権利運動などの社会運動がその形成に影響を及ぼしている。これらの運動に共通することは、マイノリティとして、社会的に抑圧され、従属的立場にいた人たちが、そのような関係性から脱却することを願った点にある。その運動は、誰かに頼るのではなく、当事者が本来もっている力を再確認し、既存の制度や枠組みを変化させていった。

　2000年にモントリオールにおける国際ソーシャルワーカー連盟（IFSW）総会において採択されたソーシャルワークの定義では、「ソーシャルワーク専門職は、人間の福利（ウェルビーイング）の増進をめざして、社会の変革を進め、人間関係における問題解決を図り、人々のエンパワメントと解放を促していく」とされ、エンパワメントアプローチの重要性がうかがえる。

❷エンパワメントアプローチによる支援

　エンパワメントアプローチはこのように無力感を感じている当事者自身が「（1）問題の社会構造的な特質を理解し、（2）パワーレスネスからの脱却が可能であると自覚し、（3）問題解決に必要な知識やスキルを習得し、（4）それらを用いて資源を効果的に活用・創造して問題（個人的・対人関係的・社会的）の解決を図るための一連のプロセスを促進・支援するアプローチである[24]」。

　エンパワメントアプローチは誰もがパワーレスネス（無力化）の状況に陥る可能性をもっているとし、その上で、そのような困難な状況でも潜在的な能力と可能性を秘めていることを前提としている。そしてクラ

イエントのストレングスに着目し、支援を展開するものであり、エンパワメントアプローチはすでに学んだストレングスモデルの代表的なアプローチである。このアプローチでは、クライエントとソーシャルワーカーがパートナーシップを形成し、クライエントとクライエントシステムのストレングスを特定する。そして潜在的な資源を探求してそれらを活性化し動員するといった支援を展開する。

　事例7では、Gさんを心配した家族が、コミュニティソーシャルワーカーに相談したところ、Gさんと面接することにつながった。Gさんの努力家であること、学ぶことは嫌いではないことといった強みを確認し、スマートフォンの読み上げアプリを使えるように練習した。このアプリは文字情報をカメラから取り込み、それを音声で読み上げるアプリで、配送先が書かれた荷札にカメラを向けると配送先を読み上げてくれるものであった。このアプリの使用に慣れたところで、コミュニティソーシャルワーカーとGさんは元の勤務先であった運送会社を訪問し、事情を説明したところ、人手不足だった運送会社の社長も「配送先に間違いがなければ多少時間がかかってもいい」という話になり、再就職することができた。

（8）ナラティヴアプローチ

事例8

　Hさんは、大学生だったころから幻聴に悩まされ、統合失調症と診断された。地元の精神科クリニックで処方された薬を服用しながら仕事を続けてきたが、人間関係の緊張から体調を崩し、また幻聴がひどくなったために仕事を休むことが多くなった。

　もともと責任感の強いHさんは、与えられた仕事をこなすことができないことから、自ら退職し、何か新しい人生を始めたいと思い、ネットを検索していた。そして、北海道の浦河町に「べてるの家」という精神障害等のある当事者の地域活動拠点があることを知り、思い切って訪ねてみることにした。

❶ナラティヴアプローチの背景

　「ナラティヴは通常、『語り』または『物語』と訳され、『語る』という行為と『語られたもの』という行為の産物の両方を同時に含意する用語[25]」であり、対象者の語りと、語られた内容が含まれる。このようなナラティヴは、調査に用いることも実践に用いることもでき、それらを総称したものが**ナラティヴアプローチ**である。

ナラティヴアプローチは社会構成主義が理論的立脚点となっている。社会構成主義とは、「現実は社会的に構成される」「人間関係が現実をつくる」といった認識論によっている。ナラティヴアプローチはホワイト（White, M.）、エプストン（Epston, D.）らの家族療法の理論と実践を基盤にしてソーシャルワークに影響を及ぼした。

ナラティヴアプローチの特徴として以下の5点があげられる。[26]

①客観性への懐疑

②現実は多義的であり、それは構成されるという点

③多様な価値観を尊重し限りなく差異へこだわるという点

④「物語としての自己」を起点に自己をとらえる点

⑤出来事は物語を通して意味を構成するという点

❷ナラティヴアプローチによる支援

ナラティヴアプローチでは2つのタイプのストーリーを想定する。一つめのストーリーは、ドミナントストーリーとよばれ、クライエントがこれまでの生活の中でとらえてきた自分の中で支配的・優位になっている物語である。多くの場合、このストーリーは問題に支配されている。もう一つのストーリーは、オルタナティヴストーリーとよばれ、問題に支配されたドミナントストーリーとは別のストーリーを描く物語である。ナラティヴアプローチでは、このオルタナティヴストーリーの獲得をめざすことを支援する。

事例8の「べてるの家」は、昭和59（1984）年に設立された北海道浦河町にある精神障害等のある当事者の地域活動拠点である。ここで紹介したのは、有限会社福祉ショップべてる、社会福祉法人浦河べてるの家、NPO法人セルフサポートセンター浦河などの活動である。100人以上のメンバーが地域で暮らしており、「三度の飯よりミーティング」という理念を掲げ、話し合うこと、自己表現をすることを重要視している。

べてるでは、幻聴を「幻聴さん」と呼び、メンバーとのミーティングで幻聴の体験を語り合う実践がなされていた。そこでは、メンバー自らが、それぞれの幻聴さんについて「語り」、幻聴さんと付き合うことで新たな生活の工夫を見出していた。Hさんにとって、これまで幻聴は自分の人生では誰にも話せない悩みであったが、それをミーティングで話してみた。この語る体験が自らの幻聴と付き合うきっかけになり、幻聴を否定するのではなく、幻聴と付き合いながら生活する方法を学んでいる。

（9）解決志向アプローチ

事例9

　Iさんは特別支援学校を卒業した後、障害者就労移行支援事業所を経て、ビル清掃会社へ就職した。就職先では上司や仲間に恵まれ、また仕事先のビルの人たちとも顔見知りになり、充実した毎日を過ごしている。

　Iさんの楽しみは給料日にATMでお金をおろして、90年代アイドルのCDやDVD、ゲームのソフトを買うことだった。Iさんは近所のお店でDVDボックスというセットを見つけ、32,000円で購入した。好きなアイドルのDVDがたくさん入っていたことを大変気に入り、ほかのアイドルのCDボックスを25,000円で買った。また、新しいゲームのソフトが販売されていることに気が付き、2本を15,000円で購入した。Iさんはとてもうれしくなって家に帰った。また、週末に特別支援学校の友だちに誘われてテーマパークで1日を過ごした。職場の仲間にぬいぐるみをプレゼントしたいと思い、持って帰れる大きさのぬいぐるみを5体買った。

　Iさんは家族と生活しており、お弁当を持って職場へ通っているが、週に一度は職場の仲間とランチを食べに行くことになっていた。しかし、給料日直後からお金を使っていたため、まだ月の初めなのにもかかわらず、銀行口座の残高がなくなってしまった。

　Iさんはそろそろグループホームで暮らすことを考えており、お金の使い方について何とかしたいと思い始めた。

❶解決志向アプローチの背景

　解決志向アプローチは、アメリカのブリーフ・ファミリー・セラピー・センターでバーグ（Berg, I. K.）やシェザー（Shazer, S.）らの解決志向ブリーフセラピーアプローチとして発展した。家族療法とブリーフセラピー（短期療法）の流れをくみ、社会構成主義から生み出された。

　治療モデルでのアプローチは、一般に病気を診断し、ラベリングすることから始まる。そして問題を特定し、因果関係を明らかにして問題にアプローチする。これに対して解決志向アプローチは、「解決策を強調することがより効果的で、実用的で、エンパワメントにつながり、効果的であると主張している[27]」。また、解決志向アプローチのケース計画においては、再発予防のスキルに焦点を当てることを重要視し、その作成のために問題行動とそれに関連する出来事の詳細な記述を必要としている。

❷解決志向アプローチによる支援

　解決志向アプローチは短期間で問題の解決をめざすアプローチであ
り、以下の原則に支えられている。[28]

　①すべての人に有効な唯一のアプローチなど存在しない。

　②解決方法は、数多く存在している。

　③最も単純で侵害の少ないアプローチが、多くの場合、最高の治療で
　　ある。

　④人間は、短期間でよい方向に変化することができるし、変化してい
　　る。

　⑤変化は、いつでも起こっている。

　⑥弱さや欠点ではなく、強さとリソースに焦点を合わせること。

　⑦過去ではなく、将来に焦点を合わせること。

　事例 9 の I さんは、少しずつ自立したいと考えており、かつて利用し
た就労移行支援事業所のソーシャルワーカーに相談にいった。この事業
所では就労だけでなく、広く一般的な相談も受け付けており、相談支援
が始まった。まず、ソーシャルワーカーはこれまでも I さんと面識が
あったが、あらためて I さんの語りを傾聴し、どのような将来を描いて
いるかを共有した。I さんの自立のためのグループホームの利用、そし
てそのためのお金の使い方を勉強したいという希望を確認し、1 か月の
支出の記録から始めることにした。そして給料日から 2 週間ごとに面接
し、預金残高と照らし合わせ、計画的にお金を使う解決のイメージを協
働作業でつくっていった。浪費という問題に焦点を当てずに、計画的な
お金の使い方という解決策を見出すアプローチが展開された。

> **BOOK 学びの参考図書**
>
> ●久保紘章・副田あけみ 編著『ソーシャルワークの実践モデル－心理社会的アプロー
> 　チからナラティブまで』川島書店、2005 年。
> 　　本節で取り上げたアプローチを中心に、それらの理論的背景や実践への適用、各
> 　アプローチが有効となり得る対象者等が解説されている。

引用文献

1) 久保紘章・副田あけみ 編著『ソーシャルワークの実践モデル－心理社会的アプローチ
　からナラティブまで』川島書店、2005 年、 i 頁
2) 久保紘章・副田あけみ、前掲書、 i〜ii 頁
3) Germain, C. B. (1973) 'An Ecological Perspective in Casework Practice', *Social*

Casework, Vol. 54, No. 6, pp. 323-330.

4）Woods, M. E. & Robinson, H.（1996）'Psychosocial Theory and Social Work Treatment' in Francis J. Turner（ed.）, *Social Work Treatment* 4th ed., NY, The Free Press, pp. 555-580.（ウッズ・ロビンソン「心理社会的理論」F. J. ターナー 編、米本秀仁 監訳『ソーシャルワーク・トリートメント 下』中央法規出版、1999年、316頁）

5）F. J. ターナー 編、米本秀仁 監訳、前掲書、324頁。〈環境〉は筆者による

6）Hollis, F.（1964）*Casework: A Psychosocial Therapy*, Random House.（F. ホリス 著、本出祐之・黒川昭登・森野郁子 訳『ケースワーク－心理社会療法』岩崎学術出版社、1966年、96頁）

7）仲村優一『ケースワーク　第2版』誠信書房、1980年、32頁

8）Smalley, R. E.（1970）'The Functional Approach to Casework Practice', in Roberts W. Roberts and Robert H. Nee（eds.）, *Theories of Social Casework*, Chicago, The University of Chicago Press, pp. 77-128.（スモーリー「ケースワーク実践に対する機能派アプローチ」R. W. ロバーツ・R. H. ニー 編、久保紘章 訳『ソーシャル・ケースワークの理論』川島書店、1985年、75〜129頁）

9）Perlman, H. H.（1979）The Problem-solving Model in Social Casework, in Roberts W. Roberts and Robert H. Nee（eds.）, *Theories of Social Casework*, The University of Chicago Press, pp. 129-179.（H. H. パールマン、前掲書、169頁）

10）H. H. パールマン、前掲書、170頁

11）Perlman, H. H.（1957）*Social Casework: A Problem-solving Process*, The University of Chicago Press.（H. H. パールマン 著、松本武子 訳『ソーシャル・ケースワーク－問題解決の過程』全国社会福祉協議会、1967年、ix頁）

12）H. H. パールマン、前掲書、4頁

13）H. H. パールマン、前掲書、4頁

14）H. H. パールマン、前掲書、135頁

15）H. H. パールマン、前掲書、135頁

16）H. H. パールマン、前掲書、168頁

17）芝野松次郎「課題中心ソーシャルワーク」久保紘章・副田あけみ『ソーシャルワークの実践モデル』川島書店、2005年、94頁

18）芝野松次郎、前掲書、95頁

19）芝野松次郎、前掲書、99頁

20）Ell, K.（1996）'Crisis Theory and Social Work Practice', in Francis J. Turner（ed.）, *Social Work Treatment* 4th ed., NY, The Free Press, pp. 168-190.（エル「危機理論」F. J. ターナー 編、米本秀仁 監訳、前掲書、中央法規出版、1999年、266頁）

21）Ell, K.、前掲書、p. 170.

22）Aguilera, D. C.（1994）*Crisis Intervention* 7th ed., The C. V. Mosby.（D. C. アギュララ 著、小松源助・荒川義子 訳『危機介入の理論と実際』川島書店、1997年、13頁）

23）D. C. アギュララ、前掲書、15〜17頁

24）和気純子「エンパワーメント・アプローチ」久保紘章・副田あけみ『ソーシャルワークの実践モデル』川島書店、2005年、205頁

25）野口裕二『ナラティヴ・アプローチ』勁草書房、2009年、1頁

26）木原活信「社会福祉領域におけるナラティヴ論」野口裕二『ナラティヴ・アプローチ』勁草書房、2009年、158頁

27）D. N. クリスチャンセン・J. トダール・W. C. バレット 著、曽我昌祺・杉本敏夫・得津慎子・袴田俊一 監訳『解決志向ケースワーク－臨床実践とケースマネジメント能力向上のために』金剛出版、2002年、25〜26頁

28）S. D. ミラー・I. K. バーグ 著、白木孝二 監訳『ソリューション・フォーカスト・アプローチ－アルコール問題のためのミラクル・メソッド』金剛出版、2000年、50頁

第2節　集団を活用した支援

1 グループワークの意義

（1）集団の意味とグループワークの位置

　私たちは日常生活の中でさまざまな集団に属している。集団に含まれる人々の間には「その集団に共通に所属している」という「われわれ意識」や、「共通の文化や規範や制度を共有している」という暗黙の前提が存在していると想定される[1]。これらの集団の中で、私たちは幼稚園や保育園など幼少期の体験から終の住処における体験まで、人と人との相互作用の中で成熟していく。集団から受容され、認められることで、集団に所属することに喜びや欲求の充足が得られる一方で、集団から排除され、冷遇されることで、その集団に所属することが苦痛を伴うものとなるように、集団には両面性がある。

　グループワークは、これらの日常生活における社会的な体験としての集団から派生したソーシャルワーク実践の一つである。岩間伸之は、このような「グループワークを自己完結的に単体として捉えるのではなく、地域を基盤としたソーシャルワークという大きな文脈の中に位置付ける[2]」ことを提示し、これらの関係性を「地域を基盤としたソーシャルワークとグループダイナミックス」（**図3−2**）として表している。

〈図3−2〉ソーシャルワークとグループダイナミックス

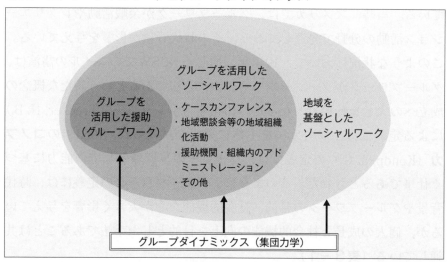

（出典）岩間伸之「〈unit 8〉グループを活用した援助」岩間伸之・原田正樹『地域福祉援助をつかむ』有斐閣、2012年、87頁

（2）グループダイナミクス

　グループダイナミクス（集団力学[＊9]）とは、組織やコミュニティなどの集団の全体的な動態に関する学問分野とされる。グループダイナミクスの提唱者であるレヴィン（Lewin, K.）は、集団を一つの場としてとらえ[＊10]、「集団を構成するものは類似性ではなく、成員の特定の『相互依存性』である[3]」とし、集団の本質は相互関係であるとする集団理解の視点を提示した。

　このようなグループダイナミクス研究はグループワークに多大な影響を与えており、その特徴には①リーダーシップの型と個人やグループの態度、あるいは行動との位置関係[＊11]、②個人の態度に及ぼす社会的風土の効果、③攻撃的な行動のパターンと社会的葛藤の解決などがあげられる[4]。

（3）グループワークの定義

　グループワークの源流は、イギリスにおけるキリスト教青少年活動やレクリエーション、セツルメントなどであり、社会福祉と教育の両側面を有して発展した。これらの活動はアメリカにも波及し、今日のようにソーシャルワークの一つの技法として位置付けられ、発展を遂げてきた。

　グループワークの主な定義とその特徴について以下にあげる（**表3－1**）。グループワークの公式な場における最初の定義は、1935年に全国ソーシャルワーク会議（National Conference of Social Work：NCSW）でのニューステッター（Newstetter, W. I.）の報告「ソーシャル・グループワークとは何か」で示された。また1937年のコイル（Coyle, G.）による定義も含め、グループワークは一種の教育活動としてとらえられている。当時、アメリカでは、グループワークが余暇活動やレクリエーション活動の分野で発達しており、その時代背景が影響を与えている[5]。このような状況において、1946年、同じくNCSWでのコイルの講演は、グループワークがソーシャルワークの一方法であるという新たな概念の成立への大きな転換点となった[6]。1948年のトレッカー（Trecker, H. B.）による定義では、ワーカーを主体に説明が試みられ、1963年の**コノプカ**（Konopka, G.）の定義では、ワーカーの専門職としての能力に基づく仕事であるとされた。このように、グループワークの定義には、時代背景やグループワークの目的、社会的機能などが大きく影響を与えているが、個人の成長と社会的機能の向上を目的とした手法であることは共通している（**表3－1**）。

〈表3-1〉グループワークの代表的な定義

提唱者	内容
ニューステッター（1935年）	「グループワークとは、任意的なグループの参加を通して、個人の発達と社会的適応とを強調する教育的な過程であり、そのグループを社会的に望ましい諸目標を拡充する手段として用いるものである」[1]
コイル（1937年）	「ソーシャル・グループ・ワークとは、任意につくられたグループで、余暇を利用して、グループ・リーダーの援助のもとに実践される一種の教育的活動であり、集団的な経験を通して、個人の成長と発達とをはかると共に、社会的に望ましい目的のため、各成員が集団を利用することである」[2]
トレッカー（1948年）	「ソーシャル・グループワークは、一つの方法であり、それによって社会事業団体内のグループに属する各人が、プログラム活動における彼らの相互作用を指導するワーカーによって助けられ、彼らの必要と、能力に応じて、他の人びとと結びつき、成長の機会をもつ経験を与えられ、もって、個人、グループ及び地域社会の成長と発展を図らんとするものである」[3]
コノプカ（1963年）	「ソーシャルグループワークとは社会事業の一つの方法であり、意図的なグループ経験を通じて、個人の社会的に機能する力を高め、また個人、集団、地域社会の諸問題に、より効果的に対処しうるよう、人びとを援助するものである」[4]

1) 福田垂穂「ソーシャル・グループ・ワーク」若林龍夫 編『社会福祉方法論』新日本法規出版、1965年、81頁
2) 大塚達雄「ソーシャルワークにおけるグループ・ワーク」大塚達雄・硯川眞旬・黒木保博 編『グループワーク論　ソーシャルワーク実践のために』ミネルヴァ書房、1986年、14頁
3) H. B. トレッカー、永井三郎 訳『ソーシャル・グループ・ワーク　原理と実際』日本YMCA同盟、1957年、3頁
4) G. コノプカ、前田ケイ 訳『ソーシャル・グループ・ワーク―援助の過程』全国社会福祉協議会、1967年、27頁

（4）グループワークの方向性

　また、ザンダー（Zander, A.）は、集団の目標にうまく向かっていける集団を強力な集団であるとし、その特徴として以下の4点をあげている。①成員が自由に相互作用している、②お互いに依存し合い、互いの目標を信頼し合っている、③成員が集団に魅力を感じてそこにとどまろうとしている、④集団が必要な社会的勢力をもっている。以上4つの属性すべての効果を高めることが集団をより強くすることになるとする。[7]

2 グループワークの原則

　バイステック（Biestek, F. P.）は、援助関係における7つの原則を提示しているが、グループワークではこれらのソーシャルワークにおける普遍的な理念を根源とし、グループワークの実践上の基本原則が提示されている。コノプカは、グループワークの知識、理念、技術からグループワークの基本的な原則が発展したとし、これらの原則とはグループワークの性質であり行動指針であるとする。コノプカはグループワークの原則として14項目[8]を提示しているが、以下に代表的な原則について

〈表3−2〉グループワークに従事するワーカーの資質

① すぐれた感情移入の能力
② 融通性
③ 個人についてだけでなく、複雑な諸状況について分析し、評価することのできる 鋭い知覚力と聡明さ
④ 人びとと温かく接しうる能力
⑤ 創造力または独創性

（出典）G. コノプカ、前田ケイ 訳『ソーシャル・グループ・ワークー援助の過程』全国社会福祉協議会、1967年、236 頁をもとに一部改変

あげる。また、これらの原則はワーカーの資質（**表3−2**）が前提であるとしている。

（1）個別化の原則

　個別化にはグループ内における個別化とグループの個別化がある。グループ内における個別化とは、グループ参加者をひとまとめに見るのではなく、一人ひとりを個別的に理解することである。共通の目的を有するグループに参加するメンバーであっても、メンバー一人ひとり特有のニーズを有している。生育歴や身体的・精神的・社会的状況、対人関係の特性、価値観などを把握することを通して、個別のニーズの理解に努める。また、一人ひとりのグループにおける役割や立場を把握することは、グループの変化を理解する上でも重要となる。

　グループの個別化とは、各グループの独自の性格を理解することである。同種のグループであっても、メンバー間に見られる相互作用の独自性、グループの中での関係性、リーダーシップの形などからグループの性格を理解することができる。このようなグループの個別化により、そのグループに対する援助の方向性を検討することが可能となるのである。

（2）受容の原則

　受容とは、メンバーをその個人特有の「長所」や「短所」とともにありのままに受け入れることである。メンバーは一人ひとり異なる思想や価値観に基づき、実に多様な態度や感情を表す。ときにワーカーの思想や価値観と異なる言動が表出されることもあるが、その場合にも、それらの言動について単に理解するだけでなく、そのメンバーを理解し、受け入れているということを言語的・非言語的コミュニケーションを通して伝える。

　例えば、あるメンバーから暴力などの反社会的な言動が語られる場

合、必ずしも個人の言動や資質を是認することが受容ではない。そのメンバーの言動やその背景について、専門職としての価値体系に従ってそれらを「長所」または「短所」として客観的に評価する。

　また、グループ全体に対しても同様に、ありのままを受け入れることが必要となる。ワーカー自身の価値観や想定とは異なる決定がグループの中でなされた場合においても、その決定や背景について理解し、受け入れ、尊重する姿勢が必要となる。

（3）参加の原則

　参加の原則とは、メンバーが各自の能力の段階に応じて参加するよう励まし、またその能力をさらに高めることができるように援助することである。参加の能力には個人差があるため、ワーカーは個人が現在の段階でもっている参加能力を評価し、メンバーが「無理強いされている」とか、「恥をかかされている」と思わないよう、自分自身のレベルで参加するよう支援することが重要となる。

　また、グループや個人の問題解決を図る際においても、メンバーの参加は基本的な前提となる。ワーカーはメンバーが問題解決の過程に参加することができるように援助し、ワーカーが個人またはグループのために何が一番よいかを常に判断する「全能の人」になってはならないのである。メンバー間の相互作用やメンバーとワーカーの相互作用を通して、メンバーが自分たちで解決方法を見出すように支援する。

（4）体験の原則

　体験の原則とは、グループの中で、人間関係や目標達成についての多くの体験をできるように促すことである。グループワークの特色は、問題について単に考えるだけでなく、ワーカーの援助のもとに実際に問題に取り組むことができる方法ということにある。

　実際に人間関係に対処するのはメンバー固有の社会生活上でのことが中心となるが、ときとしてグループ内において人間関係に特別な援助が必要とされるときがある。このようなグループ内での人間関係への対処は社会生活上での人間関係の対処につながる重要な体験となる。

　また、グループでの経験を通して何らかの目標を達成する経験は、メンバーにとって大きな喜びであり、このような成功体験や目標達成はメンタルヘルスにおいて大切な要素の一つである。このような成功体験の機会をメンバーとグループ全体に提供することはグループに従事する

ワーカーの責任であるという認識が重要となる。

（5）葛藤解決の原則

葛藤解決とは、グループの相互作用の中で起きてくる葛藤や個人として経験する葛藤をどのように解決するかという方法である。

グループ全体が葛藤を抱えている場合は、ワーカーの援助によって意見の違いで動きの取れなくなった状態から話し合いによって抜け出すことができるようになることをめざす。また、グループにおける葛藤解決の方法（**表3−3**）から民主的な手段を選択することができるようになることをめざすなどが考えられる。

メンバー個人が葛藤を抱える場合は、グループから逃げ腰になるのではなく、その葛藤から生じる感情に向き合い、問題解決のためにできることに取り組めるようになることをめざす。

（6）制限の原則

メンバー個人及びグループ全体の状況に対する適切な評価に基づいて、制限を用いることが制限の原則である。前記（2）受容の原則は、無条件の許容をさすかのように誤解されることが多い。しかし無条件の許容では、身体的・感情的にお互いを傷つけ合ったり、自分自身を傷つけたりする可能性も含まれる。制限は、メンバー個人やグループに対して安全を提供し、グループワークを意図的に進めていくためには極めて

〈表3−3〉　グループにおける葛藤解決の方法

葛藤解決はグループに与えられた主要な作業の一つであり、その方法として6つのタイプに分類されている。

① 退去：グループの一部が身を引くこと。
② 制圧：グループの一部が反対派のリーダーや下位集団の力によって、強引に沈黙させられること。
③ 多数決：この手段は制圧をはかる他の方法ほど横暴ではないが、やはり少数派制圧の一種である。
④ 少数派の多数決同意：最終決定の前に協議が行われ、少数派は多数派の決定に従うことに同意することで、制圧の要素が消される。
⑤ 妥協：どちらの側も十分な満足は得られないが、双方とも各自の提案に制限が加えられることに同意する。
⑥ 統合：極めてまれで複雑な葛藤解決の形である。当事者双方とも最終的な決定が当初の提案とは全く違うものになったとしても一致した決定をめざし、慎重に話し合うことが必要となる。

（出典）G. コノプカ、前田ケイ 訳『ソーシャル・グループ・ワーク援助の過程』全国社会福祉協議会、1967年、86〜87頁をもとに一部改変

大切な手法なのである。

　例えば、身体的・感情的に自身や他者を傷つける言動がグループ内で見られた場合に、受容的な態度を保ちつつその言動を制止した上で、安全な方法を提示したり、メンバー間の相互作用を促したりすることが必要となる。グループワークの方法は受容と制限の併用にあり、思慮分別のある制限の加え方は、正しい理解と診断が行われてこそ保障される[9]。

（7）継続評価の原則

　継続評価の原則とは、各メンバー、グループの目的及び社会的目標の評価を継続的に実施することである。グループや団体・施設のもつ目的、ソーシャルワークの価値観に基づき、個人とグループのニーズを評価していく。このような評価はグループワークの方法の一部分を成すものである。

　グループの目的や社会的目標は、メンバーが表現しているニーズ、施設や団体の目的、ワーカーの理解の3つの要素で構成されるが、これらは一致する場合、互いに補足し合う場合、相いれない場合がある。メンバーのニーズとワーカーの理解が相いれない場合においても、ワーカーの意図することはメンバーに伝えることが必要であり、メンバーやグループを操作しようとしてはならないことに留意することが必要となる。

3 グループワークの展開過程

　グループワークでは、グループの目的や社会的目標に向けた発達段階があるとされているが、ここでは**シュワルツ**（Schwartz, W.）ら[10]を中心に提示される4つの段階（①準備期、②開始期、③作業期、④終結・移行期）をもとにグループワークの展開過程についてあげる。

（1）準備期

　ワーカーがメンバーやグループと接触するための準備を行い、予備的接触を含め、グループとして機能するようになるまでの期間が準備期である。具体的には、グループの計画、所属機関での理解、メンバー募集、予備的接触などがある。

　グループの計画では、対象者のニーズを明確に理解しグループの目的を検討する。また、具体的なメンバー構成（対象者・人数など）やグループの形式（回数・期間・場所・費用など）を考える。

次に、これらの計画について所属機関内で周知し、理解や承認を得ることが必要となる。理解や承認が得られた時点で、メンバー募集を開始する。

メンバー募集では、案内の配布や掲示、他施設や同僚からの紹介、担当者による選出などの方法があげられる。このような方法で実際にメンバーが確定された時点でメンバーに予備的接触を行うが、この際に「**波長合わせ**[11]」を行っておくことが有効であるとされる。

「波長合わせ」とは、メンバーがグループに参加する際の反応をあらかじめ想定し、それを受け止めるための準備である。グループ参加に対する不安や懸念の感情について、メンバーは必ずしも率直に表現できるとは限らない。潜在的な懸念が含まれる合図を注意深くとらえ、対応することが必要となる。その準備として、自身の経験を振り返り、過去のグループの記録を読み、同僚やスーパーバイザーの経験を共有してもらうことを通して、それらの場面と対応を検討する。

いよいよメンバーに参加を促していく予備的接触を行う。グループの目的やワーカーの役割を説明し、メンバーの考えを聞き、参加の動機づけを高める。

（2）開始期

1回目の集まりが始まり、グループとして動き始めるのを援助する段階が開始期である。ここでは、グループへの導入、グループ形成の援助、「契約」、援助関係の形成、プログラム計画などがある。

グループへの導入では、自己紹介や雰囲気づくりを通して、個人がグループ過程に参加しやすいように援助する。初回グループに対する不安や緊張を和らげ、受容的な雰囲気を提供することを目的に、リラックスできる明るい空間づくり（お茶を用意する、アイスブレイクのゲームなどを実施するなど）をめざす。また自己紹介を行うことで、メンバーの相互理解を促す。

グループ形成の援助では、メンバー間の興味や関心に対する共通点を見つけ、相互作用が活発化するように取り組む。自己紹介を行う際など、メンバーはワーカーに向かって話しがちであるが、その場合はメンバーに向かって話すように助言することで、グループ形成のきっかけとなる。

「契約」とは書面によるものではなく、機関とワーカーの役割、約束事について説明を行い、民主的なグループ運営の方法を確認することを通して、メンバーがグループ全体の見通しをもつことができるように支

援する。

　援助関係の形成では、個々のメンバーと信頼関係を築くことを目的とし、一人ひとりを個別的にとらえ、個別アプローチを図り、グループ参加に対する課題に着目する。

　プログラム計画では、グループの目的とメンバーのニーズを確認しながら、メンバーが主体となりプログラム内容を決める。この決定のプロセスにおいて、少数派の意見が尊重される民主的な方法が取られるようにはたらきかける。

（3）作業期

　メンバー個人とグループが自分たちの課題に取り組み、目的に向かって作業に取り組む時期が作業期である。**グループの凝集性**[*12]が高まり、メンバー間の相互援助が活発化してくる段階であり、開始期からの移行は自然発生的な側面を有している。一方で、短期間であったりメンバーが常に入れ替わったりするグループ構成である場合には、メンバー間の相互援助の活発化への到達が困難な場合もある。

　グループの凝集性を高める取り組みとして、メンバー個人やグループの中に生じる課題に対して、メンバー間で共通性を見出したり、グループ全体で取り組むことがあげられる。また、このような課題の背景にある、グループの規範による影響を見定めることが重要となる。グループの規範とは、グループの中で暗黙のうちに共有されている合意事項やルールのことである。このような規範により、メンバー個人とグループの目標に取り組むことが阻害されている場合は、その影響を見定め、新たなルールづくりについて検討する。

　メンバー間の相互援助を活発化させる取り組みとして、メンバーが個人的な事情や状況、それに伴う感情を（自身が安全だと感じる範囲で）安心して話せる環境を提供し、グループ全体で受容的で共感を基盤とした空間となるようにはたらきかける。また、共有された個人的な課題についてグループ全体の場で理解を深めることにより、その他のメンバーもその共通性から個々の課題への理解が深まるようにはたらきかける。このようなプロセスにおいて重要な点は、メンバー間で主体的に、共感を示し、支え支えられる関係が形成されるために、ワーカーの役割を常に点検し、柔軟に変化させていくことである。開始期・準備期での積極的なアプローチから、側面的・後方的支援へと移行し、メンバーがリーダーシップを発揮できるように導く。

[*12] グループの凝集性とは、「すべての成員に集団にとどまるように働きかけるすべての力の合成」であり、ある集団では出席が不規則なのに、同じような活動やリーダーシップをもつ別の集団では出席が多いなどの現象を考察するときに用いられる概念。D. カートライト・A. ザンダー 著、三隅二不二・佐々木 薫 訳編『グループ・ダイナミックス I』誠信書房、1959年、90頁。

（4）終結・移行期

　終結・移行期はグループワークが終結し、次なる段階へと移行する最終段階である。単にグループワークが終了するというだけでなく、終結の準備、経験や感情の共有、評価、移行への支援などがある。

　終結の準備では、終結が近いことをメンバーと確認するが、メンバーが終結に向けて十分な準備ができるよう十分な時間的余裕をもって伝えることが重要である。

　経験や感情の共有では、グループでの経験を振り返ることを通し、終結に向けたメンバーの（肯定的な反応も否定的反応も含め）個別的反応を受容し、お互いの感情を率直に共有できる環境を提供する。

　評価では、メンバー個々にとってグループが何に役立ち、どのような意味があったのか評価する機会を提供する。また、ワーカーは職員間で、グループを通してメンバー個々の目標が達成されているのかどうかを評価することが重要となる。

　必要に応じて、メンバー個人もしくはグループ全体を他機関へ紹介することや、グループ経験が次のステップにつながっていくようにはたらきかけていく。

　以上の援助過程は、毎回のグループワークにおいても同様に展開される過程でもあるとされる。ワーカーは、各段階において必要とされる援助方法を意識的に活用することで、グループに従事するワーカーの専門性を発揮する。

4 グループワーク実践のための援助者の自己理解（自己覚知）

　グループに従事するワーカーがその専門性を発揮するためには、グループの一員である援助者自身の自己理解がその重要な要素の一つとなる。ここでは、自己理解の視点として、感情（自己）移入、メンバーとの感情関係、陥りやすい落とし穴について取り上げる。

（1）感情（自己）移入

　コノプカは、グループワーカーが用いる他者理解のための道具として、以下の5つをあげている。[12]①個人の力動（ダイナミクス）と集団の力動に関する知識、②社会環境とその環境がもつ意味に関する知識、③傾聴、

④観察、⑤感情（自己）移入（Empathy）[*13]である。これらのうち、③傾聴、④観察、⑤感情（自己）移入については、ワーカー自身の一部であり、自身と自身の価値体系について自覚する必要性を提示している。

　また、感情（自己）移入については、ネイティブアメリカンのことわざ「本人の靴を履いて月に着くまでは、その人を判断するな」を用いて、徹底的に相手の立場に立ち、相手を理解し、相手を感じることの必要性をあげている。この感情（自己）移入は、対象者と同一化することではなく、援助者としての役割を合わせもつことにより、重要な他者理解のための道具となるとする。

（2）感情のコミュニケーション

　フィリップス（Phillips, H.）は、グループワークのプロセスの効果を決める主要な要素は、メンバーの感情と結び付く能力、最後まで彼らに人間関係の中で確実に自分の感情をもち、使わせるワーカーの能力であるとし、グループワークにおける感情のコミュニケーションの重要性を指摘する。[13]

　ワーカーは自分の感情を単に認識するだけでなく、肯定的なものであれ否定的なものであれ、メンバーに対してその一部を実際に表現する必要があり、メンバーはワーカーの感情について、グループ内で生じた何らかの反応として知る権利があるとする。

　ワーカーが自身の感情を用いる際に重要な点は、以下の2点である。1つは、誰のニーズに基づいているかということであり、ワーカー自身のニーズに基づいた感情を表現することはあってはならない。メンバーがグループ参加を通して目標を達成しようとするときに、他人のありのままの感情を知り経験するために、メンバーのニーズに焦点を当てることが重要となる。次に、ワーカーがグループに打撃を与えないように、ワーカー自身の感情を表現する方法を習得する必要がある。ワーカーはグループの一員としてその活動に創造的楽しさを感じる自発性や外向的性格をもつと同時に、グループとのかかわり合いにおいて自身をいかに使うかという鍛錬されコントロールされた意識をもつことが重要となる。

（3）グループワークにかかわるワーカーの陥りやすい落とし穴

　武井麻子（たけいあさこ）は、ワーカーがグループワークを行う場合に陥りやすい落とし穴を提示しており、[14]その中のいくつかを紹介する。

　1点めに、グループがスムーズにいくことがよいことだと考えること

*13
Empathyとは、他者の問題や感情を理解する力のことであり、共感または感情移入と訳される。また、情緒的側面が強いという立場から自己移入とも訳されている。

第3章

である。グループメンバーがそれぞれに勝手なことを言い、グループワークが中断されたり、話がそれて中途半端になったりすると、ワーカーは役目を十分に果たしていないという不全感を感じ、引き戻そうとしたくなるものである。

　2点めに、グループが和気あいあいとした雰囲気でいることがよいことだと考えることである。グループには葛藤がつきものであり、怒りや悲しみ、欲求不満、妬み、恨み、恐れ、嫌悪などのネガティブな感情が表出される。これらのネガティブな感情によって、グループが混乱するように感じると、話題をそらそうとしたり、よい面を強調することでその感情を否定しようとしてしまうものである。

　3点めに、グループは活発であることがよいことだと考えることである。メンバーが積極的になったり、どんな内容でも話題が途切れないでいると安心し、反対に、沈黙がちのグループは荷が重く感じられる。その沈黙が緊張した状態なのか、満ち足りた沈黙なのか、心ここにあらずといった状態なのか、沈黙の意味について考えを巡らすことが必要となる。

　4点めに、ワーカーがグループで「やった」という感覚－一種の達成感－を求めることである。グループの目標や課題がはっきりしないと、自身の役割や立場がわかりづらく、どうふるまってよいかわからなくなるためである。何もしないでいられる能力、無駄で無意味なこと、いい加減さに耐える能力が必要となる。

　5点めに、ワーカーがグループの責任はみなリーダーである自分にあると考えてしまうことである。グループがうまくいかなかったり、集まりが悪かったりするとき、自分のせいだと悩むのはグループにかかわるワーカーが一度は陥る落とし穴ともいえる。ワーカーは状況を熟慮して行動したかについて意識することが必要であるが、その結果にまで責任を感じる必要はないのである。

5 セルフヘルプグループによる支援

（1）セルフヘルプグループの歴史

　セルフヘルプグループとは、特定の目的を達成するための相互援助をめざしてつくられた自発的な小グループであるとされる。[15)]その思想的な起源として、19世紀のクロポトキン（Kropotkin, P. A.）の『相互扶助論』などがあげられ、困難な生活状況への対処としてお互いに助け合う

友愛組合などがその源流であるとされる。

　1930年代のアメリカでは、多くのセルフヘルプグループが誕生し、強制収容所の入所者のグループ、障害児の親のグループ、精神障害者のグループなどがつくられ、最終的に協会などの形に組織化されていった。このようなグループの発達において重要なものが、AA（Alcoholics Anonymous）である。

　AAとは、1935年にアメリカのオハイオ州において、2人のアルコール依存症者が体験を分かち合うグループを始めたことに端を発し、現在では、180か国以上で展開されるセルフヘルプグループである。AAでは独自の組織理念としての12の伝統と、方法論としての12ステップが用いられており、その手法が現在まで守り続けられていることが大きな特徴となる。また、これらの手法を基盤とし、薬物を対象としたNA（Narcotics Anonymous）やギャンブルを対象としたGA（Gamblers Anonymous）、また、アルコール依存症者の家族のグループであるアラノン（Al-Anon）などへと広がり、多種多様なグループが展開されているが、これらを総称して、12ステップグループまたはアノニマスグループとされる。

　1960年代には、市民権運動、ベトナム戦争への反戦運動、女性解放運動などの大きな社会運動とともにセルフヘルプグループが設立され、「主要な疾病のほとんどすべてにセルフヘルプグループがある」[15]までに急速に拡大していった。

　日本では、第二次世界大戦以降からグループが設立されるが、日本患者同盟（昭和23〔1948〕年）や全国ハンセン氏病患者協議会（昭和26〔1951〕年、現「全国ハンセン病療養所入所者協議会」）など、患者自身による自主的な組織がその始まりであり、その後、1960年代には公害・薬害などによる賠償、予防に関するグループや前述の欧米型のセルフヘルプグループが次々と組織されるようになる。[16]

（2）セルフヘルプグループの分類

　実に多様なセルフヘルプグループの分類については、いくつかの考え方が示されているが、カッツ（Katz, A.）は、グループの問題、グループの創設者、対象としている特定の人種・性別・年齢のグループ、社会政策を変えるためのものかどうかという点で分類することができるとしている（**表3−4**）。なお、カッツは12ステップグループか非12ステップグループかという分類も提案しており、2つのアプローチ間の相違点

〈表3-4〉問題に焦点を当てたセルフヘルプグループの分類

タイプ1：治療的グループ
A）精神保健に関連する組織
B）嗜癖に関連する組織
C）疾病に関連する組織
D）人生の役割変化に関連する組織
E）ストレス軽減グループ
タイプ2：社会的アドボカシーおよびソーシャルアクション
A）単一の問題を克服するために創られた組織
B）高齢者に関連する組織
C）少数民族を援助するために創られた組織
タイプ3：少数派のライフスタイルをサポートするために創られた組織
A）ゲイ解放組織
B）都市型・田舎型施設共同体
タイプ4：24時間生活をともにする共同体
タイプ5：混合タイプ
A）刑務所出所者組織
B）社会的・治療的グループおよび家族志向グループ
C）経済的援助

（出典）A. H. カッツ、久保紘章 監訳『セルフヘルプ・グループ』岩崎学術出版社、1997年、137～138頁

は、イデオロギーの有無、関与する期間の長さ、社会的・政治的な活動やシステムの変革に対する考え方や実践について、であるとする。[17]

（3）セルフヘルプグループの特性

　セルフヘルプグループは世界各国で多様な形式で展開されているが、いくつかの重要な特性を有しているとされる。ここでは、その特徴として、①利用者の参加と非専門的援助、②体験的知識、③ヘルパー・セラピー原則、④役割モデルの獲得について取り上げる。

❶利用者の参加と非専門的援助

　どのようなヒューマンサービスにおいても、利用者の参加は重要であるが、セルフヘルプグループにおける利用者の参加には重要な特徴がある。それは、利用者（コンシューマー）が援助の担い手（プロデューサー）になることであり、両者を合わせてプロシューマーモデルともされる。

　このような利用者による援助は、系統的な知識基盤に基づくアプローチとしての専門的援助とは異なる「非専門的援助」であり、その活動の方向性が知識や洞察よりも意志や信念の価値を認めることを前提としている場合が多いとされる。[18]このような専門的援助と非専門的援助の差異について**表3-5**に示す。

〈表3−5〉専門的援助と非専門的援助の差異

専門的援助	非専門的援助
1．知識、洞察、基本原則、理論および構造を強調する	1．感情と気持ち（具体的、実際的）を強調する
2．系統的	2．経験、常識的な直感、慣習が中心
3．「客観的」 距離を保ち見通しを立て、自己覚知を重視し、「感情転移」をコントロールする	3．「主観的」 親近感をもち、自ら参加する
4．感情（自己）移入 統制された暖かさ	4．（相手と）同一視する
5．一定の基準に基づいて行う	5．その時に応じて自発的に（自分のパーソナリティを表現する）
6．「アウトサイダー」志向	6．「インサイダー」志向 自らをそのグループの中のものとみなす
7．理論的方向性をもった実践	7．経験に即した実践
8．慎重な時間制限、系統的な評価、治療を重視	8．ゆっくりで時間は問題にしない、インフォーマルだが直接に責任が問われる、ケアを重視

（出典）A. ガートナー・F. リースマン、久保紘章 監訳『セルフ・ヘルプ・グループの理論と実際−人間としての自立と連帯へのアプローチ』川島書店、1985年、129頁をもとに一部改変

❷体験的知識

　体験的知識（experiential knowledge）とは、ボークマン（Borkman, T.）が導入した概念であり、これにより、セルフヘルプグループによる援助が専門的知識との比較において独自の正当な重みをもつに至ったとされる。専門的知識と比較した体験的知識の特性は、①実用的・実践的であること（理論的・科学的であることよりも）、②「今・ここ（here and now）」での方向性（長期にわたる発達や知識の体系的な蓄積よりも）、③全体的・包括的（細分化されたものよりも）の3点であるとされる[19]。セルフヘルプグループはこのような体験的な知識を基盤としているが、グループの中で組織化された体験的知識をもつことで、より機能する集団となる[20]。

❸ヘルパー・セラピー原則

　ヘルパー・セラピー原則とは、リースマン（Riessman, F.）が提唱した概念であり、「援助する人が最も援助をうける[21]」という意味である。リースマンは、援助し与える役割をとることで、援助過程から利益を得ることは、専門家であれボランティアであれ、どんな援助者にも当てはまるが、セルフヘルプグループのように、援助者が被援助者と同じ問題をもっている場合には、より機能しているとする。

また、援助の役割を取る人が特別な利益を得ている背景に3つのメカニズムがあるとしている。一つは、援助者が依存的であることが少なくなる。次に、同じような問題をもつ人のことで苦闘するなかで、援助者は自分の問題に距離を置いてみる機会が与えられる。最後に、援助者は援助の役割を取ることによって社会的に役立っているという感覚をもつことができる[22]。

❹役割モデルの獲得

役割のモデリングは、バンデュラ（Bandura, A.）によって提唱された概念で、社会的学習理論の中核となっている。バンデュラは、自身の直接的学習だけでなく、成功した他者の行動をモデルとして観察することにより学習し、言動の変化が生じていることを指摘した。

このようなモデリングは、セルフヘルプグループの重要なプロセスの一つであり、新しい仲間が多様な問題に対処してきた仲間に出会うことで、自身の抱える問題への対処方法について、そのモデルとなる人を得ることができる。また、セルフヘルプグループでの役割モデルの獲得は、「その人ができるのであれば、私にもできる」という社会的比較を可能とする。さらに、対面的接触がなくても見習ったりすることが可能であるとする象徴的モデリング[*14]にも触れている。例えば、AAの12ステップや関連書籍などを通して、個人の態度や行動を改善する力となっているとする[23]。

（4）セルフヘルプグループにおける援助者の役割

アダムス（Adams, R.）は、セルフヘルプグループとソーシャルワークの関係に着目し、援助者がサービスの一部としてセルフヘルプ活動を提供する「統合タイプ（integral）」、援助者が活動を刺激する「促進タイプ（facilitated）」、援助者から自律している「自律タイプ（autonomous）」の3つに分類している。多くの12ステップグループは「自律タイプ」であり、援助者とセルフヘルプグループの間にははっきりとした距離感があり、常に両者の関係を問われているとされる[24]。

岡　知史は、援助者がセルフヘルプグループを支援することによってセルフヘルプグループの福祉的意義が失われる可能性があるために、慎重さが要求されるとし、その3つの要因をあげている[25]。一つが、専門家の「乗っ取り」としてセルフヘルプグループから恐れられている、主導権の喪失である。次が、平等性の喪失であり、専門家が指導することに

*14
象徴的モデリングの研究では、モデルの行動の本質的特徴が絵画や言葉で正確に描写されていれば、モデルが実際にいなくとも容易に一致し、行動が再現されるとする。A. バンデューラ 編、原野広太郎・福島脩美 共訳『新装版モデリングの心理学 観察学習の理論と方法』金子書房、2020年、48頁。

より、セルフヘルプグループの団結の源であるメンバー間の平等性が失われる危険性がある。最後にイデオロギーの喪失であり、セルフヘルプグループ独自の考え方や行動様式が外部の支援により弱められてしまうとする。

　援助者がセルフヘルプグループにかかわる際には、セルフヘルプグループの特性を理解し、またその特性が十分に発揮されることに留意が必要となる。

第3章

BOOK 学びの参考図書

● 保田井　進・硯川眞旬・黒木保博 編著『福祉グループワークの理論と実際』ミネルヴァ書房、1999年。
　　グループワークについて、基礎知識と豊富な実践例により体系的に学ぶことができる。

● 久保紘章・石川到覚 編著『セルフヘルプ・グループの理論と展開－わが国の実践をふまえて』中央法規出版、1998年。
　　セルフヘルプグループの基本的な理解と同時に、日本国内におけるセルフヘルプグループ実践について考察されている。

引用文献

1）盛山和夫「集団」見田宗介 顧問、大澤真幸・吉見俊哉・鷲田清一 編『現代社会学事典』弘文堂、2012年、629頁

2）岩間伸之「〈unit 8〉グループを活用した援助」岩間伸之・原田正樹『地域福祉援助をつかむ』有斐閣、2012年、87頁

3）K. レヴィン、猪股佐登留 訳『社会科学における場の理論』ちとせプレス、2017年、146頁

4）野村武夫『はじめて学ぶグループワーク−援助のあり方とワーカーの役割』ミネルヴァ書房、1999年、62頁

5）野村武夫、前掲書、22頁

6）G. コノプカ、前田ケイ 訳『ソーシァル・グループ・ワーク−援助の過程』全国社会福祉協議会、1967年、16頁

7）A. ザンダー、黒川正流・金川智恵・坂田桐子 訳『集団を活かす−グループ・ダイナミックスの実践』北大路書房、1996年、4〜9頁

8）G. コノプカ、前田ケイ 訳、前掲書、231〜236頁

9）G. コノプカ、前田ケイ 訳、前掲書、161頁

10）W. シュワルツ、前田ケイ 訳「ソーシャルワーク実践におけるグループの活用について」W. シュワルツ・S. R. ザルバ 編、前田ケイ 監訳・大利一雄・津金正司 共訳『グループワークの実際』相川書房、1978年、12〜17頁

11）W. シュワルツ、前田ケイ 訳、前掲書、12〜13頁

12）G. コノプカ、前田ケイ 訳、前掲書、120〜125頁

13）H. フィリップス、花村春樹 訳『グループワーク実践の基礎』相川書房、1978年、85〜89頁

14）武井麻子・春見靜子・深澤里子『ケースワーク・グループワーク』光生館、1994年、171〜177頁

15）A. ガートナー・F. リースマン、久保紘章 監訳『セルフ・ヘルプ・グループの理論と実際−人間としての自立と連帯へのアプローチ』川島書店、1985年、6〜7頁

16）A. ガートナー・F. リースマン、前掲書、5頁

17）A. H. カッツ、久保紘章 監訳『セルフヘルプ・グループ』岩崎学術出版社、1997年、137〜138頁

18）A. ガートナー・F. リースマン、前掲書、130頁

19）Borkman, T.（1976）‘Experimental Knowledge: A New Concept for the Analysis of Self-Help Groups’, *Social Service Review*, Vol. 50, No. 3, pp. 445-456.

20）三島一郎「セルフヘルプ・グループの機能と役割」久保紘章・石川到覚 編『セルフヘルプ・グループの理論と展開』中央法規出版、1998年、43〜44頁

21）A. ガートナー・F. リースマン、前掲書、117頁

22）A. ガートナー・F. リースマン、前掲書、121頁

23）A. H. カッツ、久保紘章 監訳、前掲書、45〜48頁

24）Adams, R.（2017）*Empowerment, participation and social work Fourth edition*, London, Red Globe Press, pp. 119-121.

25）岡　知史「社会資源としてのセルフ・ヘルプ・グループ−その社会福祉的意義について」『大阪市立大学社会福祉研究会』第3巻（1984年）、122頁

参考文献

●黒木保博・横山　穰・水野良也・岩間伸之『グループワークの専門技術−対人援助のための77の方法』中央法規出版、2001年

●P. クロポトキン、大杉　栄 訳『相互扶助論（増補修訂版）』同時代社、2012年

第3節　コミュニティワーク

1　コミュニティワークの意義と目的

（1）コミュニティワークとは

　コミュニティワークは「地域援助技術」と訳され、ケースワーク、グループワークと並んで、ソーシャルワークの一領域として独自に発展してきた地域支援の方法と体系である。一方で今日、システム理論を基盤としたジェネラリスト・アプローチが定着してきている。ジェネラリスト・アプローチでは、クライエントシステムである個人・家族・小集団・組織・地域・社会にかかわって個人・家族に対するミクロ実践、小集団や学校・職場等の組織、近隣等に対するメゾ実践、国家や社会等に対するマクロ実践ととらえ、これらを柔軟に活用していく方法がめざされており、同アプローチにおいてコミュニティワークは、メゾ・マクロを中核とした実践であるといえる[1]。

　また日本では、上述の地域社会を射程に入れたソーシャルワークは、主にアメリカの**コミュニティオーガニゼーション**の影響を受けて社会福祉協議会とともに発展してきた経緯があるため、「地域組織化」と呼称する場合もある。ただし、1970年代以降のイギリスのコミュニティケア論のもとで用いられたコミュニティワークがその後、日本の在宅福祉サービス展開のもとで定着した関係で、コミュニティワークとよぶのが一般的となっている[2]。

　コミュニティワークとは、「一定の地域社会で生じてくる生活問題を地域住民が主体となって解決していけるよう、コミュニティワーカーが側面的に援助を行う過程およびその方法・技術[3]」と定義されている。つまり生活の基盤である地域社会という視点からそこで生じるさまざまな生活困難や課題を地域住民や関係機関、そして専門職がともに解決に向けて取り組む援助とその一連の過程であるといえるが、なぜ、住民がともに取り組む必要があるのであろうか。

　一つには「地域社会」という場で生活上の困難が生じた場合、いくつかの解決の方法があるが、住民が主体となって問題解決に取り組むことに重要な意義が見出されるからである。例えば近年、高齢者の孤立死が社会問題となっている。高齢者の孤立死を防ぐためには、行政が整備する地域包括支援センターのワーカーが予防的にかかわること、また状況

＊15
ここでいう「介入」は、
interventionの訳であ
り、一般的に用いる「割
り込むこと」という意
味ではないことに留意
する必要がある。

によって民間企業の提供する緊急対応システムなどの活用・利用が想定
される。しかしながら高齢者の孤立や変化に気付き、適切に介入・対応^{＊15}
していくためには、地域包括支援センターや民間企業のサービスだけで
はその対応に限界がある。つまり近隣に住む地域住民が、孤立している
高齢者の見守りや居場所をつくることによって、日常的なかかわりを通
して孤立を予防し異変に気付くことができるのである。このような取り
組みは要支援状態にある住民と同一の地理的範域に居住する住民によっ
て行うことが求められる支援であり、重要な問題解決の方法である。

　さらには、先の例のような高齢者の孤立死や8050問題等に見られる
社会的孤立の問題解決には、地域住民の協力は不可欠である。このよう
な社会的孤立を典型とする社会関係の不足や複合的な不利、排除のプロ
セス、空間的排除、そして制度的排除といった多様な問題状況を示した
概念を「ソーシャルエクスクルージョン（社会的排除）」とよんでいる。⁴⁾
このような排除状況の解決にはさまざまなつながりを再度回復させてい
くことが必要となるが、その中で特に地域住民とのつながりをつなぎ直
すことが重要であり、ここでも住民に理解・協力が求められるのであ
る。このように地域や地域内のコンフリクト（葛藤）の問題を解決し、
「ソーシャルインクルージョン（社会的包摂）」を実現するために、市民
としての帰属の承認と、現実的に生きていくための社会資源の地域社会
への整備は、コミュニティワークの重要な目的である。そして、その実⁵⁾
現への鍵はその地域に住む住民そのものにあり、「住民主体」が求めら
れるゆえんである。

（2）コミュニティワークの諸概念

　コミュニティワークとは、地域社会で生じる生活問題を地域住民が主
体となって解決できるようにソーシャルワーカーが支援を行う援助技術
である。具体的にどのような考え方に基づいて行われるのであろうか。
ここではコミュニティワークの発展に即して代表的な理論の確認をして
いくことにしたい。

　コミュニティワークは、歴史的には17世紀のイギリスにおける慈善
組織協会や19世紀のセツルメントで実践された地域社会を基盤とした
諸実践を起源としているが、イギリスよりはむしろアメリカにおいてコ
ミュニティオーガニゼーションとして発展してきており、日本における
コミュニティワーク実践も大きな影響を受けている。

　その代表的な理論の一つが「レイン報告」の「ニーズ・資源調整説」

である。「ニーズ・資源調整説」とは、「社会資源とニーズとの間に、より効果的な調整を行い、保っていくことである。すなわち①ニーズの発見と規定、②社会的困窮と無力の解消と予防、③資源とニーズの結合、変化するニーズをよりよく充足するために資源の常日頃からの再調整[6]」であるとされている。つまりニーズを基礎として社会資源を結び付け、さらには変化するニーズに応じて社会資源の再調整を行うための関係機関の連携と計画的推進が含意されており、今日のコミュニティワークの基盤をなす考え方である。

　ニーズ・資源調整説における「調整」をどのように行うのかについてさらに進めたものが**ニューステッター**らによって提唱された「**インターグループワーク説**」である。インターグループワーク説とは、「地域社会を構成する各種団体の代表者による連絡調整、および、それによって選択され受容された社会的目標をその焦点にあてたもの[7]」であるとされる。地域社会は、個々の住民の総和として存在するのではなく、住民は社会教育団体や当事者団体等、各種中間集団に所属して生活・活動をしている。そのように考えるならば、インターグループワーク説は、そのような地域社会に存在する中間集団に焦点を当て、その組織間の調整・交流等の相互作用とそれを進める「場」を通して管理・調査・計画・推進を行うことで問題解決をめざしているといえる。

　しかしながら、都市化が進むとそもそも中間集団が衰退・解体していくことになり、住民の組織化・再組織化が必要となる[8]。1955年に**ロス**（Ross, M. G.）によって「**組織化説（コミュニティオーガニゼーション論）**」が提唱され、昭和37（1962）年の「社会福祉協議会基本要項」をはじめ、日本におけるコミュニティワーク実践に大きな影響を及ぼした。

　コミュニティオーガニゼーションとは、「コミュニティみずから、その必要性と目標を発見し、それらに順位をつけて分類する。そしてそれを達成する確信と意思を開発し、必要な資源を内部外部に求めて、実際行動を起こす。このようにコミュニティが団結協力して、実行する態度を養い育てる過程[9]」のこととされている。このロスの定義は①計画を立てること、②コミュニティを調和の取れた統合的全体にすることという2つの含意がある。①については問題を発見し、その問題の性質や範囲を見出しつつ、その問題に対する解決方法を創出・選択してそれを実行することであり、また、②はコミュニティと一体化し、そこで起こる出来事に関心をもったり、共通の価値を分かち合うといった地域づくりに関連する内容である[10]。これらは地域支援における課題を明確化し計画的

にその解決に取り組むことと、その過程において地域住民の協働の動機を醸成することの重要性を示していて、今日のコミュニティワーク実践の基盤の一つになっている。

　1960年代以降、コミュニティオーガニゼーションは、途上国開発で用いられていたコミュニティディベロップメントや行政の都市計画等、多様化の様相を呈していくことになるが、そのような状況下で、あらためてコミュニティオーガニゼーションを「3つのモデル」として整理したのが**ロスマン**（Rothman, J.）である。ロスマンによるとコミュニティオーガニゼーションは、①小地域開発モデル、②社会計画モデル、③ソーシャルアクションモデルに類型化することができ、①は目標の決定や活動においてコミュニティレベルの幅広い参加を通してコミュニティ参加を進めるもの、②は、非行問題・住宅問題等の社会問題を解決するための技術的なプロセスが重視されるもの、③社会的公正や民主主義により資源の確保や処遇の改善をより大きなコミュニティに対して行うものであるとされ、これらを単一あるいは複合的に用いることが意図されている。[11]

　また、近年の成果としてギャンブル（Gamble, D. N.）とウェイル（Weil, M.）はコミュニティ実践を8つのモデル、①近隣及びコミュニティの組織化、②機能的コミュニティの組織化、③社会的・経済的開発、④社会計画、⑤プログラムの開発とコミュニティの調整、⑥ソーシャルアクション、⑦連携、⑧社会運動、に整理を行っている。[12]

（3）コミュニティワークの基本要素

　ここまで、アメリカのコミュニティオーガニゼーションの諸理論を確認しながら、その要点を確認してきた。

　レイン報告が提示しているようにコミュニティワークにおいては、まずニーズを発見することが重要であり、あわせてニーズを充足するための資源が求められる。ただこのニーズの発見や資源の確定を行う場合、さまざまな立場にある地域住民の参加によって行われる必要があるため、方法の一つとして、インターグループワーク等の中間集団の参加と調整が求められることになるのである。しかしながら中間集団が解体している地域状況においては、あらためて中間集団を含めた住民活動を構築する必要があるため、問題発見－分析－解決方法の創出・選択－実行といった一連のプロセスとともに地域の共同的価値・態度を高めることが求められるのである。そしてそのようなプロセスや手法を、例えばサ

ロンや見守り活動のような近隣レベル、地域福祉計画や地域福祉活動計画といった既存システムを通した計画策定、そして既存システムの変革を意図したソーシャルアクションというさまざまなレベルからのアプローチを整理したものがロスマンの概念であるといえる。

　このようにコミュニティワークの実施手法にはさまざまな要素が確認されるが、プロセスには一定の共通性が認められる。以下、コミュニティワークのプロセスに着目して確認をしていくことにしたい。

2　コミュニティワークの展開

（1）地域アセスメントと地域課題の発見・認識

　レイン報告でも重要視されているようにコミュニティワークにおいて最も重要な過程の一つは、ニーズとそれを充足するための資源を把握することである。「地域性をふまえて利用者や地域住民の抱える生活課題を利用可能な社会資源を把握し理解すること」を「**地域アセスメント**」とよぶ。このような手法を従来「地域診断」とよんでいたが、ソーシャルワークにおける医学モデルから生活モデルの定着とともに、診断－治療的アプローチからアセスメント－支援といったアプローチへと変化してきている。

　地域アセスメントの目的は課題解決に向けての適切な目標設定にあるが、どのように生活課題や社会資源を把握すればよいのであろうか。例えばある人、Aさんを理解する場合、「身長・体重」を知ることがAさんを理解することになる場合もあれば、「人間関係」を知ることがAさんを理解することになる場合もある。さらには「意識」を知ることがAさんを理解することになる場合もある。このように地域社会の場合も多様な側面から理解することでその地域の状況や課題を把握することが可能になる。また先のAさんの例に即していえば、「身長・体重」の理解は計測という手法を用いる必要があり、「人間関係」の理解は観察という手法を用いる場合もある。また「意識」であればヒアリングという手法が用いられるであろう。地域アセスメントの場合も理解したい対象と内容に即した手法を用いる必要があるのである。

❶地域アセスメントの基本的視点

　図3－3は、地域アセスメントの基本的視点を示したものである。地域アセスメントを行うためには、地域社会に関する情報、住民に関する

〈図3−3〉地域アセスメントの基本的視点

③サービス・制度の情報 【福祉・医療・教育等】	③団体・機関の情報 【福祉・教育・医療・民間企業・商店等】	資源に関する 情報
②地域住民の情報 【統計・各種地域住民集団・組織】	②利用者の情報 【統計・当事者団体・支援関連団体】	住民に関する 情報
①地域社会を構成する諸要素の情報 【地理的特徴・構造と歴史・文化・産業構造・交通・集まる場】		地域社会に 関する情報

（筆者作成）

　情報、資源に関する情報の3点について適切に把握することが求められる。以下、その内容について確認していくことにしたい。

　まず地域アセスメントを行う際には、「地域社会に関する情報」を把握する必要がある。つまり、地域社会を構成する諸要素の情報である。

　1つめが地理的特徴である。「坂がある」「冬は雪が多い」「幹線道路で地域が二分されている」など、その地域の自然的・構造的特徴は住民生活に大きく影響する。

　2つめが地域構造と歴史である。例えば市町村合併等を経験した地域では、合併前の人間関係が反映されることも少なくない。また一見すると距離の離れている集落であるにもかかわらず人間関係が濃密だったりする場合、昔は一つの集落を構成していたなど、その地域の地域構造や歴史を理解しておくことで、その後の住民の組織化や活動の圏域設定においても重要な意味をもつ場合も少なくない。

　3つめが地域文化である。例えば、地域の中でどのような祭りなどの文化的イベントが大切にされているのかを知ることによって、計画策定をする際にそのイベントを活用したり、そのイベントが行われている時期を避けるなどといった配慮をする、またその地域で大切にされていることを核としてコミュニティ意識の醸成を図ることも考えられる。

　4つめが産業構造である。その地域がどのような産業を中心に構成されているのかは、例えば、農業を中心にした地域では人間関係が濃密であるなど、人間関係を規定する。またあわせてその地域の産業構造は、例えば農業を中心とした地域では、農繁期は家族総出で忙しい、またベッドタウン的な特性を有する地域では基本的に週末でなければ稼働労働層は地域にいないなど、地域住民の生活スタイルや生活動線を規定する重要な条件となる。

　5つめが交通である。移動は生活を営む上で重要な要素となるが、距離的に近接している地区でも移動動線がよくないため交流が少なかったり、一方で一見、距離的に離れている地区でも公共交通が発達している関係で交流が盛んである場合もあるなど、アセスメントにおいては重要な要件となる。

　6つめが住民の集まる場である。公共施設・民間施設において人が集まれる場所は、地域アセスメント後の計画の実施段階でも重要な社会資源の一つとなる一方で、特に「人が集まっている場」を把握しておくことは重要となる。例えば児童に対して何か周知・案内をする場合に児童館のようなフォーマルな場よりも駄菓子屋のようなインフォーマルな場のほうが情報提供しやすい場合もあり、実際にどこに人が集まっているのかアセスメントしておくことが重要であるといえよう。

　以上のように「地域社会を構成する諸要素の情報」を適切に把握することが、地域の課題や社会資源を理解する上で重要なポイントとなるのである。

　次に地域アセスメントを行う際には、「住民に関する情報」を把握することが必要である。ここでは「地域住民の情報」と「利用者の情報」という2つに大別することができる。いずれも人口や世帯数といった人口動態や、高齢者数・ひとり暮らし高齢者数や高齢化率、障害種別による障害者人数や生活保護受給世帯数、外国籍住民数、さらには合計特殊出生率といった統計的動態を把握しておく必要がある。その場合、自治体という行政単位だけでなく、地域の範域ごとに把握することで、地域特性がより明確となる。また一方で、地域住民組織の実際も把握することで住民の特徴を理解することができる。地域住民組織はインターグループワーク説でも確認したとおり、地域住民は何らかの中間集団に所属していることが少なくないため、それが十分に機能していないことも含めて実際を把握することは、その地域の住民特徴や意思決定を理解する上で重要であるからである。

　図3-4は「地域住民集団・組織の基本類型」を示したものである。地域の住民集団・組織は、加入条件として自動・全員加入-任意・部分加入のものと成員への機能として包括的・多面的機能と部分的・個別的機能を有する集団・組織がある。この中で特に動向を把握しておく必要があるものとして「町会・自治会」をあげることができる。

　町会・自治会は、居住すると自動的に加入が求められる場合が多く、親睦や災害に対する防衛的取り組みなど多様な機能を有している。この

〈図3-4〉地域住民集団・組織の基本類型

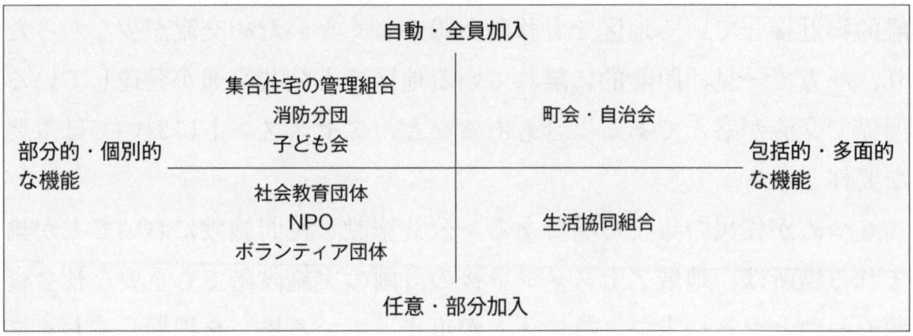

```
                      自動・全員加入

             集合住宅の管理組合
部分的・個別的      消防分団              町会・自治会        包括的・多面的
な機能          子ども会                                な機能

             社会教育団体
             NPO                      生活協同組合
             ボランティア団体

                      任意・部分加入
```

（筆者作成）

ような全員が加入し多様な機能を有する町会・自治会の存在が課題解決に向けての目標設定やその実施に大きな影響をもたらすことが少なくない。ただし町会・自治会も近年、「自動・全員加入」的要素が弱まりつつあり、第3・4象限のような一住民集団・組織に変化しつつあることにも留意が必要である。また一方、任意・部分加入-部分的・個別的な機能を有する社会教育団体やNPOなど各種住民集団・組織は、例えば外国人が集住する地域ではその支援関連団体が多く存在するなど、地域特性を反映する形で存在している。また当事者団体や親の会等、利用者が組織する集団についてもその有無や活動内容も含めて把握しておくことが大切である。

　最後に地域アセスメントを行う際には、「資源に関する情報」を把握しておく必要がある。資源は、「サービス・制度の情報」と「団体・機関の情報」に大別することができるが、社会福祉関係のサービス・制度、団体・機関等の資源の情報のみならず、医療や教育といった他の専門領域の情報や商店や工場といった民間企業の情報も把握しておくことが、課題解決に向けての適切な目標設定や実施の際に重要となる。特に専門領域が異なるサービス・制度や団体・機関についてその実際の活動内容について理解されていないケースも少なくない。また近年、高齢者の見守り活動に地域の商店やタクシー会社などの協力を得るケースが多くなっていて、問題解決の推進には地域に存在するさまざまな社会資源の協力と活用が求められており、特に民間企業等の社会資源の把握は今後、ますます重要となっている。

❷地域アセスメントの手法と住民との協働の重要性
　地域アセスメントの手法として既存調査の確認、ヒアリング・アン

ケート調査、地域踏査などさまざまな手法があり、把握したい情報の特性に応じて使い分ける必要がある。特に近年では、地域懇談会やワークショップなど住民参加型の協議の「場」において地域アセスメントやその分析の実施を行うケースも多く、その場をサポートするファシリテーションがワールドカフェ等の手法も含めて重要な技法となっている。

　このように地域アセスメントを実施する際に重要となるのは、一つには「地域住民とともにアセスメントを進める」ことである。例えば結果分析と合わせてアンケート調査票を住民とともに作成する、地域懇談会等で住民の意見を可視化しながら地域課題や社会資源の発見を行う等である。その理由として地域住民と専門職では同じ課題でも見え方が異なっている場合が少なくなく、多面的な側面から課題や資源を検討することが求められているからである。また、あわせて地域アセスメントの段階から地域住民の参加を得ることによって、問題解決の主体の形成につなげていく必要もある。

　もう一つには、「アセスメントを行う際のストレングス視点」の重要性である。例えば高齢者の多い地域は、①要介護状態になるリスクが高い地域であるが、②日中に活動できる住民が多数いる地域であるとも理解することもできる。①の視点で理解することで課題認識を深めることもできる一方で、②の視点で理解することで課題解決に向けての「強み」も意識することができる。このように地域アセスメントは「地域生活課題を抽出すると同時に地域住民が活動したり、専門職が地域に参加し住民と協働するための地域力の発見作業[13]」という側面も有しているのである。

（2）実施計画の策定と社会資源の開発
❶実施計画の策定と協議の「場」

　次に、地域アセスメントにおいて明らかになった地域課題や社会資源をふまえて、どのように課題を解決するのか検討・分析する段階が重要となる。

　その場合、まずは協議・検討の「場」が必要となるが、これがインターグループワークに該当するもので、例えば社会福祉協議会が進めてきた住民懇談会や介護保険制度下の生活支援体制整備事業における第一層・第二層とよばれる協議体等、民生委員や町会・自治会、NPOやボランティア団体等さまざまな地域の関係者に参加をよびかけ、課題を明確にして活動・事業実施に向けて話を進めていく。特に近年、プラット

フォームとよばれる福祉関係者や関連分野、さらにはそれを超えた多様な主体が協議・検討できる「場」の構築が重視されている（**図3－5**）。

　その際、目標は、①プロセス・ゴール（住民の問題解決力の向上）、②タスク・ゴール（課題達成）、③リレーションシップ・ゴール（良好な地域コミュニケーションの形成・権力構造の転換）等を意識した設定が求められる。特に課題が明確になった際に、その解決に向けての②タスク・ゴールが重視される傾向にあるが、②タスク・ゴールの実現には、しっかりと住民や関係者が話し合い、納得して進めていくことができるようにするといった①プロセス・ゴールや、従来、地域に存在する権力構造、例えばある自治会長発言が絶対的で他の人はそれに従わなければならないといった地域内での権力不均衡の是正等の③リレーションシップ・ゴール等も意識しながら実施計画の策定を進める必要がある。[14]

　また実施計画は、活動・事業を進める上で個別・具体的に策定を進めることが重要である。その際に活動者自身が考え、決める経験をもつことがポイントとなり、特に住民主体を形成する上で大切なプロセスであるといえよう。実際の手続きとして、協議の場においてメンバーの話し

〈図3－5〉協議の場の一例（プラットフォーム）

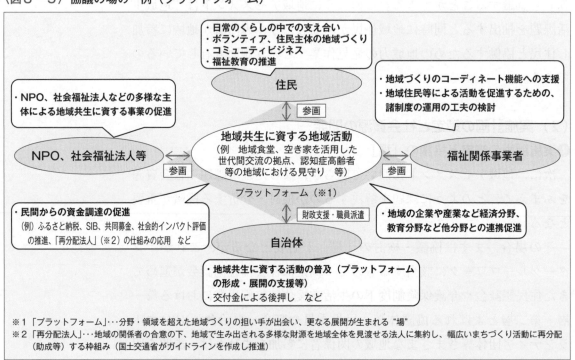

※1　「プラットフォーム」…分野・領域を超えた地域づくりの担い手が出会い、更なる展開が生まれる"場"
※2　「再分配法人」…地域の関係者の合意の下、地域で生み出される多様な財源を地域全体を見渡せる法人に集約し、幅広いまちづくり活動に再分配（助成等）する枠組み（国土交通省がガイドラインを作成し推進）

（出典）厚生労働省「『地域共生社会に向けた包括的支援と多様な参加・協働の推進に関する検討会』最終とりまとめ（概要）」令和元（2019）年12月26日

合いをもとに目標を「ビジョン」として定めつつ、その「ビジョン」の実現に向けてしたいことを「活動項目」として定める。さらには「活動項目」を「作業名」「作業目的」「作業内容」に分け、誰が行うのかを明確にしていく。このような作業をタスクブレイクダウンとよぶが、実施に向けての分担を明確にするとともに、タスクが一部のメンバーに集中している場合は他のメンバーへの分担も行うなど、活動・事業の見通しを明確にしていくことが求められる。

❷社会資源の開発

　地域アセスメントにおいて明らかとなった地域課題や社会資源を住民懇談会や協議体などの話し合いの「場」で検討した結果、地域には十分な資源がない、また支援を必要とする利用者にかなう資源を開発しなければならなくなるケースも少なくない。このような場合、新たな社会資源の開発が行われる必要があり、コミュニティワークにおいて重要な段階であるといえるであろう。

　社会資源には、例えば「居場所・サロン」のような場、「見守りネットワークシステム」のようなネットワーク・制度、そして「地域助け合い活動」のようなケアなど、資源特性や資源規模などに多様な形態がある。では、このような多様な資源を生み出していくにはどのような点に留意しておく必要があるだろうか。

　図3－6は、「社会資源開発と活動・事業運営支援の基本構造」を示したものである。社会資源は、どのような内容・規模であっても、担い手、資金、場所・拠点、広報等の「経営資源」が必要であり、また、そのような運営に必要な資源は、地域社会等の「経営環境」から供給する

〈図3－6〉社会資源開発と活動・事業運営支援の基本構造

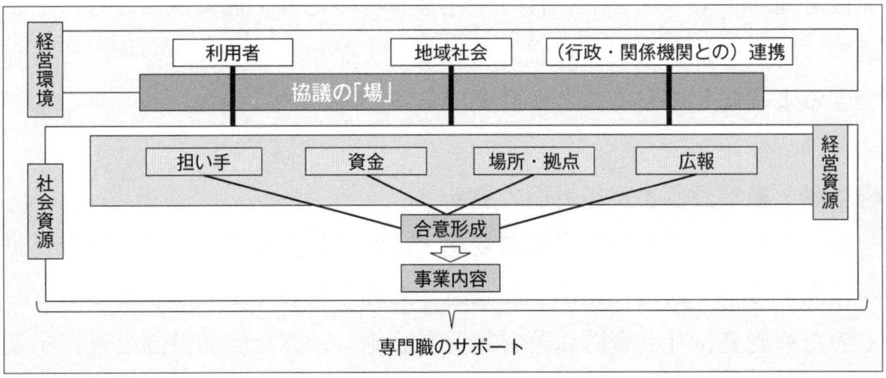

（筆者作成）

必要がある。どのような活動・事業を生み出していくのかについては協議の「場」において議論・検討を進める必要があるが、それとあわせてどのような担い手を確保するか、活動・運営資金をどうするのか、場所・拠点をどこにするのか、そしてどのように活動・事業を広報するのかといった内容については、かかわるメンバーの合意形成を進め、実際の事業内容を設定する必要がある。

　特に住民主体でこのような事業が生み出される場合は、専門職のサポートが重要となる一方で、どうしても地域住民の側からは「やらされ感」が生じたり、ともすると専門職に「依存的」な活動・事業運営に陥りやすいため、社会資源の開発段階から地域住民を巻き込み、協働で活動・事業を進めるスタンスを明確にしていくことが重要となる。

（3）社会資源の運営支援と評価・更新

❶社会資源の運営支援

　社会資源は開発して終わりではなく、その後、資源が十分に役割を果たすことができるようにサポートすることも、コミュニティワークにおいて重要な段階となる。**図3−6**で示したように、社会資源は「担い手」「資金」「場所・拠点」「広報」等の経営資源が必要となるが、例えば担い手の高齢化、資金の不足、活動拠点の変更・喪失、利用者が集まらない等のさまざまな運営課題を抱えるリスクがあり、さらには運営目的に関するメンバー間の意見の不一致や関係の不和、取り組みへのモチベーション等、十分な合意形成が行えなくなる事態も生じる可能性もある。

　そのような意味で専門職は、経営資源の変化に配慮しつつ、経営環境から適切な経営資源を適切に確保・調達できるように日常から地域住民や関連機関との関係を取り結んでおく必要がある。つまり、社会資源開発後も地域アセスメントを行って経営環境の把握を進めるとともに、協議の「場」で社会資源の運営上の課題、すなわち地域社会の状況を共有できるようにしておくことが肝要である。

❷活動・事業評価と実施計画の更新

　社会資源における経営資源の変化・課題に対応することは、社会資源が機能する中で新たに見出した課題に対応していく上でも重要である。そのため適宜、社会資源の運営状況を評価し、また実施計画を見直すことが求められる。

　例えば10年継続した高齢者の居場所の担い手メンバーが高齢化した場合、その居場所を継続する必要があるのか、一方で10年という活動期間の中で、一定の役割を果たしたのかについては、利用者・活動メンバー等のその団体に対する意見の聴取や利用者参加人数等の活動実績をふまえて検討を行う必要があるが、その際にも活動・事業に対する「評価」という視点が重要となる。

　また実施計画の更新という点では、例えば移送サービスを実施している団体が、移送サービスの利用者の多くが自分で「ゴミ出し」ができないことに気付くなど、活動を通して新たな地域課題を発見することも少なくない。その際に団体が現在の移送サービスに加えて「ゴミ出し」支援を実施するか、既存の社会資源でそのような支援を提供している団体は存在しないか、さらには「ゴミ出し」支援を行う新たな社会資源を開発するか等、実施計画を見直し、地域の生活課題に対して適切に対応できているのか検討することも、社会資源の存在意義を住民と協働で確認する意味も含めて、一定の期間に定期的に行うことが求められるのである。

第3章

BOOK 学びの参考図書

●藤井博志 編著『地域福祉のはじめかた』ミネルヴァ書房、2019年。
　事例に基づいてコミュニティワークの展開プロセスをていねいに学べる書である。特に本書は演習形式で構成されているため、実際に事例を検討・考察しながらコミュニティワークの実際を理解することができる。

●岩間伸之・原田正樹『地域福祉援助をつかむ』有斐閣、2012年。
　ジェネラリスト・アプローチにおける地域福祉援助を体系的に学べる書である。地域福祉支援は「地域を基盤としたソーシャルワーク」と「地域福祉の基盤づくり」に大別され、コミュニティワークは後者を中心とした領域であるが、前者と一体的に展開する必要性を理解することができる。

引用文献

1）副田あけみ「ジェネラリスト・アプローチ」平岡公一・平野隆之・副田あけみ 編『社会福祉キーワード［補訂版］』有斐閣、2002年、190〜191頁

2）副田あけみ「地域援助技術（コミュニティワーク）」前掲書、198頁

3）加納恵子「コレクティブアプローチとコミュニティワーク」日本地域福祉学会 編『新版 地域福祉事典』中央法規出版、2006年、426頁

4）岩田正美『社会的排除』有斐閣、2008年、20〜32頁

5）岩田正美、前掲書、177頁

6）副田義也『コミュニティ・オーガニゼイション』誠信書房、1968年、6頁

7）高森敬久・高田真治・加納恵子・定藤丈弘『コミュニティ・ワーク』海声社、1995年、6頁

8）副田義也、前掲書、137頁

9）ロス, M. G.、岡村重夫 訳『コミュニティ・オーガニゼーション 改訂増補』全国社会福祉協議会、1968年、42頁

10）ロス, M. G.、前掲書、53〜54頁

11）山口　稔『コミュニティ・オーガニゼーション統合化説』関東学院大学出版会、2010年、27〜31頁

12）Gamble, D. N., and Weil M. (2010), 'Conceptual Frameworks and Models for Community Practice', *Community Practice Skills:Local to Global Perspectives*, Columbia University Press, pp. 25-31.（用語訳は、室田信一「アメリカにおけるコミュニティオーガニゼーションの発展」柴田謙治 編著『地域福祉』ミネルヴァ書房、2009年、217頁に拠った）

13）藤井博志・所　めぐみ 監修・兵庫県社会福祉協議会社会福祉研修所『地域福祉研修テキスト』兵庫県社会福祉協議会、2018年、54頁

14）藤井博志「地域全体のコミュニティワークを理解する」藤井博志 編著『地域福祉のはじめかた』ミネルヴァ書房、2019年、65頁

第4節 ソーシャルワークにおける社会資源の活用・調整・開発・創生Ⅰ

1 ソーシャルワーク実践と社会資源

　ソーシャルワークを進めるにあたり、石川久展はソーシャルワーク実践の理論的枠組みを**ピンカスとミナハンの４つのシステム**[16]を用いてミクロ・メゾ・マクロの３つのレベル[17]の実践モデルの体系化を試みている。[1]この３つのレベルは具体的には次のように説明されている。すなわち、ミクロレベルは、クライエント個人と家族が直面する困難な状態、生活問題を対象とする。メゾレベルは、グループ、小集団組織、地域住民、地域社会、自治体、当事者組織、治療グループ、学校、職場、近隣など、クライエントの周りの環境や資源が含まれる。メゾレベルは対象になる範囲が広く、ミクロとマクロの間にあるものすべてを含む。マクロレベルは、コミュニティ、国家、国際システムなどであり、政策や制度などが含まれる。この理論は、ソーシャルワーク実践が人にだけ焦点を当てるのではなく、暮らしづらさを抱え生活上困難な状況にある人を支援する際に、その個人だけに着目するのではなく、その人の暮らす周辺の環境を視座に入れて活動を進めるという方向性を示している。

　「地域共生社会」づくりを進めていくにあたって市町村の相談体制を強化する社会福祉法などの一括改正法が令和２（2020）年に成立し、[18]「重層的支援体制整備事業」が創設された。このように、社会的に孤立し、生活のしづらさや困難を抱えている個人や家族に、周りからの支援が届かない場合には、さまざまな社会資源とのつながりを取り戻すために、ソーシャルワーク機能を重視する体制づくりを進め、伴走支援ができるようになってきている。そしてソーシャルワーカーは、総合的、包括的な地域福祉を進め、ミクロレベルの個別の生活課題解決をめざすだけでなく、個別支援と地域とのかかわりを深め、地域支援、地域改革を一体的に進めてきている。「地域共生社会」づくりにおいては、「断らない相談支援」、つまり、たらい回しにすることなく、ひとまず相談を受け止めることが大切であり、地域の人々が我が事として地域の課題解決に向けて支援に参加するなど、「社会参加」の機会も生まれつつある。

第3章

＊16
ピンカス（Pincus, A.）とミナハン（Minahan, A.）は、ソーシャルワークを１つのシステムととらえ、以下の４つのサブシステムに分類した。
①クライエント・システム
②ワーカー・システム
③ターゲット・システム
④アクション・システム

＊17
ミクロ・メゾ・マクロの領域の説明は、本書第1章第1節1参照。

＊18
令和２（2020）年の社会福祉法の改正をこのように表現していた。本双書第8巻第2部第1章第2節参照。

　しかし、地域により差はあるが、地域の人々とつながりをもたない人、地域にある社会資源を知らない、あるいは適切な社会資源に出会うことが少ないと感じている人々が増加しているといわれている。ここでは、地域との適切なつながりづくりを進めるために、ミクロ・メゾ・マクロレベルのどのレベルに、どのような社会資源があるのか、どのように社会資源を探すのかなどについて考えていく。また、既存の資源では解決に至らないときはどうすればよいのかも考えていく必要がある。そこで、「社会資源とは」「資源の活用の仕方」「社会資源の調整、連携の仕方」「必要な社会資源の開発、創生」などについて述べることとする。

2 社会資源の利用がなぜ大切か

事例

Aさん（43歳、男性）

　20代は就労していたAさんだが、人間関係でつまずき、十数年間、就労することはなく、長く母親との二人暮らしを続けてきた。3年前に母親が病死した後は、身近に知り合いもなく、相談する相手がいない状態が続いていた。母親から受け継いだお金もだんだん底をつきはじめ、経済的にも困っている。近頃は食事をすることもおっくうで、食料を買いに外出する回数も少なくなって、健康状態にも不安が生じはじめている。何よりも、独りぼっちだとしみじみ感じるときがあり、寂しさが襲ってくることもあり、「生きていても意味がない」と思うようになっていた。

　亡くなった母親の友人のBさんが、たまたま近くに来たからと立ち寄ってくれて、本人の状態を見て大変驚き、声をかけたが、「放っておいてくれ。生きていても意味がない。楽しいことは一つもない」と拒絶されてしまった。Bさんは近隣の人や民生委員にも連絡したが、うまくいかなかった。心の扉は固く閉まり、開かない……と困り果てていたとき、Bさんは、母親が生前に語っていたAさんのことを思い出した。「犬が大好きで、犬が生きているころは大変かわいがっていて、毎日散歩に連れていき、食べ物の世話をていねいにしていた。犬が死んだときは非常にがっかりして、外に出ることもなくなった」というエピソードであった。

　そこでBさんたちは相談し合って、皆で手分けして犬をもらってほしいと思っている家を探して犬をもらいに行き、Aさんに届けた。Aさんは、当初は断っていたが、その犬に関心を示し、犬の世話を始めた。間もなく、Aさんが犬の餌を買うために外出するようになったという情報が届いた。そこから、孤立状態であったAさんへの支援を開始するきっかけが生まれた。好きな犬のために外出するという、物理的環境を整えたことで、Aさんとの接触

> が可能になった。
>
> 　支援の入り口である、Aさんの心の扉が開かれ、相談が始まり、Aさんは少しずつ生きる意欲を見出していった。健康上の課題や、生活費がなく困窮状態にあることなどの生活全般にかかわる課題の解決につながる支援の入り口が確保されはじめた。

　「希死念慮」を抱くほど追い詰められ、地域とのつながりづくりが困難なAさんのような場合には、どのようにつながりづくりを進めるのかが課題である。つながりづくりの例では、災害支援において、仮設住宅、復興公営住宅などで「サロン活動」「見守りネットワーク」などの資源を身近に配置する支援が盛んに進められた。また、物理的な環境資源を開発することも試みられた。

　平成12（2000）年のことであるが、三宅島の噴火によって、全島民が島から離れる必要が生じ、4年以上帰島できないことになった。島の人々は、居住地がバラバラになり、つながりを失ってしまって、大都市での暮らしに大変苦しんだ。「東京には海がない、土がない、透き通るような青い三宅の空がない」などと訴えた。島民の多くは農業、漁業を生業にしていたので、身近に自然を感じられるよう、地域支援の一つとして、公園の清掃をすることや、近くの農地を借り上げて「元気農場」として提供することなどが提案された。毎日、畑や田んぼに通うようになり、島民は元気を取り戻していった。「土いじり」ができる物理的な環境づくりは大切な環境資源となり、慣れない都会暮らし、鉄の扉で遮断された借り上げ公営住宅での生活という孤立状態から故郷の暮らしに近づける社会資源を地域に創っていく支援がなされたのである。

　このように、個別の支援を進めるには一人ひとりの抱える課題だけに着目するにとどまらず、その人らしく生きがいをもって、生きていることが実感できるような資源を地域に創っていくことが求められる。ソーシャルワーカーは、その人と家族の暮らし方、その人の周りの社会環境に関する情報を集め、きちんとアセスメントを行い、その人や家族が何を望み、どんな暮らしをしたいのかを見極め、その人を中心に置いてその人や家族が生きていてよかったと思える資源を地域に創ること、地域を変えていくことが重要である。つまり、「個別支援」と「地域支援」を一体的に行う支援が必要なのである。

　個別支援を進める上で、既存の資源が活用できる場合も多い。例えば、新型コロナウイルスの感染拡大とその防止策のなかで、仕事を失

い、深い孤立の闇に包まれて打ちひしがれている人の「呻^{うめ}き」に寄り添い、伴走することが求められる。そうした活動は専門職だけが担うのではなく、地域のいろいろな人的資源にもはたらきかけ、課題解決に向けて一緒になって力を発揮して、学び合い、分かち合いの機会を多くして、支援を継続することが求められる。そうした姿勢の中に、課題を抱え社会的孤立状態の人が、排除されることなく、主体的に、地域社会の中で生きていくことを実感できるのである。近年、地域支援を住民参加で創出する実践が進められていると実感している。

さて、社会資源の活用というと、制度、政策、公的な資源を想像される人も少なくないと思うが、Ａさんの事例では犬が彼にとって孤立しない環境づくりの大切な資源となった。

社会資源と一口にいっても幅広く、個人や家族が課題を抱え、課題解決に向けて動き出すとき、さまざまな社会資源を用いて解決を図ることとなる。その際に用いる資源はこれまで述べてきたように、制度や政策など公的な領域だけでなく、ペットの犬や猫、親しい友人、近所の人、ボランティア、企業と、極めて幅が広い。

3 社会資源活用の前提となる課題の理解

ソーシャルワーク実践の展開において、それまでの伝統的な「医療モデル」（病理モデルとも表現する場合がある）に加えて、1980年代ごろから「生活（ライフ）モデル」が実践されるように変化してきた。前者の「医療モデル」は、利用者の診断、治療に力を注ぐもので、どこに課題があるかを見出し、診断し、その治療に重点を置く手法である。個別支援、地域支援をそれぞれ統合するというより、それぞれ独立して進める方法を大切にしてきた。

後者の「生活（ライフ）モデル」は、困難に直面している個人、その人を生活者としてとらえ、その人や家族が暮らす環境をともに支援の対象として実践する手法である。この実践モデルが進む過程で、生活者としての個人や家族も、周りの社会環境も可変的な存在としてとらえる視点が導入され、支援の内容が変化し、その人自身の成長する可能性、潜在する能力、「強み」（strength）に着目するようになった。この「強み」を探る際には、本人だけでなく、家族や周りの家族以外の社会資源の支えがあるかどうかもアセスメントの段階でしっかりと見定めることの重要性が指摘され、本人や家族や地域の支援を一体的にとらえる方法

が重視されるようになってきた。

　どこに課題があるかということだけに焦点を当てるのではなく、その人、周りの環境のどこに強みがあるのか、「強み探し」にも力点が置かれる。その強みは本人や家族にとどまらず、周りの環境にも視点を広げ、周りの資源を「どのように活用できているのか」「今はできていなくとも、できる可能性を見出せるのか」などについても「強み探し」を試みるようになってきた。同じ社会資源であっても、活用できる資源である場合と全く役に立たない場合があること、人により社会資源の有効性が違うことも指摘されるようになった。そして、社会資源をどのようにとらえるかが問われるようになったのである。

　例えば先の事例では、Aさんにとっては犬と出会い、再度生きる力を見出し、犬の世話を通して、社会的なつながりができることとなったのであり、犬が大切な社会資源であった。

　そこで次に、社会資源にはどのような領域があるかを考えていきたい。

4 地域にどのような社会資源があるかの学び合いを

（1）資源の分類について考える

　社会資源とは何かと問われれば、ひとまず、「社会資源とは一人ひとりの暮らしを支え課題解決をし、その人らしく暮らしていくために効果的に利用するすべての資源をさす」と言っておきたい。

　非常に幅が広く、分類の基準や定説はないが、通常、①人的資源と物的資源、②フォーマル資源とインフォーマル資源、といった大まかな分類を用いることがある。参考までにその一部を例示してみる。[19]

*19
細かな分類については、本項（2）参照。

---

(1) 人的資源と物的資源
①人的資源：ケアマネジャー、ヘルパー、医療ソーシャルワーカー、保育士、保健師、傾聴ボランティア等
②物的資源：ポータブルトイレ、電動車いす、医療用機器、バリアフリー住宅等

(2) フォーマル資源とインフォーマル資源
①フォーマル資源：行政・市区町村役場、福祉事務所、児童相談所、警察、消防等
②インフォーマル資源：ボランティア、民生委員・児童委員等

この例示は部分的なものにすぎず、実に多様な資源が存在する。社会の中で暮らす上で社会資源は必要不可欠であることは明確である。社会的に孤立してどこともつながりがないように見えても、食事をとらなければ生きていけないし、水道を使う、電気を使うなど、生きていくにはさまざまな資源を活用している。しかし、適切に資源を活用できない人や家族があり、適切に資源が整えられていない国や自治体もある。

（2）資源リストを作る－４つのセクターの分け方をもとに

ソーシャルワーカーとして、所属する機関、施設で業務を遂行するにあたり、どのように資源を活用しているか、資源リストを作成している職場は数多くあると思う。そこで、資源リストの作成について４つのセクターに分けて考えてみよう。先にフォーマル資源とインフォーマル資源という分け方を示したが、ここでは４つのセクターに分類する手法で説明したい。

４つのセクターに分ける手法のモデルは、イギリス政府の行動指針として提案された「コミュニティケア：行動のための指針グリフィス報告」（1988年）である[2]。コミュニティケアを構成する範囲として検討する領域をあげている。

①親族、近隣の人々
②ボランティア、組織化された非営利の民間団体[*20]
③私的営利サービス
④公的サービス

次に、このイギリスにおける「グリフィス報告」による４つのセクターを参考として、実際に資源を検討する際に用いる４つのセクターに分けると、「個人的なセクター」「非営利セクター」「営利セクター」「公的セクター」となる。この４つは、資源リストを分類して作成する際に用いるが、さらに個別支援を行うときに、ソーシャルワーカーがジェノグラム、エコマップを作成する際にも用いることができる。

ソーシャルワーカーとして活動するとき、当たり前のように社会資源を活用するが、これを分類するということは、実践を整理し可視化・体系化することにつながる。これにより情報を共有でき、さらに、実践の振り返りを行う事例検討の際にも活用できる。

以下では、４つのセクター（公的セクター、非営利セクター、営利セクター、個人的なセクター）それぞれについて、さらに見ていくこととする。

❶ 4つのセクターの特徴

どのような社会資源を活用しているかのリストを作成するとき、第一に、「公的セクター」を思い浮かべることが多いと思う。具体的な資源・相談窓口として、ひとり親世帯を例にあげてみると、経済的な困窮であれば福祉事務所、健康問題では保健所、子どもの保育の問題では市町村の保育担当部署や子育て支援担当窓口、児童扶養手当の申請ならば市町村の担当窓口など、課題別に別々の公的資源とつなぐことになる。今後、ひとり親専門の窓口に統一されれば、利用しやすいものとなり、実際にそのように公的セクターの窓口を改善している自治体もある。

第二は、「非営利セクター」とよばれる資源である。例えば、住民のZさんが近隣のCさんのことで困り、近くの民生委員に「近隣のCさんの、ゴミの問題とたくさんの猫を飼っていることで困っている」と相談した。すると、町会の役員さんも、近隣の人から「Cさんがゴミを出せないので、みんなで収集日にゴミ出しを手伝っているが、ゴミが多過ぎてどうしたものか」と相談を受けていて、みんなで話し合おうと考えて、ボランティアセンターにCさんも一緒に相談に行く予定だという。このように、地域にはボランティア、民生委員、町内会・自治会等いろいろな非営利の活動団体がある。また、さまざまな当事者同士の支え合いの組織もあるが、その大部分は非営利活動団体である。

第三に、お金を払えば活用できる資源、企業などである。地域にはいろいろな個人商店がある。例えば八百屋で、トマト、キュウリ、大根、どれを買うか迷ったら店の人に相談して品物を選び、ときには料理の仕方も学ぶ。また薬局では、症状を説明して必要な薬を買う。このように、お金を払って使える資源のことを営利による資源「営利セクター」とよぶ。

第四は、「個人的なセクター」である。住民や家族一人ひとりに、さまざまな個人的なインフォーマルなつながりがある。困ったときに助けを求め、相談する相手には、親、きょうだい、職場の同僚や、幼いときからの親友の場合もある。第二次世界大戦の前までは家制度が強く、身近な親族や家族、地域の支援組織が強固で、人々が互いに支え合い救援するシステムがはたらいていた。そうした個人的な支援組織が機能しないときにだけ、「お上（おかみ）の世話」といわれる公的なセクターを活用するという風習があり、個人的なセクターの機能は強固であった。

戦後、家族機能の変化、地域のつながりの変化により、支え合いの仕組みは大きく変化し、4つのセクター（資源）による支え合いの流れが

創出されつつある。

❷社会資源の４つのセクターごとの例示

あらためて、４つのセクターについて例示してみる。

①公的セクター

国や自治体による法律や条例に基づき、公費を充てて実施する制度、政策、施設、機関による福祉サービス。

福祉事務所、保健所、児童相談所、公立病院、職業紹介所など。

②非営利セクター

NPOやボランティア団体などにより運営されており、利潤益を得ることが目的ではない組織・団体。

社会福祉協議会、ボランティア団体、民生委員児童委員協議会、町会・自治会、当事者組織等。

③営利セクター

利潤を得ることが目的となっている組織、企業など。

スーパーマーケット、薬局、レストラン、衣料品店、電気店、工務店、銭湯、旅館など。

④個人的なセクター

いろいろな個人的なつながり。血縁、地縁、学校の仲間（生徒・先生）、遊びや趣味の仲間などによる。

家族、親戚、友人、学校時代の先輩、近所の家の人、趣味の仲間と幅が広い。

（3）社会資源リストと社会資源カード

図3-7に例示したように、資源リストには利用している資源の名称、所在地、電話、メールアドレス等をメンバーそれぞれが記入する。それを、前記のセクター別に分類したリストとしてパソコンに入れ、他のメンバーと比較してみると、自身の社会資源の活用を振り返ることができる。例えば、公的セクターには弱いが、地元の非営利組織や営利組織には強い人、逆に公的セクターには非常に精通しているが、営利セクターはほとんど活用していない人など、それぞれの社会資源に関する認識を確認する機会ともなる。職場で活用した資源をストックし、部署で共有できるように実践を記録化しておくと資源活用が容易になると思われる。

さらに**図3-8**に示しているが、個別の資源を「社会資源カード」に作成しておく方法がある。「社会資源カード」に示す内容としては、資

〈図3-7〉 社会資源リストの例

名称	所在地	電話・FAX	分類
○□福祉センター	〒000-0000 ○□市・・・・	0000-0000 0000-0000 FAX：0000-0000	公的セクター
○○児童相談所	〒000-0000 ○△市・・・・	0000-0000 FAX：0000-0000	公的セクター
こども食堂△△	〒000-0000 ○□市・・・・	0000-0000 FAX：0000-0000	非営利セクター

（筆者作成）

源の名称、所在地、担当部署、担当者のほかに、いつ、誰の（何の）ことで、誰とつながったのかなど、経緯を具体的に記しておく。これがあると、次の活用の際に役に立つ。次のときには、相手（前回つながった人）の名前を言って、「○○のことで△月△日にお世話になった□□センターの□□です」とあいさつすればよい。顔の見える関係づくりが深まり、資源活用に厚みが付き、加えて資源を変更する場合の話し合いにもこうした実践の記録化、共有化が助けになる。

　なお「社会資源カード」は、セクターごとに色を変えて作成すると、ひと目でわかるため、このような工夫をするとよい。

　このように資源をリスト化、カード化する作業をしてみると、あらためてさまざまな資源があることを体験することができる。資源のかたより、必要な資源を発見する作業につながる可能性が見出せるのである。

〈図3-8〉 社会資源カードの例

名称	所在地	担当部署・担当者	電話・アドレス
○□福祉センター	〒000-0000 ○□市・・・・	□□窓口 A係長	000-000-0000

≪行き方の地図≫

（省　略）

≪利用内容≫

日付	担当者	同行者	相談内容
5月6日	A係長	Bさん	Bさんの実父の入院について

（筆者作成）

〈図3-9〉資源マップの例

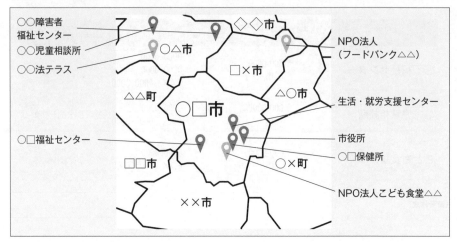

○○障害者
福祉センター
○○児童相談所
○○法テラス

◇◇市

○△市

NPO法人
（フードバンク△△）

□×市

△△町

△○市

○□市

生活・就労支援センター

○□福祉センター

市役所
○□保健所

□□市

○×町

NPO法人こども食堂△△

××市

（筆者作成）

　さらに、**図3-9**に示すように、資源を地域別、基礎的自治体別の地図に落としてみると、街のどこに、どのような資源があるか、かたよりや不足を確認できる。公的資源については市区町村が地図にして配布している場合もあるが、非営利や営利のセクターについては情報が共有されていない場合が多い。地図に落としておくと地域に偏在していることなどに気付く。交通機関の状況と比較して、利用を促す際の説明にも役立てることができる。これを「資源マップ」という。

　以上、資源を十分に活用するために、どのような資源があるかを整理する意味で、社会資源リスト・社会資源カード・資源マップを使って整理し、可視化された情報を提供し、資源を共有の財産として、より有効に活用する工夫を重ねることが求められる。

5 地域の特性を生かした社会資源を知り、必要な資源を把握する

　資源があっても、遠くて交通手段がなければ活用できない場合もあり、ごく少数の利用者しか使えないと費用対効果という点で問題視される。そこで、いろいろな資源によって補い合うことが求められる。

　例えば、妻に1年前に先立たれてひとり暮らしをしていた、70歳の男性が腎臓病を患って入院していたが、退院して自宅に戻ることになった。退院後に、糖尿病の食事サービスに関する資源情報を提供できるか、通院等の際の移送サービスがあるか、ふれあいサービスのような見

守りのボランティアに関する情報を得ているかなど、さまざまな地域に
ある資源の情報を届けられるならば、生活の質（QOL）も向上し、地
域での暮らしが豊かになる。

　最初から利用しやすい資源はないことが多いが、地域の資源を知るこ
とが重要であり、ソーシャルワーカーには個別支援と地域支援を一体的
に見る手法を獲得することが求められる。また、地域にある資源を見落
とさないこと、地域を探索しながら資源をきちんと把握することが求め
られる。

6 資源の発掘、収集、活用

（1）資源のもつ有用性、固有性

　ここまで、社会資源リスト・社会資源カード・資源マップ、それぞれ
の作り方を学んできた。まず、社会資源リストを作成するにあたり、自
治体にどのような資源があるかを4領域のセクターに分けてみるという
作業は、個別支援を行う際に必要不可欠だが、どの利用者にも役立つと
は限らない。社会資源リストはどのような資源があるかを客観的にリス
トにしたものだからである。個別支援をするときにアセスメントしてみ
て、その人にとって必要な資源がリストの中に存在する場合もある。そ
れは多くの人が利用しやすい、普遍的な資源であると容易につなぎやす
いが、問題はごく少数の人が抱える課題、特殊なニーズの場合である。
複雑で、周りからも受け入れられにくい、理解が得られにくい課題に、
どのように対応するかが問われる。

　そのようなニーズのある人が、社会的孤立状態であると対応が遅れる
ことがある。前述の事例のAさんの場合のように、誰ともつながらな
い状態で困窮状態に陥り、次第に自死念慮が強くなり、外出しなくな
り、食事もろくにとらないで体調を崩し、寝たきりになっていても、周
りが気付かなかった。偶然やってきた亡くなった母親の友人Bさんが発
見して相談するよう勧めても、Aさんは支援を強く拒み続けた。ようや
く支援を受け入れるようになるが、その入り口となった資源は一匹の犬
であった。この資源ができなければ、生きることに絶望して、命を落と
してしまう結果ともなりかねなかった。客観的に見ると、犬は誰にとっ
ても命を守る重要な社会資源というわけではない。しかし、Aさんに
とっては大切な社会資源となる。ほかの人にとって価値のない資源が、
その人にとっては価値のある資源となる場合がある。また、ある時点で

は有用な資源、課題解決の資源であっても、別の時点では必要でない資源となることもある。社会資源はある意味で、ときに動態的な存在となるといえよう。

（2）活用した社会資源の記録化、可視化による活用の工夫

　例えば医療機関は、病気を一度もしたことのない人にとって現時点では必要ない資源であるが、客観的には絶対に必要な資源で、予防的な立場から見ても必要不可欠である。このように、個人、家族、集団、地域、自治体、国、地球サイズレベルなど、それぞれの立場で生じる課題に対応する上で必要な資源は、課題解決を必要とする主体によって異なる。

　ソーシャルワーカーには、地域にすでに存在する資源の情報を適切に把握すること、利用しやすいように工夫すること、つまり、いつでも取り出して即活用できるように可視化しておくことが求められる。公的セクターに関する情報は、各種対象別に医療情報、福祉情報等の冊子が役所の窓口に置いてあることがあり、広報活動の進んでいる自治体については、比較的収集しやすい。一方、非営利セクター・営利セクターの情報は、社会福祉協議会や民間団体が取りまとめている場合もあるが、必要な情報を短時間で活用するには、先にあげた方法で実践を記録に落として可視化しておくことが大切である。

（3）ジェノグラム、エコマップの作成を通して
資源の活用状況を記録化

　個別支援を行う際の社会資源の情報を記録化して点検し、さらにどのような資源が求められるかなどを点検する際には、ジェノグラム（家族関係図）とエコマップ（社会資源関係図）の作成が必須である。エコ[*21]マップの作成にあたっては先にあげた4領域のセクター（公的セクター、非営利セクター、営利セクター、個人的セクター）に分けた**図3-10**のように記録をしてみると、資源の活用にかたよりがないか、見落としがないかをチェックできる。支援を進める過程でいろいろな資源を活用し連携する、それらがエコマップに記録されると、支援がどのように変化していくかも可視化できる。

　さらに、何人かの事例を持ち寄り、エコマップを用いて事例検討をしてみると、この地域に共通して必要な資源、この地域に不足している資源が何かを発見できる。資源に関して、複数人のエコマップを持ち寄り、個別支援から地域に共通する課題を発見・共有する手法である。

*21
ジェノグラム、エコマップの表し方については、本書第2章第3節、及び第4章第7節参照。

〈図３−10〉エコマップ（社会資源関係図）とジェノグラム（家族関係図）の例

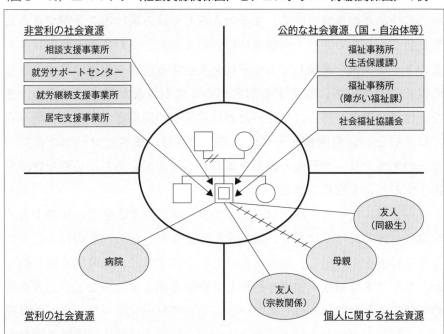

（出典）「東京都自立相談支援マニュアル（事例集）第二集」をもとに一部改変

7 ソーシャルワーカーに求められるコンピテンシー〜資源開発・創生に向けて

（1）社会資源の柔軟な創生に向けての実践力

　地域住民のソーシャルニーズは多様化し、かつ複雑化してきている。必要な資源の獲得は大多数の人にとってむずかしくはないが、問題は獲得しにくい少数の人にとっての必要な資源をどのように確保できるかである。ソーシャルワーカーには、多様性を尊重した、強い人権意識が求められ、一人ひとりの個別性を大切にし、排除されない地域づくりが求められる。

　一つの家族に複数の要支援者が存在しており、家族全体が生活のしづらさを抱えている場合について考えてみよう。総合的なネットワークを構築して各専門職の連携による支援が展開されず、例えば、要介護５の父親には介護保険を活用した支援が行われているものの、精神障害の息子への対応はほとんど進まず、高校を中退して以来、どこともつながりがもてず、ひきこもりの生活が続いていたとする。母親は息子のことが心配で、最近はうつ状態になってきているが、息子からの言葉の暴力も増えてきている。しかし、家族全体への支援の輪が形成できず、総合

的・包括的な支援に至っていない。このようなケースは少なくない。

　一人ひとりが地域で安心してその人らしく住み続けることができる共生社会づくりをめざし、当該家族にどのようにかかわるかが問われる。このような課題を重複してもつ家族を支援する制度や政策は目まぐるしく変化し、ニーズに対応する制度があっても資源が見つけにくい、また、住民の理解が得られにくいために柔軟かつ臨機応変な支援が組み立てにくいといった困難ケースとなる。それは、まさにソーシャルワーカーがネットワーク形成の力量を試される場面でもあり、必要な資源を創生することも求められる。

　ソーシャルワーカーは、ソーシャルワークに関する必要な知識や方法を身に付けるだけではなく、現状をしっかりと分析し、そのためにどのような対応を生み出し、解決に向けていかに柔軟に、粘り強く取り組むか、さまざまな知見・知恵を駆使して資源を創生するかなど、力量を高めていくことが問われはじめている。そしてソーシャルワーカーの育成には、福祉向上のために不可欠な実践力を培う人材養成の手法を開発することが求められているのではないだろうか。すでに、近接領域である保健師は「地域住民のヘルスニーズに応じ、必要な事業や地域組織等の社会資源を柔軟に創出していくことが求められている。事業、社会資源の創出能力の必要性については、厚生労働省が平成15（2003）年に通知した保健師活動指針や既存文献においても示されている[3]」と課題を提起している。社会資源を創出するための人材の養成については、そのコンピテンシーを評価する尺度の開発に向けての調査研究も行われている。

（2）多様性の理解と資源の開発・創生

　近年、当事者活動が地域で進められている。その領域の一つに性被害があるが、その被害者・当事者は、性被害に対する社会の無理解や、この問題に精通する専門的な支援機関の不足、活動資金の不足などを課題にあげ、どこに相談したらよいのか、どのようにすれば自分たちの声を具体化できるのかといった訴えがある[*22]。また、外国籍の人の場合には、就労に関する悩みのほか、子どもを地域の学校に通わせたいが日本語が全く話せないという悩みや、日常の暮らしについて支援を求める相談等もある。地域で適切な社会資源が見つけにくい、見当たらないということもある。

　石河久美子らの「ソーシャルワーク教育におけるカルチュラル・コンピテンス」や、寺田貴美代による「多様性の尊重と多文化ソーシャル

*22
例えば、東京ボランティア・市民活動センターの相談件数は近年、当事者活動に関する相談が増加傾向にあり、その相談の中に、性暴力被害当事者による活動団体がある。そのため、センターではそうした当事者活動を支援する資金の援助を行っている。

ワークの研究と実践」においても、カルチュラル・コンピテンスと資源を開発することの重要性を示唆している⁴⁾⁵⁾。石河らは、「カルチュラル・コンピテンスは文化を理解する能力」と定義し、わが国ではソーシャルワーク教育にカルチュラル・コンピテンスが十分に位置付けられていないことを指摘している。異なる文化を受け入れる力、多様性を理解する教育が十分でないために、資源が不足していることに気付かないとも指摘している。

　また、原　順子は聴覚障害の相談支援におけるソーシャルワーカーのカルチュラル・コンピテンスに関する質的研究を行い、課題提起をしている⁶⁾。

（3）コンピテンスとソーシャルワーク教育

　資源が十分に成熟していない領域では、政策や制度も等しく立ち遅れている場合があり、課題解決が困難になる割合が高くなる。ソーシャルワーカーは利用者に伴走しながら、解決に向けて資源の開発・創生を行うことが求められる。障害者のケアマネジメントの領域では20年以上も前から社会資源の活用、改善・開発に関する実践が進められている⁷⁾。利用者にとって本当に必要な社会資源を考えていく場合に、「利用者の望む生活とは何か、それを満たすために必要な社会資源とは何かを問い、そのために何をすべきか、何ができるか」を明らかにするところから始めている⁸⁾。社会資源の活用（改善）や開発を考えていく上では、「利用者のできないところのみに注目せず、また支援者はサービスの提供が困難な理由ばかりを述べるのではなく、何か少しでもできる可能性のあることを見つけ、そのための手立てや工夫を考えることである⁹⁾」と、手順を示している。

　ほかに資源の開発・創生などに関する実践では、地域子育て支援拠点事業などの子育て支援と地域福祉、乳児虐待の早期発見と社会資源の活用などの文献があるが、そうした領域はまだまだソーシャルワークの実践領域としては未開拓であり、開発、研究が必要である。

　社会資源の開発・創生が必要な領域を把握し、それらに柔軟に対応する能力、すなわちコンピテンスを身に付け、活動できる人材の養成は、これからのソーシャルワーク教育の重要な要素である。特に、資源の開発・創生に関心を向ける実習指導やカリキュラムの研究が求められる。実践の学として現場の実践を教育に生かし、実践現場とソーシャルワーク教育との往還的関係を進化させていくことが求められる。

引用文献

1）石川久展「わが国におけるミクロ・メゾ・マクロソーシャルワーク実践の理論的枠組み−ピンカスとミナハンの4つのシステムを用いてのミクロ・メゾ・マクロ実践モデル体系化の試み」2019年度日本ソーシャルワーク学会研究セミナー報告、2020年1月26日

2）R. グリフィス、小田兼三 訳『コミュニティ・ケア：行動のための指針／グリフィス報告』海声社、1989年、26、82、83頁

3）塩見美抄・岡本玲子・岩本里織「事業・社会資源の創出に関する保健師のコンピテンシー評価尺度の開発 信頼性・妥当性の検討」『日本公衆衛生雑誌』第59巻第6号（2009年6月号）、日本公衆衛生学会、391〜400頁

4）石河久美子「ソーシャルワーク教育におけるカルチュラル・コンピテンス〜教育機関と地域の現状から〜」『こころと文化』第7巻第2号（2008年9月号）、多文化間精神医学会、135〜142頁

5）寺田貴美代「多様性の尊重と多文化ソーシャルワーク」『新潟医療福祉学会誌』第19巻第2号（2019年）、新潟医療福祉学会、49〜54頁

6）原　順子「聴覚障害者への相談支援におけるソーシャルワーカーのカルチュラル・コンピテンスに関する質的研究」『四天王寺大学紀要』第55号（2013年）、四天王寺大学、111〜126頁

7）社団法人日本社会福祉士会 編『障害者ケアマネジメントのための社会資源開発』中央法規出版、2001年

8）社団法人日本社会福祉士会 編、前掲書、122〜123頁

9）社団法人日本社会福祉士会 編、前掲書、124頁

参考文献

●「東京都自立相談支援マニュアル（事例集）第二集」東京都

第5節 ソーシャルワークにおける社会資源の活用・調整・開発・創生Ⅱ

1 ソーシャルアクション

（1）高まるソーシャルアクションへの期待

　近年、全国各地で「子ども食堂」の活動が活発になってきている。次の事例は、そこで発生した少年への支援活動の一部である。

事例1

　中学3年生の少年は新型コロナウイルスによる感染の拡大で、所属する中学校が休校になり、給食を食べる機会を失ってしまった。母親からの朝食の提供がないので、少年は自分で近くの子ども食堂を探し、そこで、朝食と昼食を食べるようになっていた。

　子ども食堂の責任者は、本人の様子から母親との面談が必要と考え、何度か連絡したが、拒絶され、会えないでいた。一方で、近くの民生委員・児童委員、担任の教員、近隣の人々が心配をして本人に度々声をかけたり、夕食をふるまったりしていることが本人の話から伝わってきた。母親は弟には食事を提供しているが、本人には全く提供されないという。

　子ども食堂の責任者が行政に相談に行くことが決まった矢先、少年は突然、学校の道具や身の回りのものなどを抱えて子ども食堂に家出をしてきた。子ども食堂に少年を泊めることはできないと責任者は何度も説得したが、少年の意志は固く「家に戻ることはできない」との答えであった。少年は自分で近くの児童相談所にも連絡した。しかし、土曜日の夕方であったせいか、対応してもらえなかった。

　子ども食堂の責任者は、日頃から少年のことを気にかけている、民生委員・児童委員、担任の教員などと、少年の状況について協議した。結果、本人と一緒に児童相談所を訪問し、対応してもらえるように支援していこうということになった。そして、児童相談所でも少年は家に帰らないとの固い決意を表明し続けた結果、緊急一時保護となり、児童養護施設に入所することとなった。

　ようやく本人のつらい気持ちが受け止められて、命の危険から逃れ、安全と安心が確保された事例である。今後は専門職と地域が連携して、少年の家族を含む支援が求められよう。

　この事例の少年は親から食事を全く与えてもらえない環境にあって、生命の維持さえむずかしいという状況のなかで周りの大人を巻き込んで本人支援のネットワークが形成され、関係者がそれぞれの立場から少年の権利擁護のためのはたらきをした。後に、子ども食堂を利用する子どもたちの中にこの少年のような状況の子どもがほかに数人いることが判明した。

　この事例は、相談機関や行政の窓口、専門職に訴えることには 躊躇 <ruby>ちゅうちょ</ruby>がある人にとって、子ども食堂のような地域の居場所は、垣根が低く訴えやすいことを示している。地域の人々も子どもの様子から、子どもが抱えている課題に気付き、発見しやすい。地域に根差す総合的かつ包括的なソーシャルワークを進めていくと、暮らしにくさ、あるいは本人や家族だけでは解決し難い生活課題を抱えている場合、当事者が地域に課題を投げかけ、課題解決に向けて「主体的に力を発揮し得る動き」が起こることがある。この事例では、食事が提供される過程で近隣の人々や民生委員と課題共有が始まり、少年が主体者として取り組めるように「本人が決めるプロセスを支えること[1]」につながった。

　岩間は、ソーシャルワーカーが当事者の課題に介入する際の基本的な価値観、視点として、以下の3つをあげている。第一は、「人間としての存在そのものを尊重すること」である。第二は、「主体性の喚起」をあげ、当事者が問題解決の主体者であることこそを「中核的価値」としている。第三は、「派生的価値」として「本人が決めるプロセスを支えること」としている。これらは、援助関係、社会関係を通して本人が主体的に自己決定を導き出すことを意味するのである[2]。

　また、当事者が暮らしている地域自体のエンパワメントを図り、改革し、資源開発をするなどして、地域をより暮らしやすくしていく支援を当事者と地域が一体的に行えるように、両者の交互作用を図りながら支援することが重要となってきている。

　岩間は、「社会構造の不断の変化は多様で深刻な社会問題を生み出し続けてきた。専門職による対人援助の実践は果たして時代のニーズに応え続けられるのか、実践が依拠する根拠としての価値の明確化は、現代的課題としてますますその重要性を増しつつある[3]」と指摘している。これはソーシャルワーカーが、多様化・複雑化している課題に取り組む実践のありようを示している。

　先の事例のように、近年、さまざまな当事者活動が進みはじめ、当事者自身が自らの課題を言語化し、仲間と出会い、同じ経験をもつ人同士

が集まって経験を共有し、「生きづらさ」「暮らしづらさ」など「私たち発」の課題を社会に訴える活動が広がりを見せてきている。社会に訴え、社会を変えていくはたらきを地域で創出する力となってきている。

　人権と社会正義の原理がソーシャルワークのよりどころであるならば、ソーシャルワークと**ソーシャルアクション**（social action）は、リッチモンドのいう車の両輪であるといえよう。

　さらに、令和3（2021）年度からの社会福祉士養成課程の科目「ソーシャルワークの理論と方法（専門）」に、「ソーシャルアクション」が位置付けられるようになったことは、そのような活動に関する社会的な認知が深まった証しともいえよう。

（2）ソーシャルアクションとは

　ソーシャルアクションを日本語に置き換えるにあたっては「社会的行動」「社会活動」「社会的運動」などと表現される場合がある。

　しかし、これらは社会的に認知された定訳というわけではない。日本語にすることによって、本来の意味が矮小化されたり、異なる内容と認識されたりする可能性があることから、原語のまま用いられていることが多い。本節においても日本語訳ではなく、「ソーシャルアクション」と原語のままに表現することとしたい。

　さて、ソーシャルアクションをどのように定義するかについては諸説ある。横山壽一らは、第一に組織的活動としてのソーシャルアクション、第二に援助技術としてのソーシャルアクション、第三にコミュニティオーガニゼーションにおけるソーシャルアクションに分類している。[4]

（3）ソーシャルアクションの歴史

　ソーシャルアクションという手法がいつごろから用いられるようになったのかは明確ではない。一説では慈善組織協会（COS）による活動等が展開された19世紀後半のソーシャルワーク黎明期にさかのぼるという説がある。

　この説を提唱した渡邉洋一は、「英国でのパリッシュ（教区）の自治活動の歴史にみられる」とし、具体的には英国型のCOS活動（チャリティによる組織化活動）の流れとセツルメント活動を源流としていると指摘している。イギリスの特性は草の根運動的な側面をもちつつも、ソーシャルアクションとボランタリーアクションを意味しながら発展してきていること、などに注目している。渡邉が指摘するように、イギリ

スのソーシャルアクションの源流には、セツルメントの思想とボランタリーアクションの2つの潮流が見られる。

一方、久保美紀によれば、その源流は「アメリカにおける19世紀後半の社会改良運動に求めることができる[5]」とある。ソーシャルケースワークの母ともいわれているリッチモンドは、ソーシャルワークとソーシャルアクションに近い概念であるソーシャルリフォーム（social reform）は、どちらが欠けてもその力を発揮できず、いわば「車の両輪」のような関係にあると指摘している[6]。ちなみに、ソーシャルリフォームは通常、社会改良運動と訳されるが、リッチモンド自身、19世紀後半から20世紀初頭にかけて、当時のアメリカ東部の大都市に暮らす貧困世帯の子どもたちの児童労働の禁止活動、家族が直面する不衛生な住環境の改善運動など、さまざまな社会改良運動に取り組んでいた。この経験と慈善組織協会での実践活動が、リッチモンドがケースワークの基礎を確立していく際の大きな力の一つとなっている。彼女は環境決定論的視点[*23]に立ち、ケースワークの手法を生み出していくが、一方で「卸売と小売の方法」という表現を用いている。それは、個別のクライエントにかかわるケースワークを小売的方法、社会に対してはたらきかけ、制度政策の充実を求める社会的活動を卸売的手法になぞらえて、小売的方法と卸売的手法の双方が必要であり、その関係は車の両輪のような関係を有していると訴えたのである。[*24]

その後アメリカは、世界的大不況を経験し、1935年に全米社会事業会議が開催された。そこで5つの分科会が設けられたが、その一つとしてソーシャルアクション分科会が設置された。一部の人々であったかもしれないが、当時のソーシャルワークの専門職機能の一つとしてソーシャルアクションが認識されていたことの表れといえよう。

さらに第二次世界大戦以降、アメリカやイギリスなどでは福祉権運動が進み、さらにソーシャルワークの統合化が進んでいった。また、地域を基盤としたソーシャルワークの展開が重要視されるようになっていった。それらの過程で、手法としてのソーシャルアクションがさまざまな形で展開され、制度改革や社会的な価値の変革等に力を発揮してきた。

日本では昭和初期に、世界的な大不況に見舞われ、経済的に極めて厳しい状況に陥り多くの貧困層を生み出した。その折、救護法の成立が進まず、方面委員（民生委員の前身）が困窮にあえぐ人々のために、早急な成立を求めてはたらきかけを行ったことが民生委員活動の歴史に伝えられている。また、東京帝国大学をはじめ明治学院等の学生たちが立ち

*23
リッチモンドがソーシャルワークの基礎を確立するべく活動した時期は19世紀後半から20世紀初頭である。彼女の出発点は、アメリカのメリーランド州ボルチモア慈善組織協会での10年間の勤務である。当時のアメリカはボルチモアをはじめ、大都市に多くの生活困窮者が劣悪な状態で生活していた。活動の対象は、すべてこうした大都市の困窮状態にある労働者家族であった。その体験から彼女は、貧困の発生は個人的理由からではなく、社会的・経済的背景があること、そうした社会環境が個人や家族の生活に多大な影響を及ぼすことを多くの事例検討を通して学んだ。環境要件が一人ひとりの生活、人生、生存そのものを決定するほどに深くかかわりがあることを指摘し、環境にはたらきかけ、個別に個人や家族の支援を行うこと、支援の必要性を説いたのである。

*24
小松源助・山崎美貴子・田代国次郎・松原康雄『リッチモンド　ソーシャル・ケースワーク』有斐閣、1979年に詳しく記されている。

上げたセツルメント活動等があった。こうした活動は第二次大戦が始まり、すべて閉鎖を余儀なくされてしまった。

　ソーシャルアクションが注目され、検討が始められたのは、第二次世界大戦後のことであったとする説がある。例えば、横山らは、わが国で戦後早い時期のソーシャルアクションについての説明を試みている。具体的には孝橋正一、木田徹郎らであったと指摘している。[7] 前者はソーシャルアクションについてアメリカの技術論的位置付けからの展開に批判的な考察を示し、後者はアメリカの枠組みを紹介しつつ自身の定義を示している。実態としては、先にあげた戦前の方面委員（民生委員）による救護法制定に向けてのはたらきかけ等も、またソーシャルアクションの一態であるとの指摘もある。

2 ソーシャルアクションの展開

（1）ソーシャルアクションと社会資源

　ソーシャルワーク実践の場でソーシャルアクションの手法の活用が求められるのはどのような状況に直面したときであろうか。

　例えば、地域で暮らす住民が何らかの困難に直面し、地域社会や社会福祉機関等に支援を求めたものの、活用できる支援や資源の不足、あるいは福祉サービスの不十分さに直面し、何とか現状を変革し適切な支援が実施されるようにしたいという願いをもつことがある。そのような折に、現状と課題を明らかにしながら、自治体等に福祉サービスの創設や確実な実施を求めるようなソーシャルアクションを起こしていく、というようなことが考えられよう。

　次の事例は、夫の暴力から逃れ、3人の子どもたちを連れて家を出た女性が、自立生活に困難を来し、さらに地域に社会資源が不足していたために十分な支援を受けられなかったことから、母子家庭の母親たちが資源獲得にアクションを起こしたというものである。この事例からソーシャルアクションに至る過程について考えてみよう。

事例2

　[A子さんの願い]
　A子さん（38歳）は夫とF市で暮らしてきた。F市は人口規模も小さく、市の財政も潤沢とはいえない地方都市である。
　A子さんは、結婚後数か月ほどして始まった夫からの厳しい言葉の暴力や

ささいなことから始まる身体的な暴力（ドメスティック・バイオレンス：DV）を受けていた。8歳、6歳、1歳の3人の男児たちにも夫の暴力が及んだことから、切羽詰まった思いで子どもたちとともに家を出た。夫の追跡を受けないように転々と居所を変えての生活を始めたが、頼る知り合いもなく、わずかばかりの金銭的な貯えはすぐに底をついた。F市には母子が駆け込めるシェルターもなく、安定した生活を送れるだけの生活費が得られる仕事を見つけることもできずにいた。そのようななか、A子さんは焦りと不安のために心のバランスが崩れはじめたことから、母子が安心して暮らせる場所だけでも確保したいと願い、福祉事務所を訪れた。A子さんはシェルターか母子生活支援施設に入ることを希望したが、F市ではそのいずれもなく、A子さんの願いはかなえられなかった。

F市の福祉事務所には母子・父子自立支援員が1人配置されていたが、非常勤であり、母子世帯の自立支援に関する制度・プログラムについても、具体的にすぐに利用できる資源がないのが現実であった。

[母子・父子自立支援員のB子さんの想い]

A子さんの相談を受けたF市福祉事務所に配置されている母子・父子自立支援員のB子さん。B子さんは、DV被害を受けている母子世帯にとって「居住の場」の確保は生きる上での基本的人権にかかわるものであると認識しており、夫の暴力から逃れ、自立をめざす母子家庭の支援を進めるには、何よりもまず安心して母子が暮らせる「居住の場」をどの自治体でも提供できたらよいと常日頃から考えていた。

しかしながら現実では、どこにでもそのような制度が整っているわけではなく、F市でも資源が不足していた。F市では、A子さん世帯と同じような状況にあって、安心・安全な住居を求めている母子世帯が少なからず存在していることは把握されていた。B子さんも福祉事務所での面接を通じて、母親たちから、経済的に非常に厳しいことや、夫の追及をかわすためにいつもおびえて暮らす苦痛などについて聴いており、子どもたちの未来のためにも母子世帯の生活の安定への支援が必要であることを十分に認識しつつも、具体的にどのようにしたらよいか悩んでいた。

[ソーシャルアクションへ]

あるとき、B子さんは参加した「母子家庭の集い」で、30人ほどの母親たちから、母子自立支援施設やシェルターなどの設置や自立支援プログラムの実施を求める要望書を行政に提出しようとしていることを聞かされた。母子世帯が自立し、安心して暮らすことのできる安定した生活基盤をもてるような支援の獲得に向けて、当事者である母親たちが立ち上がり、多様な支援者とともに、署名活動なども行うなど、自ら行動（アクション）を起こしたという。そこでB子さんも自らの専門性を生かし、市の予算獲得の根拠となる

ような母子世帯の住宅困窮の実情についての地域のニーズ調査、当事者の懇談会や児童福祉関係者をはじめとする関係領域の専門家等による検討会の設置・運営等に取り組むこととした。

ソーシャルアクションの展開にはいくつかの流れがある。

第一に、相談機関等に来所した利用者のニーズに応える制度や施策、ソーシャルサービス等が当該の地域では不足していることに気付いたソーシャルワーカーが地域調査等を行い、共通する課題を抱えている人々の問題を明確にし、解決すべき課題に対応する方策、制度の点検・改善・創設のための活動などを地域福祉活動の観点から展開する場合がある。

第二に、同じ課題をもつ人々が、自分たちの仲間や賛同者の共通する悩み、生活上の課題を取りまとめ、それらの解決のためにメンバーを組織化し、集団で自主的に課題解決に向けて動き出す場合もある。先の事例のように、制度として母子生活支援施設は設置されていない自治体も多い。地域にニーズがあったとしても、それらに対応する社会資源の絶対量が不足している地域では、ニーズが充足されないという事態が起こり得る。こうした場合、共通するニーズをもつ者たちが切羽詰まった思いを持ち寄り、ともに議論を重ね、要望を行政に届け、解決に向けてはたらきかける、といった社会的活動を展開する場合がある。こうした当事者たちのはたらきかけにより、これまでも多くの変革がなされてきており、ソーシャルアクションの一つの形として押さえておきたい。

第三に、地域住民が困難な課題に直面しているにもかかわらず、自らは声を上げることができない人たちの姿にふれた者たちが、そのような課題や状況を他人事とせず、我が事として取り組みの必要性をとらえ、活動を起こし、住民が地域で安心して暮らせるサービスを供給するために新たに資源を開発する活動を進め、一定の実績と効果を見極め、こうした背景から資源の創出が図られることを行政等に提示するなど、地域開発の視点から住民たちの発意を中核に据え、活動を展開していく場合がある。

近年では行政等への要望以前に、NPOなどがボランタリーな活動を展開しニーズ対応を図っていくなかで、地域の意識を変える、資源としての力をつけていくこと、課題に気付いた人々が、身近なところから提言活動・**アドボカシー**（advocacy）を進める等、ソーシャルアクションが多く見られるようになった。

（2）今後のソーシャルアクションの流れ

　わが国では2000年代に入り、地域包括ケアの実現をめざす、地域を基盤としたソーシャルワークの総合化が進みはじめた。サービス利用者個人の問題のみに注目するのではなく、生活者としての利用者が暮らす地域を軸に地域と環境を一体的にとらえる総合的かつ包括的な相談援助が展開され始めている。ソーシャルアクションはこうした**個と地域の一体的支援**活動を進めるにあたり必要不可欠な要素となってきている。

　なお、ソーシャルアクションは、あくまでも課題解決あるいは社会的な変革を起こしていく過程で使われる「手法」であり、必ずしも行政等への要望活動を伴うものではない。また制度化・法制化をゴールとするものでもないことに留意が必要である。

　誰もが安心して、その人らしく地域で暮らし続けるには、地域の住民参加による小さな改革を地道に積み重ねることも大切である。

　ミクロ・メゾ・マクロの活動をバラバラに進めるのではなく総合的かつ包括的に進めることや、「個と地域の一体的支援」が求められる。課題を抱える利用者一人ひとりを支援する際には、個別対応にとどまらず、その暮らしの場である地域、社会環境にはたらきかけることを一緒に進めることが求められる。個々の人々が暮らす地域や環境を所与のもの・変わらないものととらえ、既存の資源が不十分であってもその環境に甘んじて適応することだけを考えるのではない。ソーシャルアクションの手法を用いて地域・環境にはたらきかけ、誰もが安心して暮らし続けられるよりよい地域づくりをめざしたいものである。

（3）当事者主体の活動を我が事としてともに歩む実践

　地域の中で不利な状況に置かれ、社会的に排除され、孤立状態に置かれている人々が、自ら声に出して行動するには、必要な社会資源の開発やサービスの質を高めるための活動など、当事者として地域を改革する活動が必要になる。ソーシャルアクションは「住民参加によるコミュニティを改革する活動」といえる側面がある。一方、インターネットなどのソーシャルメディアを活用した不特定多数による活動も散見されており、活動手法に変化が生じている。今後、活動方法を評価、検証し、より適切な実践を創出する必要がある。

　近年、社会とつながりをもてない、もたない人々が社会的孤立状態に置かれ、自ら福祉サービスの利用や、社会参加する機会も得られぬまま、声を出すことなく「ひきこもり」を続けている若者、高齢者の姿に注目

が集まっている。こうした人々の存在に気付き、積極的代弁活動（アドボカシー）を行う活動が全国各地で進められている[8]。このように自らの困難、不利益にある状況を発信する機会のない人々から学び、一人ひとりがかけがえのない人格を有する存在として、その人らしく生きる道をともに探りながら、伴走する人々が地域に多く存在することが求められている。地域に埋もれている人々への権利擁護の活動も注目されている。こうしたソーシャルワーカーや住民による代弁的活動もソーシャルアクションに近い領域として進められていることを指摘しておきたい。

　木下大生らは「当事者力」という言葉を用いて、「社会を変えよう」とする人々を取り上げた事例をもとに次のように4類型化している[9]。

　①原体験のある人（当事者）

　②原体験はないが、自身の体験を変換して共感し支援する人（准当事者）

　③原体験・変換する体験はないが、原体験者やその周辺環境に関心を寄せ直接的な接点をもつ人（直接接点型第三者）

　④原体験・変換する体験はないが、原体験者やその周辺環境に関心を寄せ、間接的な接点をもつ人（間接接点型第三者）

　木下は「社会を変えるきっかけは当事者とは限らないが当事者とかかわりをもつことが必要」と述べている。何をどのように変えるのかという方法を一般化することは簡単ではないとしつつ、次の5点が重要であると指摘している。

　①変えたいことが明確であること

　②状況を具体的に語れること

　③何をめざすか目的の設定がなければならないこと

　④仲間をつくる、同じ問題意識がある人とつながること

　⑤理解者を増やすこと、社会の人々に知ってもらうこと

　社会を変えるという活動は「当事者主体」の活動であるが、気付きや関心をもった人々が他人事ではなく、我が事としてともに参加する実践であるということである[10]。

　以上のようにソーシャルアクションは、当事者性をもつ人々や当事者団体、そして当事者の身近で彼らが抱える生きにくさ、暮らしづらさを、他人事としてではなく我が事としてかかわり、地域を巻き込み、小さな個人的な気付きを社会的な気付きとして受け止め、「何とかしようよ」と当事者から学びながら動き出すといった活動が生まれ始めている。直接に顔を合わせなくとも、情報のやりとり、拡散の仕方がSNS

等の新しいツールや、動画などの画像を用いてリアルタイムで情報の共有ができることから、活動の仕方も飛躍的に変化を遂げている。この領域の活動にはさらに身近で説得力のある実践を創出する可能性が生まれつつある。ここで気をつける必要があるのは、真実に基づく活動でなければならないことである。

BOOK 学びの参考図書

- 木下大生、鴻巣麻里香 編著『ソーシャルアクション！　あなたが社会を変えよう！－はじめの一歩を踏み出すための入門書』ミネルヴァ書房、2019年。
　本書では、ソーシャルワーカーや障害のある人とその家族など、福祉活動に取り組む人々が、子ども、障害児者、LGBTなどを取り巻く社会に対して、実際にどのようにアプローチし、取り組んでいったのか、ソーシャルアクションの実践がつづられている。

引用文献

1）岩間伸之 他『地域を基盤としたソーシャルワーク－住民主体の総合相談の展開』中央法規出版、2019年、168頁
2）岩間伸之 他、前掲書、166〜169頁
3）岩間伸之『支援困難事例と向き合う－18事例から学ぶ援助の視点と方法』中央法規出版、2014年、170頁
4）横山壽一・阿部　敦・渡邊かおり『社会福祉教育におけるソーシャルアクションの位置づけと教育効果〜社会福祉士の抱く福祉観の検証〜』金沢電子出版、2011年、19〜24頁
5）久保美紀「ソーシャルアクション」仲村優一・一番ヶ瀬康子・右田紀久恵 監修『エンサイクロペディア社会福祉学』中央法規出版、2007年
6）Richmond, M. E.（1922）*What is Social Case Work?*, Russell Sage Foundation.
7）横山壽一・阿部　敦・渡邊かおり、前掲書、20頁
8）木下大生、鴻巣麻里香 編著『ソーシャルアクション！　あなたが社会を変えよう！－はじめの一歩を踏み出すための入門書』ミネルヴァ書房、2019年
9）木下大生、鴻巣麻里香 編著、前掲書、218頁
10）木下大生、鴻巣麻里香 編著、前掲書、219、223頁

参考文献

- 渡邉洋一「ソーシャルアクションに関する考察」渡邉洋一地域福祉研究室、2009年
- 孝橋正一『社会事業の基本問題』ミネルヴァ書房、1953年
- 木田徹郎「社会福祉概論：実践としての社会福祉の理論的体系化」『社会福祉講座』第1巻、新日本法規出版、1964年
- 空閑浩人「ソーシャルアクション」『社会福祉用語辞典 第6版』ミネルヴァ書房、2007年

第4章
ソーシャルワークを支える要素

学習のねらい

　本章では、ソーシャルワークを支えるさまざまな要素について学ぶ。ここであげたいずれもが、ソーシャルワークが人々や社会に対して意義ある実践や方法であるために欠かせないものである。

　第1節では、ソーシャルワークの展開を左右する援助関係の形成、第2節では社会福祉専門職の専門性と実践力の維持や向上に欠かせないスーパービジョン、第3節では利用者や社会に対して有益なサービスを提供するためのコンサルテーションについて学ぶ。

　続く第4節では、個々のニーズにふさわしいサービス提供のためのケアマネジメント、第5節では多職種や多機関、また専門職と地域住民との連携や協働を促すネットワークの形成、第6節ではネットワークに関連して必要となる、さまざまな社会資源を調整するコーディネーションについて学ぶ。

　さらに第7節では、専門職の責任である実践の質の向上に欠かせない記録の作成について、第8節ではソーシャルワークに関連する方法としてのネゴシエーション、ファシリテーション、プレゼンテーションについて学ぶ。

　そして第9節では、関係者が集って事例に対する支援方針や支援方法を協議するカンファレンス、第10節ではカンファレンスと関連して重要な、事例研究や事例検討に求められる情報の整理や課題の析出としての事例分析について学ぶ。

第1節 ソーシャルワークにおける援助関係の形成

1 援助関係とは

＊1
ソーシャルワーカーは、
援助プロセスにおいて、
クライエントらと協働
する。ワーカーとクラ
イエント双方がそれぞ
れの役割を認識し、尊
重し合う関係性を保持
することが必要であり、
この専門的関係性は援
助関係とよばれる。

　ソーシャルワーク実践において、ソーシャルワーカーとクライエントならびにその環境との間には援助関係がつくられる。ワーカーとクライエント、あるいはクライエントの存在する地域や環境にかかわるものがパートナーシップを組み、協力・協働関係を結び、問題解決に向けて歩みを進めるプロセスにおいて、その援助関係の良し悪しは、重要な意味を有する。

　援助関係といったとき、まず思い浮かべるのは、ワーカーとクライエントとの個別の援助関係であろう。しかし、ソーシャルワークは対象をクライエントに限定せずにクライエントシステムといったとらえ方をする。さらに地域を基盤とした総合的なソーシャルワークの展開においては、ワーカーとクライエントという直線的な援助関係だけではなく、クライエントシステムとしての家族や近隣の人々との関係、地域におけるさまざまな社会資源との関係、あるいは、その他の多様な住民もまた関係性の輪の中に入ってくる。閉ざされた関係性から開かれた関係性における援助関係を築きつつ、ワーカーはクライエントの個人情報も守らなければならない。

　ワーカーがかかわる範疇は、個人・家族等を中心としたミクロな領域から、地域や制度・政策を対象としたマクロな領域にまでわたる。ワーカーはクライエントが個人であったとしても、その個人との個別の援助関係を結ぶとともに、クライエントの生活にかかわる環境を含む地域全体をもその援助関係に含むことを意識しなくてはならない。また、ワーカーが一人で、あるいは自分の所属する施設や機関が単独で援助するのではなく、他の機関や施設のワーカーや他領域の専門家、地域住民などとネットワークを組んでそれぞれの主体的な参加を得ながら、地域を基盤とした一体的な援助を展開することになる。それらすべてを包括した援助関係というものを考えていかなくてはならない。

　援助関係の構築は問題解決の重要なプロセスの一つであり、援助実施過程のさまざまな場面で、ワーカーとクライエントが援助関係を築いていくことになる。一例をあげると、インテークやアセスメントの過程も

　援助関係を構築する大切な一歩となる。

　援助実施過程を通して良好な援助関係を築いていくためには、ワーカーは適切な技術を身に付け適用していくことが求められる。以下にそれらを概説していく。

2 援助関係構築の原則 －バイステックの７原則

　援助関係とはまた、あなたがどう扱われたいか、人としてどう遇されたいか、という視点から考えていくことが必要である。

　バイステック（Biestek, F. P.）は、著書である『ケースワークの原則』の前書きにおいて、「関係はソーシャル・ケースワークの魂（soul）である[1]」とし、ケースワークのワーカーとクライエントの関係を「クライエントが彼と環境との間によりよい適応を実現させる援助目的のために存在する、態度と感情のダイナミックな相互作用である[2]」と定義した。そしてバイステックはこの定義について、ケースワーク関係の目的、相互作用の態度と感情、相互作用の力学的性質、関係の質について考察し、バイステックの７原則として、原著の第２部に収めている。バイステックの７原則は援助関係構築の原則であり、地域を基盤とした包括的な援助の展開にあたっても重要な視座を提供している。以下にその概要を示す。

①原則１　**個別化**

　個別化とは、クライエントを一人の独立した個人としてとらえることである。誰もが自分のことを障害や疾病からラベリングされたステレオタイプな枠組みで見てほしくないと思うはずである。一人の人間として、名前をもったA山さん、B川さんとして遇することの重要性を示す原則である。

②原則２　**意図的な感情表出**

　よい援助を行うには、クライエントの感情や思いの深いところまで理解することが重要になる。そのためにクライエントが本音や感情を表現できる環境をつくれるようなかかわり方が求められる。また、表出された感情を大切に読み取り、理解することが重要である。

③原則3　統制された情緒的な関与

クライエントとのパートナーシップを構築するためには、クライエントから表出された感情に寄り添う必要がある。しかし、クライエントの感情表出にワーカーが巻き込まれないよう、適度な距離感をもっての共感と対話が必要になる。ワーカーには自分の感情を常に理解しつつ、クライエントの感情に寄り添う姿勢が求められる。

④原則4　受容

原著ではAcceptance（アクセプタンス）とされている。アクセプタンスとは受け入れることである。クライエントは感情を表出するにあたり、批判や非難ではなく、共感的な理解と適切な反応を望んでいる。クライエントが、「あるがままの自分を受け止めてもらえる」と信頼感を得て、パートナーシップを構築する第一歩が始まる。一人の人間として受け入れられる経験は自分自身の存在の意味を確認できる機会でもある。

⑤原則5　非審判的態度

どのようなことであったとしても、決め付けられることは苦しいものであり、非難されたり、否定されたりすればその苦しみが増大する。ワーカーはアウトかセーフかを判断する審判ではないし、クライエントもまたそのような判断を望んでワーカーとパートナーシップを結ぼうと考えているわけではない。事実をニュートラルにそのまま受け止め、安易な決め付けや判断をしないことがワーカーには求められる。

⑥原則6　クライエントの自己決定

人は、それぞれの人生の主人公であり、そのふるまい方や言動のオーナーである。援助関係では、クライエントが自分のことを自分で決める（自己決定）ことを促し、決めるための条件をつくる援助（エンパワメント）を行う。ワーカーはクライエントが、どうしたいのか、どう生きたいのかという希望に寄り添い、その決定を尊重する。

⑦原則7　秘密保持

自分に関することで知られたくないことは誰にでもある。しかし援助の過程でワーカーはクライエントを積極的に理解し、情報を収集するなかで、クライエントが隠しておきたいことや知られたくないこと

にふれることもある。ワーカーがクライエントの秘密を保持すること
は義務であると同時に、信頼関係の基本となる。

　上記は、ワーカーとクライエントの関係を軸に記述された原則である
が、家族、近隣、関係機関、あるいは地域住民との援助関係の構築や地
域を基盤とした包括的な援助過程においても重要な示唆を与えてくれ
る。援助関係はソーシャルワーク実践の場であり、ワーカーは場をつく
り、場をメンテナンスしながらクライエント、家族、そして地域とかか
わっていく。このような援助関係の構築・維持を支えるものとして、コ
ミュニケーションや面接、観察などの技法が重要となる。そしてこれら
のプロセスを経てワーカーとクライエントの間に**ラポール**（rapport）[*2]
が形成される。

3 コミュニケーション

（1）コミュニケーションの意義と役割

　ソーシャルワークにおいてワーカーは自分自身を道具としてクライエ
ントの支援にあたる。道具を使うためにはその道具の役割、特性、そし
て使い方を熟知しておかなければ、使い方を間違えてしまうことにもな
りかねない。そのためワーカーは、ワーカーとしての自分の役割、特
性、そして使い方を熟知することが大切である。これを**自己覚知**とい
う。ソーシャルワークを学ぶこととはソーシャルワーカーとしての自分
を理解するための方法ともいえよう。ソーシャルワークを学びながら、
自分を知り、またソーシャルワークを実践しながら自分への理解を深め
ていく継続した努力が求められるのである。

　ソーシャルワークの枠組み、またソーシャルワークの過程を振り返れ
ば、ソーシャルワークとはクライエントのことを積極的に知ろう、わか
ろうとする一連の試みである。人が人を理解すること、自分以外の人、
他者を完全に理解することなど、とうてい無理なことであるとも考えら
れるが、ソーシャルワークの過程においてはクライエントとクライエン
トを取り巻く社会環境、そしてその関係を知ろうとする努力が求められ
る。上述したような自分自身を知っておくことが大切なことであると同
様に、クライエントを知ろうとする一連の過程も大切であり、その態度
や方法についての知識、技術が必要である。

　ところで、自分自身やクライエントを知ろうとする営みはどのように

* 2
ラポールは、もともと
フランス語で「架け橋」
を意味する。ソーシャ
ルワークやカウンセリ
ングで通じ合い互いに
信頼し、受け入れ合う
専門的な信頼関係をい
う。

第4章

なされるのだろうか。コミュニケーションという用語は、日常生活のさまざまな場面で使用されるが、コミュニケーションは自分自身やクライエントを知ろうとする営みを可能にするために重要なパイプを提供している。

　まず、自分自身を知るための問いかけ、語り、内省、そして感情を吟味することは自分とのコミュニケーションを試みているのである。またクライエントを知ろうとする営みは、クライエントから発せられるメッセージを見たり、聞いたりといったさまざまな方法によってなされている。それは一方的なものではなく、クライエントとワーカーとのやりとりによって促進されていくものである。

　ソーシャルワーク実践場面におけるコミュニケーションとはワーカーとしての自分自身、そしてワーカーを取り巻く社会、そしてクライエントとクライエントを取り巻く社会環境、そしてそれらの関係を知ろうとする試みであり、またその方法である。そしてコミュニケーションは一方的なものではなく、双方向性が求められる。それは自分自身を知ることにおいても、自分に語り、自分の声を聞くことを心がけることで可能となる。また、コミュニケーションは相互のやりとりによって促進され、コミュニケーションが新たなコミュニケーションを呼び込むようなダイナミックな過程でもある。

　ソーシャルワークが人と環境を支援する専門職であるならば、ソーシャルワーク実践場面におけるコミュニケーションは人と環境をつなぎ、また人と環境を知るための手段として機能する。ソーシャルワーク実践場面におけるコミュニケーションは、クライエントとのコミュニケーションのみにとどまらず、クライエントを取り巻く社会環境や広い環境にもパイプをつなげていく大切な意義が確認できる。

（2）コミュニケーションの意味

　人間関係やグループ、組織の問題について、その原因をコミュニケーションの不足やコミュニケーションの方法といったコミュニケーションの問題に求める場合がある。コミュニケーションが潤沢で、コミュニケーションの方法が確立されていると人間関係、グループ、組織の諸問題が解決できるという論理が存在しているのだろう。かかわる人たちが共通してコミュニケーションの重要性を認識するのにもかかわらず、絶えずこういった問題が浮かび上がってきてしまうのは、コミュニケーション上の内容の理解のむずかしさや、理解の差に関係する。

　一般的な理解として、『広辞苑（第7版）』によるとコミュニケーションは、「社会生活を営む人間の間で行う知覚・感情・思考の伝達。言語・記号その他視覚・聴覚に訴える各種のものを媒介とする」とされている。すなわち、コミュニケーションとは伝達することそのものであり、伝達される中身や方法の吟味までは含まないのである。人間関係や組織にありがちな「言った」「聞いていない」、「見せた」「見ていない」という類いのトラブルの原因をひと言でコミュニケーションの問題として片付けても、また同様のトラブルが発生するとしたらコミュニケーションの中身と方法の吟味を忘れてしまった結果ともいえよう。

　また生物学的にもコミュニケーションは成立しており、同じく『広辞苑（第7版)』ではコミュニケーションに「動物個体間での、身振りや音声・匂いなどによる情報の伝達。細胞間の物質の伝達または移動」といった意味も記述されている。スポーツなどによって疲れたと感じるのも一人の体の中で細胞間のコミュニケーションがあったからであり、コミュニケーションのもつ意味の多様性が確認できる。ワーカーは、自分自身とのコミュニケーションによってクライエントとよりよい状態で向き合うための自分自身の状態、気力や疲れ具合などにも気を配ることができる。

　ところで、コミュニケーションの語源はどういったものだろうか。コミュニケーションとは「英語のcommonnessにあたるラテン語のcommunisに由来する[3]」とされており共通性を意味している。またキリスト教的な意味でのcommunionは聖餐（せいさん）にあずかることを意味するもので、コミュニケーションの語源的な意味を考えると、「共に享受する」といった意味が確認できるのである。すなわちコミュニケーションとは伝達する、伝達されるといったレベルだけにとどまらず、伝達した内容や方法を共有することを含むものである。コミュニケーションの意味を考えると、コミュニケーションが自分自身を理解することや、クライエントを知ること、クライエントの抱えるものを共有することにつながり、そのためのコミュニケーションの役割があることも理解できよう。

（3）地域を基盤としたソーシャルワークのコミュニケーション

　ソーシャルワークの現場においてはさまざまな人生経験、生活経験のある人たちとコミュニケーションを図る。地域を実践の基盤とするワーカーにとって、コミュニケーションの対象はより広範囲に及ぶ。中心となるクライエント、そして家族、親族、またそのクライエントや家族を

囲む社会環境や、社会環境としての地域の社会資源や、社会資源としての他の専門職もコミュニケーションの対象となる。

　コミュニケーションがクライエントを知ろうとする営みであるから、ワーカーは積極的にコミュニケーションを図る専門職といえる。支援する側と支援される側といった構造において、また地域社会に混在する社会資源を必要なクライエントにつないでいくためには、積極的にコミュニケーションを図ることになる。場合によってはクライエントと関係者の生活に入り込む迷惑な存在になる可能性もあろう。地域の特定の問題を解決することや、ネットワークづくりのために何度も足を運び、ヒアリングやお願いごとに赴く必要があるかもしれない。そのような場合には、地域の関係者からは、「またワーカーさんですか。今度は何ですか」と言われるようなこともあろう。ワーカーから発せられるコミュニケーションがダイレクトにクライエントに伝わらず、社会資源や家族を通して伝わることもあれば、社会資源や家族を通して伝えてもらうこともある。

　コミュニケーションの対象が広範囲であることは、内容も広範囲であり、メッセージの重要度も変わってくる。誰に何を、いつ、どのように伝えるか、適切なメッセージを適切なメディアに載せて送るための知識と方法を選択しなければならない。コミュニケーションについて常に多角的に吟味し、送り手と受け手の双方が主体であることを忘れずに広範囲で送り返される言語、非言語のメッセージに敏感になっておく必要がある。

4 ソーシャルワークの面接技法

（1）ソーシャルワークにおける面接の意義

　人は、人生のさまざまなシーンで面接を経験する。ライフステージで考えてみると、例えば、親は子どもの成育状況などについて、定期健診などで保健師や医師と面接したり、保育所や幼稚園への入園に際して面接を受けたりする。小学校の担任の先生による個別面談も面接の一種である。やがて進路を相談するために本人が担任教員と面接し、中学、高校、大学の入学試験での面接を経験し、また就職活動では面接が重要視される。就職してからも上司と面接したり、取引先の人と面接をしたり、また何かの専門家とよばれる人との面接を経験する場合もあるだろう。心身の健康に不安があったり支障を来すようなことがあれば、保健、医

療、心理の専門家と面接することもある。このように面接はソーシャルワークに限定されるものではなく、多様な場・形で行われている。

　しかしながら仲村優一はケースワークにおける面接について、「ケースワークは、ある意味では、面接にはじまり、面接に終わるものだということができる。ケースワーク過程の実質的な部分は、面接である。よいケースワーカーというのは、よい面接者のことだといっても、言いすぎではないであろう[4]」と述べており、ケースワークにおける面接の重要性を説いている。ソーシャルワークの歴史的な発展過程においてケースワークがソーシャルワークへと統合化されてもなお、ソーシャルワーク実践において面接は重要な位置付けにある。

　また、ワーカーが面接の対象とするのはクライエント本人に限ったものではない。家族やクライエントとかかわりのある人たちと面接することも想定されるし、地域の社会資源である人たちと面接をすることもある。さらに、ワーカーと面接の対象者の二者による面接から複数のワーカー、複数の対象者、家族らが参加する三者以上による面接も想定される。

　いずれの面接であったとしても、面接はワーカーとクライエントが出会い、コミュニケーションを図っていく機会と場であり、適切な援助を計画して実践していくために重要な役割を果たすものである。ワーカーとクライエントがコミュニケーションを図るための場所や時間は、必ずしも「面接」として設定されたものに限定されない。しかし、ワーカーが積極的にクライエントやクライエントを巡る人たちとかかわり、クライエントを知ろうとする意図を表現し、クライエントがそのメッセージを解読し、コミュニケーションによる効果の発揮が期待できる場面として面接は有効な機会である。

　面接によってクライエントやクライエントを巡る人たちを完全に理解できるわけではないが、面接は英語ではインタビュー（interview）と表されるように、お互いに（inter）見合う（view）機会であり、知り合う機会として重要である。面接は、ワーカーがクライエントのことを知ろうとするとともに、クライエントがワーカーのかかわりの姿勢を確認する機会でもある。面接は、お互いに必要な情報収集の場であると同時に、ワーカーとクライエントが援助関係を構築するプロセスである。

　このような面接の意義を生かすためには面接者の基本的な態度が問われる。仲村は面接者の基本的態度として以下の5つをあげている[5]。

①面接者は話しじょうずではなくて聞きじょうずでなければならない。

②相手を積極的に理解しようとする態度でなければならない。

③相手をありのままに受け入れる態度の身に付いた人でなければならない。

④指導者でなく援助者であれ。

⑤よき観察者でなければならない。

　面接は積極的な情報の共有を狙いとする機会である。クライエントの語りに十分に耳を傾けて話を聞きつつも、言語のみにとらわれず、非言語のコミュニケーションにも注意を払い、それらからもわかろう、知ろうという態度でクライエントのメッセージを解読していく姿勢をもつことが大切である。そしてそれらの発言について、価値判断をもち込まずありのままを受け入れる必要がある。

　また、クライエントはワーカーを指導者のように仰ぎ、ワーカーが問題を解決してくれるものと思い込んで面接に臨んでいる場合もある。ワーカーの役割は、あくまでもクライエントが自ら課題と向き合い、情報を共有しながら、自ら課題解決に主体的に取り組むよう支援していくことを忘れずにいるべきであろう。

（2）ソーシャルワークにおける面接の目的

　ソーシャルワークの面接が、ワーカーにクライエントと積極的にかかわる場を提供するものであるなら、その面接は一連の支援の中で単独で存在するものではない。一連の支援の過程にそった面接が設定され、ソーシャルワークの過程が過程としての役割を担い、課題について遂行していくのであれば、その過程の役割や課題を面接が主体的に、また側面的に担っていく必要がある。言い換えれば面接の目的は一つではなく、支援の過程にそった面接の目的が設定されるべきである。

❶インテークにおける面接の目的

　インテーク時の面接では、ワーカーとクライエントが最初に顔を合わせる面接となるため、お互いにまず知り合うべき事柄についてメッセージを交換することが目的の一つである。また、クライエントが初対面のワーカーと向かい合い、緊張を解きほぐし、「またこのワーカーに話を聞いてもらいたい」と思える面接を展開することが大きな目的になるはずである。一方で、予定のサービス内容などの確認や、施設サービスに

関する契約手続きの説明、手続きを進めることなどを目的として面接が
設定される場合もある。

❷アセスメント段階における面接の目的

　アセスメント段階における面接では支援のための計画を作成する材料
を集めるための面接が設定されるため、計画のための情報を無理なく、
無駄なく集めることが面接の目的になる。そこで集められた情報などを
もとにしてソーシャルワークが計画されるが、昨今ではこの計画にクラ
イエントがかかわる場合もある。

❸計画作成段階における面接の目的

　集められた情報などをもとにして、支援計画が作成されるが、昨今で
はこの計画作成段階にクライエントが協働する場合も少なくない。この
ような場合は、目標を共有し、その目標に向かってお互いに進んでいく
ための方法をともに考えることが面接の目的となる。ワーカーの役割、
クライエントの役割をお互いに考えながら確認し、約束を交わすための
面接となる。

❹介入・実施段階における面接の目的

　ワーカーはアセスメントを経て支援計画を作成し、クライエントシス
テムへ介入（援助の実施）していく。そして、援助が展開される過程
で、進捗状況や方向性を確認するためにモニタリングとしての面接が設
定される場合もある。

　また、援助の一手段として面接が設定される場合の面接は、支援計画
の目標達成に向けての、段階に応じたアセスメントと、次の段階に進む
ための準備の役割を担うことになる。ここでもワーカーとクライエント
のパートナーシップが確認され、クライエントの主体性など、問題解決
に向けてのエンパワメントが行われることになる。

　さらに、地域を基盤とした援助が展開されている場合は、ワーカーと
クライエント、また援助にかかわる人たちがそれぞれの場で、それぞれ
の役割を果たす行動をとっている。このような場合は、それらの情報を
皆で共有するために面接が設定されることもある。

❺終結段階における面接の目的

　モニタリング、再アセスメント、支援計画の変更等を積み重ねること

第4章

によって援助は終結へと向かう。終結を念頭に置いた面接では、援助が効果的に、効率よく展開されたか、目標は達成されたか、などについてワーカーとクライエントが振り返り、確認するための面接となる。また、ワーカーが援助の終結を判断した場合には、アフターケア、フォローアップの方法などについてもクライエントと情報を共有する。

　このようにソーシャルワークの展開過程によって面接の目的は姿を変えるが、メッセージを交換し、情報を共有するといった面接のもつ相互作用性は、その過程の段階を問わず存在し続けている。面接は一方的に展開されるものではなく、ワーカーとクライエント、あるいは関係者等との協働作業によって可能となる意味を理解しておきたい。

（3）ソーシャルワークの面接の方法

　援助過程における面接は「目的、現場の種類、クライエントの特徴、参加者の数等により変化する[6]」といわれるように、さまざまな形が存在する。以下では面接場所、構造（面接の意図や形式）、コミュニケーションの方法等に焦点を当て、3種類に分けて紹介する。

　1つめは、面接の目的が明確で、ワーカーが場所や日時を設定する構造が明確な面接、2つめは、面接場所がクライエントの生活空間である生活場面面接である。そして3つめは、クライエントと対面しないで行われる非対面の面接である。

❶構造が明確な面接

　インテークやアセスメントのための面接や、介入の一方法として設定されている面接は、ワーカーがクライエントやクライエントと関係する人たちに、場所、時間、期間などを設定して面接を実施する。これらの面接は通常、施設や機関の相談室、面接室、応接室などで行われる。場所や時間などがあらかじめ設定されるだけではなく、その面接で話されるべき、話されると思われる事柄も想定でき、構造が明確であるといえる。もちろん、インテークの面接では、クライエントが何を話すかは未知の場合もあれば、アポイントメントのない相談が持ち込まれて面接を実施する場合もある。それでもその施設や機関が提供しているサービスやプログラムなどにある程度そった相談内容である場合が多いはずであり、そういった意味からも同様に分類される。

　いずれにしても、このような面接はクライエントにとって非日常の空

間であり、必ずしも心地よいものではない。そのため面接を設定する場合はクライエントや関係する人たちが話しやすい、語りやすい雰囲気になっているか、その場にいることが苦痛にならないか、話をさえぎるような外的要因はないかなどについて配慮することが必要である。

　施設や機関に相談室や面接室が設置されていれば、面接の場所として環境が整っていると考えられる。それでもクライエントにとっては非日常的な空間であることから、ワーカー、クライエントともに落ち着いて面接に集中でき、情報を共有するためのメッセージのやりとりが順調になされるような心地よい環境づくりへの配慮は必要である。

　一方、家族やグループでの面接などは、面接の場所を会議室などに設定する場合があり、そのような際には、部屋の広さは適切か、落ち着いて話ができるか、話の内容が部外者に聞こえていないかなどの配慮が必要である。

　また、面接の時間や期間の設定にあたっては、ワーカーの都合だけではなく、クライエントにとっても無理のない時間になっているかなども吟味するべきである。仕事をもっているクライエントに対して仕事の時間を割いて面接を強要することや、一日の仕事を終えて、疲れきっている状態で面接に向かわせることを避けるなど、十分に配慮しなければならない。

❷生活場面面接

　これまでに学んだように、ソーシャルワークでは、面接が断続的に実施されているといえる。実際にソーシャルワークの現場では、面接室や相談室以外の場所の、クライエントの生活の場で面接をすることも少なくない。例えば食卓を囲んでいるところや、談話室、居室などでクライエントがくつろいでいるところ、またクライエントの自宅や職場に訪問して面接が展開されている。

　このようなクライエントの生活の場で実施される面接はレドル（Redl, F.）によって提唱された**生活場面面接**（Life Space Interview）[7]とよばれているものである。レドルのいう生活場面は当初、子どもと大人が生活経験を分かち合う治療的なかかわりの場であったが、現在では面接室や相談室での面接が期待できないクライエントとのかかわりに生活場面面接が用いられている。

　生活場面面接の一つとして訪問による面接があげられる。面接室や相談室への来室が困難なクライエントへのかかわりのために、ワーカーが

クライエントの都合のよいところへ訪問して面接を実施するものである。

　面接場所がクライエントの生活場面であっても、面接目的やその構造が明確であれば「❶構造が明確な面接」と同様のコミュニケーションを図ることができる。さらに、訪問することによって、クライエントの住居や家庭生活の様子、またクライエントの居住する地域などを直接観察することが可能である。ソーシャルワークは人と環境にかかわりをもつ専門職であるから、クライエントのみではなく、クライエントの生活環境の情報を収集できることは支援を計画・実施する上で重要な情報が入手できる可能性を示唆するものであろう。

　また現在では、生活場面面接は広義にとらえられており、施設内や居室での面接や、談話室、食堂などでの面接や、立ち話までも含む場合がある。どこまでを生活場面面接と定義するかの論議が必要であろうが、クライエントから見ればかしこまった面接に臨むよりも、気軽に相談することが可能であり、またワーカーもクライエントの生活の場を実際に観察しながら相談に応ずることを可能にしている。

　生活場面面接で配慮すべき点としては、時間などを指定しないで突然生活場面を訪問したり、クライエントの生活スタイルの都合を無視して面接を実施しようとしないことがあげられる。また、訪問に抵抗があったり、生活の場に他者が入り込む非日常性なども考慮しなければならない。

　地域を基盤として展開されるソーシャルワークでは、ワーカーが地域へ出向き、クライエントや家族と会い、地域の社会資源とかかわっていく必要がある。そのような援助過程での面接では、面接の場が地域のファミリーレストランや喫茶店など、インフォーマルでありながら、その内容はフォーマルである可能性もある。どこで実施されるにしても、クライエントや家族、地域住民が落ち着いて相談できるような面接のあり方をともに探っていく努力が求められる。

❸非対面の面接

　社会的にコミュニケーションの方法が多様化することと相まって、面接の方法も多様化し、クライエントとワーカーが実際に対面しない面接も増えてきている。

　「いのちの電話」に代表されるような電話相談も、非対面の面接と考えられる。「いのちの電話」はもちろん事前の予約もなく、どのような展開になるか予想できるものではないが、自殺願望のある人たちがかけ

てくる電話の内容に耳を傾け対応するという基本的な了解の上に成立している。

　また地域で生活する障害者の相談機関も電話相談を受け付けている。このような援助過程で実施する電話による面接では、電話をかける時間などを事前に約束しておくことも可能である。面接として設定した上で、情報の共有化を図り、援助による状況変化などを話し合い、今後の道筋をともに考えることもできる。

　近年、電話からファックス、そして電子メールやSNSへとコミュニケーションの方法が拡大するにつれて、面接の方法も同様に拡大している。メッセージの受け渡しと、情報を共有する手段が拡大することは、有効に機能する場合もあるが、コミュニケーションの回路と媒体が限定されることでのマイナス面、特に機器を持たない人、操作が苦手な人を排除してしまう可能性があることに十分留意しなければならない。また、セキュリティ対策を施し、情報が他者へ漏れることのないように留意しなければならない。

（4）面接の技法

　意図的な面接の技法を統合した代表的なものに、**アイビイ**（Ivey, A. E.）の**マイクロカウンセリング**がある。アイビイによるマイクロ技法とは「面接のときのコミュニケーションの技法の単位のことである。この面接は、クライエントの相互交流を深め、さらに意図的で円熟した能力を開発する助けになる[*3]」もので、意図的な面接の基礎をつくるものである。またマイクロカウンセリングにおける意図的面接は、「一つの応答だけが正しいのではなく、いかに数多くの応答が援助の可能性をもっているかということに注目する。意図性こそが、効果的な面接を行なう際の中心的なゴールなのである[*4]」としている。

　ソーシャルワークにおける面接の対象は、クライエント、家族、地域の人々、または他の専門職と幅広いが、対象者が異なったとしても、「傾聴すること」という基本的なスタンスは変わらない。そのような基本的なスタンスは面接においてどのように表現され、コミュニケーションを促進することができるのだろうか。ここでは具体的な面接技法としてマイクロカウンセリングの面接の技法をアイビイの著書を参考にしながら概括する。[*5]

*3
A. E. アイビイ、福原真知子・椙山喜代子・國分久子・楡木満生　訳編『マイクロカウンセリング』川島書店、1985年、7頁。

*4
A. E. アイビイ、前掲書、6頁。

*5
A. E. アイビイ、前掲書、23～67頁。

❶かかわり行動

　面接の基本的な技法はよく聴くこと（傾聴すること）であるが、この聴くことを観察可能なものにするためにかかわり行動ということばを用いている。かかわり行動には4つの項目が含まれるとしている。

　⑦視線を合わせること

　④身体言語に気を配る

　⑨声の調子

　①言語的追跡：クライエントが語ったことについて関心を向ける

❷会話への導入

　質問は面接を進行させるのに役立つもので、開かれた質問と閉ざされた質問があり、状況に応じて使い分ける。

　⑦開かれた質問：クライエントが自由に語ることができるように促す役割をもつ。面接を始めるときや、クライエントの話の、あるポイントをさらに詳しく話してもらうのに役立つ。

　　例）「今日はどんなことを話したいですか」「あなたはどのように思いますか」「……について話してくれますか」など。

　④閉ざされた質問：特定の必要な情報を与えてくれる。事実確認を行う際に役立つ。

　　例）クライエントが「はい」または「いいえ」で答えられる質問。

❸明確化

　最小限度の励ましは会話をさらに促し、言い換えはクライエントが話すことを聞いていることを示すのに役立つ。また話していることの整理にも役立つ。

　⑦最小限度の励まし：クライエントに話を聞いていることを示すことができる。

　　例）「ええ」「そう」などのうなずき、一語、二語の繰り返し。

　④言い換え：クライエントが言ったことを正確に、またもとのクライエントに返す。

　　例）クライエントの最も重要な語句、クライエントの言及した言葉の本質をとらえて凝縮し明確にする。

❹要約技法

　要約では、語られたことの重要部分を繰り返し、短縮し、具体化する。

クライエントの発言により長く集中して傾聴することが必要である。

❺感情と情動に応えるということ

　感情の反映の技法はクライエントの情動の世界を正確に感じとる技術で、共感を高めるのに最も重要な技法といえる。

　面接は方法を理解するだけでなく、関係性を築く方法であることから、ソーシャルワーカーはクライエントへの共感、支持、理解などをクライエントにわかりやすく表現することも大切である。一方で、クライエントからさまざまなメッセージを読み取ることが求められている。その具体的なイメージを次項でつかんでいただきたい。

5 面接の焦点と視点

　ワーカーの相談援助は面接室の中だけで実施されるわけではない。アウトリーチとしての家庭訪問やそのほか多様な場面での対応となる。また、ソーシャルワーク実践は、対面的な面接の中だけで完結するわけでもない。ワーカーは常に、多様な面接の形を現実の中で実践している。

　ソーシャルワーク実践の理論や技術を考察するため、ここでは、その基本「概念」形としての"一対一面接"場面を想定する。以下、面接者をワーカー、来談者あるいは利用者をクライエントと表す。

（1）　4人の相談援助者

　ワーカーとクライエント、あるいは相談援助者と利用者との相談援助の場面を**図4－1**のように示す。

　クライエントの言葉に対して、ワーカーはどのように対応するのであろうか。例えば、**図4－2**のように、「私は勉強ができなくて、悩んでいます」という前半の文章は、「勉強ができません」という相手に伝えたい内容やメッセージを含んでいる。後半は、クライエントが感じた気持ちや感情を伝えている。つまり、会話は［内容のレベル］と［感情のレベル］に分けて考えることができる。ただし、［感情のレベル］は、言語的に表現されないことがあり、話すイントネーション、発言の強弱、クライエントのしぐさといった非言語的に表現されることに留意したい。

　この会話では、この「内容」と「感情」の両方のレベルが同時にワーカーに伝えられていると考えることができる。

〈図4－1〉相談援助の場面

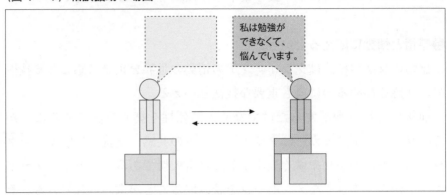

（筆者作成）

〈図4－2〉

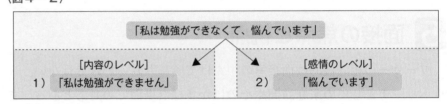

（筆者作成）

　以上のクライエントの言葉に対して、ワーカーは、前者の1）「私は勉強ができません」という［内容のレベル］に反応し、「どのような科目の勉強ができないのですか？」〈質問〉と対応することもできる。また、ワーカーは、後者の2）「悩んでいます」という［感情のレベル］に反応し、「悩んでいらっしゃるのですね」〈共感〉と対応することもできる。そのことは、**図4－3**のように示すことができるであろう。

　では、相談援助の各種の実践モデルとアプローチを考えるために、こ

〈図4－3〉

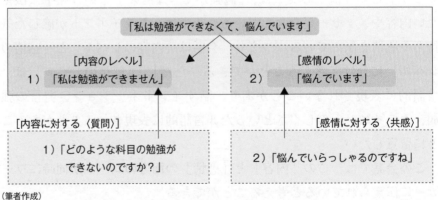

（筆者作成）

こでは相談援助を行っている以下の４人のワーカーを見てみよう。

❶ワーカーA

ワーカーAは、クライエントの話した［内容のレベル］（「私は勉強ができない」）に反応して、"なぜ勉強ができないのだろう？"という疑問が浮かんできたので、その疑問を明らかにするため、「どのような科目の勉強ができないのですか？」という〈質問〉で対応している（**図4－4**）。

クライエントの話した［内容のレベル］（「私は勉強ができない」）に反応しているため、ワーカーAの頭の中に"もっと勉強すればよいのに……""勉強しないで、遊んでばかりいるのではないか"といった考えが浮かび、そこで、ワーカーが〈命令〉や〈禁止〉で対応することもあろう。その場合、「もっと本気になって勉強しなさい」〈命令〉、「復習と予習が終わるまでは決して外に遊びに出てはいけません」〈禁止〉、という対応になるであろう。「明日から、必ず勉強すると誓約してください」〈誓約〉や「必ず勉強でAの成績をとることを約束してください」〈約束〉と、〈誓約〉や〈約束〉を用いることもある。

あるいは、ワーカーが〈説得〉で対応した場合は、以下のようなものになるであろう。「明日から必ず勉強するようにしてください」〈説得〉、〈励まし〉、〈勇気付け〉という意味での暗示の利用もある。「あなたはよくなってきていますよ」「なかなかよくやっていますね」「あなたは改善しつつありますよ」という具合である。**機能主義ケースワーク**でロジャーズ（Rogers, C. R.）が「古い方法」とよぶ指示技法（Directive）であり、**表4－1**のように示すことができる。

〈図4－4〉

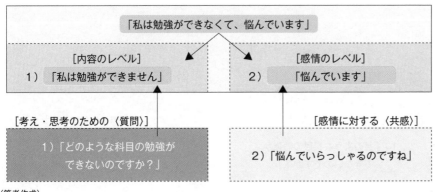

（筆者作成）

〈表4－1〉古い方法：指示技法

① 〈命令〉、〈禁止〉によるものである。
② 〈説得〉とよぶべきものである。誓約や約束が用いられる。
③ 〈励まし〉や〈勇気付け〉という意味での暗示の利用である。
④ 〈懺悔〉あるいは〈カタルシス〉の技術である。
⑤ 〈助言〉と〈指導〉である。示唆、指示。
⑥ 〈説明〉や〈知的解釈〉によって人間の態度を変容しようとする試みである。

（筆者作成）

❷ワーカーB

　ワーカーBは、緊急を要しない限りにおいて、「勉強ができない」という［内容のレベル］はさておき、まず、「悩んでいます」というクライエントの［感情のレベル］に反応し、「悩んでいらっしゃるのですね」という〈共感〉を示す。クライエントの発する言葉の「内容」ではなく、その「感情」に対して応答する（**図4－5**）。

　クライエントの発する言葉の「内容」ではなく、その「感情」に対して応答することの重要性は、1942年にロジャーズが指摘している。それを彼は、「新しい方法」とよび、そのアプローチは**表4－2**に示す4つの仮定に立つものであると述べている。この「新しい方法」の中で**「クライエント中心療法」**あるいは「非指示技法（Non-directive）」として特徴付けられる言葉に、〈　〉と『　』を付けて示した。

　ソーシャルケースワークの中に、ランク（Rank, O.）の『意志療法』から影響を受けて発展した「機能主義ケースワーク」があるが、バイステックは『ケースワーク関係』の中で、「感情（feelings）」の重要性を詳しく述べている。そして、ケースワーク関係の原則として、意図的な

〈図4－5〉

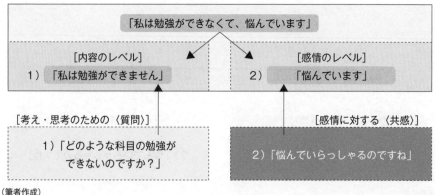

（筆者作成）

〈表4-2〉新しい方法：非指示技法

①	〈人間の成長や健康〉〈適応へと向かう動因〉について、より大きな信頼を寄せる。
②	〈『知的』な側面〉よりも、〈『情緒的』な要素や状況に対する『感情的』な側面〉に、より大きな強調点を置く。
③	人間の〈『過去』〉よりも、〈『今』『ここ』〉での状況により大きな強調点を置く。
④	成長の経験として〈関係それ自体〉を重視する。

(筆者作成)

感情表出、統制された情緒的関与、受容、非審判的態度等をあげている。ここでのワーカーは、相談場面におけるクライエントの“現在の気持ち”に主に対応し、“今・ここ”でのワーカーとクライエントの関係を重要と考え、クライエントの〈現在〉を焦点化することになる。図式的に示すと**図4-6**となる。

❸ワーカーC

　ワーカーCは、「悩んでいます」というクライエントの［感情のレベル］に反応することなく、クライエントの話した［内容のレベル］（「私は勉強ができない」）に反応して、「なぜ勉強ができないのだろうか？」と疑問に思った。そこで、その原因を知りたいと考えた。原因を追求するために、クライエントはいつから勉強ができなくなったのか、クライエントの過去に何が起こったのかを明らかにしていきたいと考えた。そこで、「いつから勉強ができなくなったのですか？」と聞くことから始めることにした。クライエントの過去を明らかにすることによって、勉

〈図4-6〉クライエントの現在への焦点化

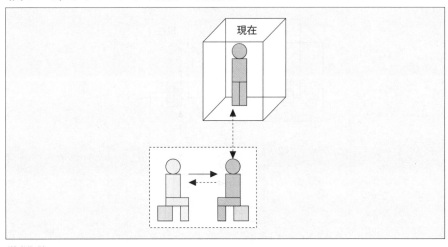

(筆者作成)

強ができなくなった原因を取り除けば問題は解決すると考えたのである（**図4-7**）。

　ワーカーCは、相談場面において、クライエントの"過去"に焦点化し、その原因を明らかにすることによって、問題を解決しようとしたことになる。例えば、フロイト（Freud, S.）の精神分析によると、過去の心的外傷体験が現在の症状・問題の原因であるという仮説が考えられる。その過去の記憶を取り戻すことによって無意識を意識化し、抑圧から解放され、症状や問題の解決を図ると考える。フロイトの「精神分析」の影響を受けた**診断主義ケースワーク**の中に、その考え方と各種の技法、例えば「発生的反省的考察技法」（フローレンス・ホリス〔Hollis, F.〕）がある。図式的に示すと**図4-8**となる。

〈図4-7〉

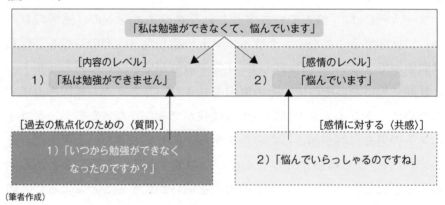

（筆者作成）

〈図4-8〉 クライエントの過去への焦点化

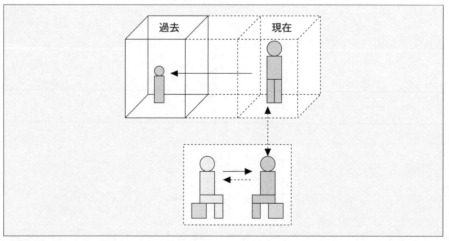

（筆者作成）

❹ワーカーD

　ワーカーDは、「悩んでいます」というクライエントの［感情のレベル］に反応することなく、クライエントの話した［内容のレベル］（「私は勉強ができない」）に反応して、「何の勉強ができないのだろうか？」「どうしたら勉強ができるようになるのだろうか？」と疑問に思った。クライエントの勉強ができない・勉強しないという行動に焦点化し、勉強ができる（する）ようにするためには、どのような行動を身に付けていけばよいのか、これからクライエントが学び、習得する行動を考えた。そこで、「どうしたら勉強ができるようになるか、一緒に考えてみましょう」と対応し、クライエントのこれからの行動変容を一緒に考えていこうとした（**図4-9**）。

　ワーカーDは、相談場面において、クライエントの“現在”の気持ちを受容したり、“過去”の怒りや性的欲求といった隠された衝動や欲求を明らかにしようとしたりして、徹底操作するのではなく、“将来”“未来”に向けて、クライエントはどのような行動を習得し、学習していくかに焦点を向けた。心が病んでいるかを問うたり、人格変容を求めたりするのではなく、間違った行動を学習したのであれば、その行動を消去し、新たな行動を学習・習得し、行動変容を目的とするのである。「**行動変容ケースワーク**」の中に、その考え方と各種技能がある。図式的に示すと**図4-10**となる。

❺3つの焦点化

　ワーカーA・B・C・Dは、クライエントの「私は勉強ができなくて、悩んでいます」という言葉に対し、「どのような科目の勉強ができない

〈図4-9〉

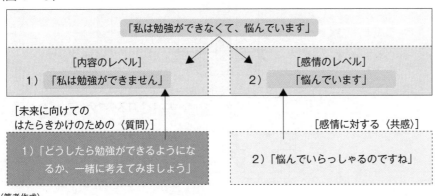

（筆者作成）

〈図4－10〉クライエントの未来への焦点化

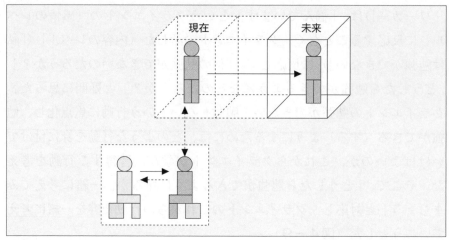

（筆者作成）

のですか？」「悩んでいらっしゃるのですね」「いつから勉強ができなくなったのですか？」「どうしたら勉強ができるようになるか、一緒に考えてみましょう」と対応している。概略として、AとBは"現在"に焦点化し、Cは"過去"に焦点化し、Dは"未来"に焦点化しようとした。ワーカーの以上の3つの焦点化は、ソーシャルワーク実践の各種のモデルとアプローチ、各種の理論と技術に対応していると考えることもできる。単純化して示すと、**図4－11**のようになるであろう。

　以上、援助の実践モデルとアプローチを念頭に、時制（tense）として考える枠組みを示した。それには、①現在から過去を振り返ることに

〈図4－11〉クライエントの過去・現在・未来への焦点化

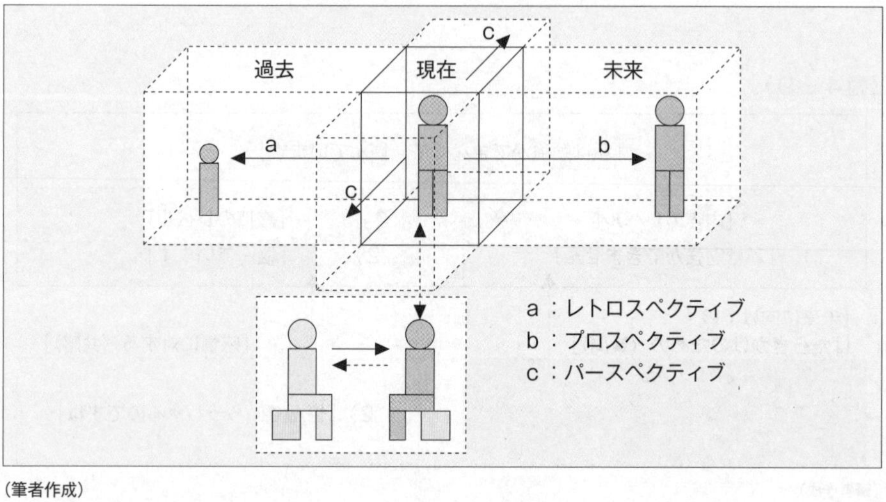

![図4-11]

過去　現在　未来

a：レトロスペクティブ
b：プロスペクティブ
c：パースペクティブ

（筆者作成）

よって、現在の結果としての症状や問題を、その過去に原因を見出そう
とする〈レトロスペクティブ：retrospective〉な焦点化（ａ）、②過去
を問題としないで、現在の本人の気持ち、その本人を取り巻く現在の状
況や環境の相互の関係性をとらえようとする〈パースペクティブ：per-
spective〉な焦点化（ｃ）、③過去、現在に関心を向けるのではなく、
これからどのような目標を定め、どのような課題を達成し、どのような
行動を習得していくかといった未来、将来をとらえる〈プロスペクティ
ブ：prospective〉な焦点化（ｂ）があろう。

（2）3つの視点

　相談援助の各種の実践モデルとアプローチを考えるために、次に、以
下の3つの視点について見ておこう。例として、「ある1つの花」を理
解しようとしているときのことを想像してみよう。そのとき人は、自分
自身気付かずに、自然にいろいろなとらえ方をしているであろう。「あ
る1つの花」の理解には、各種のとらえ方や視点があることに気付くた
めに、ここでは、3つの視点の例を見てみよう。

❶現在から、発生・成長してきた過去を振り返る視点
　〈レトロスペクティブ：retrospective〉な焦点化

　ある1つの花を理解しようとするとき、1つの種子から芽が出て、そ
の芽が葉をつけ、花を咲かせるように、その発生と成長の視点から理解
することができる。**図4－12**のように示すことができるであろう。

　この視点は、ソーシャルワーク実践の中では、フロイトの「精神分
析」から影響を受けて発展する「診断主義ケースワーク」の中にその立
脚点がある。クライエントの過去において、心に傷を負う（心的外傷、
トラウマ等）体験が原因で、その結果として、現在の問題（"病気"）を

〈図4－12〉現在から、発生・成長してきた過去を振り返る視点

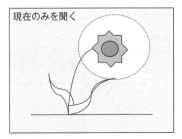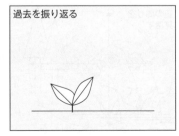

（筆者作成）

引き起こしているという原因・結果を重んじる発達論的視点と、その"正常"な発達からの"ずれ"としての病態論的視点といった「**医学モデル**」に通じる視点である。

❷現在の状況や環境を見渡す外へと広がっていく視点
　〈パースペクティブ：perspective〉な焦点化

　ある1つの花を理解しようとするとき、その花を取り巻く"状況"や"環境"を理解し、その花と環境からなる全体の相互の関係に着目する視点がある。内に向いていく視点ではなく、外へと広がっていく視点である。それは**図4−13**のように示すことができるであろう。

　その花を取り巻く"状況"や"環境"を理解し、その花と環境からなる全体の相互の関係に着目するこの視点は、「システム論」「生態学モデル」、そして「**生活モデル**」に通じる視点である。

❸現在からこれからの未来を目標とする視点
　〈プロスペクティブ：prospective〉な焦点化

　ある1つの花を理解しようとするとき、未来を目標とし、これからどのようなつぼみをつけ、より多くの花を咲かせていくか、現在からこれからの未来を目標とする視点から理解することができる。それは**図4−14**のように示すことができる。"将来""未来"、どのような行動を習得、学習し、成長していくのかということに視点が向けられ、新たな成長に向けて行動を学習し、習得する、「行動変容ケースワーク」に通じる視点である。

　以上、相談援助の各種の実践モデルとアプローチを考えるために、「ある1つの花」を理解しようとしているときのことを想像し、ここで

〈図4−13〉現在の状況や環境を見渡す、外へと広がっていく視点

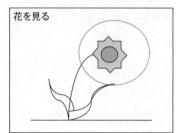
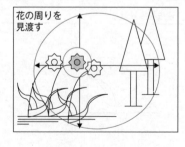
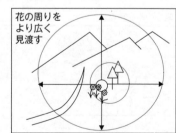

（筆者作成）

〈図4-14〉現在から、これからの未来を目標とする視点

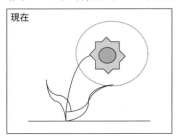
現在

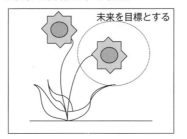
未来を目標とする

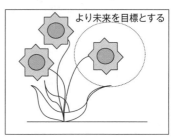
より未来を目標とする

（筆者作成）

は3つの視点の例を図で示した。その中の「❷外へと広がっていく視点」において、その花を取り巻く"状況"や"環境"を理解し、その花と環境からなる全体の相互の関係に着目する視点について**図4-13**で示した。ここでは、これから述べようとしている1970年以降に発展してくる「ソーシャルワーク実践（social work practice）」を考えるために、その図の中に、ある花を"見て、理解する"視点（アセスメント）だけでなく、その図の中に、ソーシャルワークの実践（practice）である「かかわり方」（intervention／介入）を示すための比喩表現として、その図の中に〈蝶々〉を入れ込んで、ソーシャルワーク実践の「かかわり方」を象徴的に示しておく（**図4-15**）。

〈図4-15〉現在の「かかわり方」の範囲

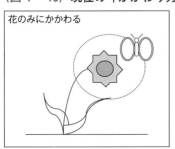
花のみにかかわる

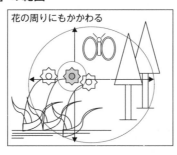
花の周りにもかかわる

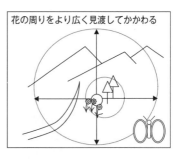
花の周りをより広く見渡してかかわる

（筆者作成）

引用文献

1）Biestek, F. P.（1957）*The Casework Relationship*, Loyola University Press, p. v.

2）Biestek, F. P.、前掲書、p. 12.

3）佐藤　毅「コミュニケーション社会学の問題」山田宗睦 編『現代社会学講座Ⅳ コミュニケーションの社会学』有斐閣、1963年、1頁

4）仲村優一『仲村優一社会福祉著作集第三巻 社会福祉の方法−ケースワーク論』旬報社、2003年、95頁

5）仲村優一、前掲書、96〜104頁

6）D. H. ヘプワース・R. H. ルーニー・G. D. ルーニーら 著、武田信子 監修、北島英治・澁谷昌史・平野直己ら 監訳『ダイレクト・ソーシャルワーク ハンドブック』明石書店、2015年、86頁

7）Redl, F.（1959）'Strategy and technique of the life space interview', *American Journal of Orthopsychiatry*, Vol. 29, pp. 1-18.

第2節 スーパービジョン

1 スーパービジョンの必要性－社会福祉専門職に求められている力とスーパービジョン

　福祉事務所、社会福祉協議会、地域包括支援センター、特別養護老人ホーム、病院、学校など、ワーカーが所属する機関や、サービスの利用者であるクライエントの特性が異なっても、社会福祉の現場で働くワーカーは「対人援助」とよばれる仕事をしていることに変わりはない。クライエントは、何らかの生活上の課題を抱えているためにワーカーと出会う。ワーカーは、本書第1章で解説したソーシャルワーク支援のプロセスにそって、クライエントとともに、どうすれば課題の解決、あるいは、課題の影響軽減などができるのかを考え、そこで見つけ出した「最善で現実的な支援方法」が実現されるようにしていく。

　ワーカーが出会うクライエントの中には、家族や友人があたたかいサポートをしてくれるといったように「豊かな資源」をもった人もいる。しかし一方で、さまざまな苦労を経験しながらも、適切な資源をもたないために困り果て、ワーカーにたどり着いた人も多い。そのような状況で、ワーカーに最低限必要なことは、クライエントが抱えるさまざまなつらさや自分の迷いを「この人になら話してもいい」と思ってもらえる援助関係をつくることである。そのような関係づくりに必要な知識やスキルは教育課程で学習するのだが、実践現場では基本の知識やスキルを習得しているだけでは不十分なことも多い。実践を振り返り課題を見つけること、課題解決のために多くの情報を分析・統合すること、クライエントの問題解決法をさまざまな角度から考えること、などが要求される。つまり、ワーカーには、基礎知識・スキルの柔軟な応用が求められているといえる。

　このような応用力は、経験を重ねることである程度は習得できるが、ワーカーが出合う課題は、複数要因が複雑にからみ合い、基本の応用が容易でないことも少なくない。そこで必要になってくる教育訓練の一つが、「固有のケース、クライエントに対する理解を深め最善・最適の支援法を見つけ出していく」ことをゴールにした**スーパービジョン**である。スーパービジョンという言葉は、近年さまざまな領域で聞かれるよ

*6 例えば、クライエントを一人のユニークな存在として尊重し、理解しようとすること等を含む援助関係形成に必要な原則である。

*7 例えば、相談面接力、交渉力、連携力、資源調達力等があげられる。

＊8
日本社会福祉士会の
スーパービジョンに関し
ては、日本社会福祉士
会ホームページ「認定
社会福祉士制度－ス
ーパービジョンの実施」
を、介護支援専門員の
スーパービジョンに関し
ては、日本ケアマネジメ
ント学会「介護支援専
門員のスーパービジョン
実践としての実習型
研修の展開に向けての
調査研究報告書」平成
27（2015）年3月を参
照してほしい。

＊9
筆者が使用したのは、
2002年出版の第４版で
あるが、現在は版を重
ねており、2016年版が
出版されているので参
照していただきたい。
2014年出版の第５版は
翻訳書として福山和女
監修アルフレッド・カ
デューシン、ダニエル・
ハークネス『スーパー
ビジョン イン ソーシャ
ルワーク 第５版』が中
央法規出版から出版さ
れている。なお、本節
で紹介するのは原典（引
用文献１参照）の筆者
訳によるものである。

＊10
スーパービジョンの機
能で現在最もよく用い
られているのは、カ
デューシンとハークネス
が分類した管理、教育、
支持であるが、他の研
究者たちによる他の分
類もある。ワナコット
（Wonnacott, J. 2012）
は、最も古い1976年の
カデューシンの分類も
含めて2010年までの分
類を５つ紹介している。
その分類を見てみると
用いられている用語は
異なるものの、多くは管
理、教育、支持に分類
されると考えられる（引
用文献２参照）。

うになり、社会福祉士、介護支援専門員などの専門職では、スーパービジョンを制度化して、より多くの専門職がスーパービジョンを受けられるようなシステムづくりを行っている。[8] しかし、このような動きは近年始まったばかりであり、社会福祉職の間でスーパービジョンが一般化したとはまだいえないだろう。それもあって、スーパービジョンは何を目的にどのように実施するのか、といった具体的な実施法に関しても、その理解は多様である。また、ときにはスーパービジョンの意味が誤解されていることもある。

　本節では、対人援助職のスーパービジョンとは何を意味するのかの理解を深めるために、スーパービジョンの存在意義・目的、スーパービジョンが果たす３つの機能を最大限に発揮する方法、スーパービジョンと評価の関係性、スーパービジョンにおけるソーシャルワーカーの成長プロセス、記録の役割、スーパービジョンの種類、スーパービジョンと似た機能を果たす他の教育法、等を紹介し、最後は、具体的なスーパービジョンプロセスを事例形式で述べていく。

２ スーパービジョンの存在意義と目的

　スーパービジョンとは何のために、何を目的として、どのような機能を果たそうとしているのだろうか。渡部律子は、スーパービジョン研究の第一人者であるカデューシンとハークネス（Kadushin, A. & Harkness, D.）[9] の著書に従って、存在意義・目的・３つの機能、及び３つの機能を最大限に発揮する具体的方法等を整理した。[10] ここでは、その一部をまとめ直したもの（表４－３）を使い、解説をしたい。

　表４－３の（1）では、スーパービジョンがなぜ必要かに関して12項目があげられているが、これらは大きく２種類に区分されるだろう。

　一つは、アカウンタビリティ等に代表されるもので、社会や所属組織に向けて、限られた財源内でワーカーが資源を有効活用していることをしっかりと証明していく必要性があるためである。もう一つは、ソーシャルワークという仕事の特徴に適した教育訓練法が必要となるからだ。ソーシャルワーカーは、多くの感情エネルギーを使うため、燃えつきてしまうこともある。しかし、仕事内容を直接観察することは困難で、さらにクライエントの抱える課題の複雑さのため支援法を見出しにくい、といった特徴をもっている。

　スーパービジョンの主要な目的は、表４－３の（2）に示すように

〈表４－３〉スーパービジョンの概念の整理：（１）意義、（２）大ゴール・３つの機能と目的・３機能を最大限に発揮する方法

（１）ソーシャルワークにおけるスーパービジョンの存在意義（なぜ必要か）
①官僚組織への適応、②サービスとサプライの適切な配給、③アカウンタビリティ、④一般のコンセンサスを得ること、⑤「広範で統一性のない課題」遂行、⑥直接観察不可能な仕事内容、⑦因果関係の理解の困難さ、⑧自己訓練と批判的な評価の少なさ、⑨雇用以前の訓練の欠如、⑩効果的な組織統制の欠如、⑪限定的な知識基盤とテクノロジー、⑫感情エネルギーの要求

（２）スーパービジョンの大ゴール・３つの機能と目的・３機能を最大限に発揮する方法

大ゴール＝クライエントに質と量の両方で可能な最善のサービス提供（権限と責任の付与）

	①　管理的機能	②　教育的機能	③　支持的機能
（A）目的（最も近い職業）	バイジーが組織内で適切な役割遂行ができるようにする（マネジャー）	バイジーのゴール達成を可能にするように知識不足を補ってトレーニングをする（教師）	効果的なサービス提供のため仕事関連ストレス適応を助け不満を解消する（適応を促進するカウンセラー）
（B）機能を最大限に発揮する方法（バイザーがするべきこと）	1．権威的にならないで、必要なときに「力」の行使に躊躇しない 2．組織のルール・実践方法を体系立てて明確に伝えられる 3．バイジーと組織の生産性のニーズバランスを図る 4．押し付けにならず、バイザーの存在を認識してもらう 5．心理的・物理的に身近にいる 6．バイジー間でよい人間関係を維持できるようにする 7．管理職者・部下の両方に効果的にコミュニケーションができる 8．組織の安定性を保ちつつ、変化が必要なときにはアドボカシーができる	9．行動を通してSWへのポジティブな姿勢、職業価値をみせる 10．バイジーの成長に真摯な関心を示す 11．専門性、SWの理論と実践に関する最新の知識を保持・提供できる 12．問題解決に民主的な共同関係に基づいた方向性をもつ 13．柔軟で明確なバイザー・バイジーの関係性の枠組みを提供できる 14．実践内容とバイジーの知識量の両方の振り返りができる 15．文化の違いに敏感である 16．安心できる環境を保持し、支持的に接しながら必要に応じて建設的フィードバックができる真剣なかかわり方をする 17．学習効果を最大にできる教育方法を習得し実践できる 18．専門的なスキルを示し、バイジーの仕事を支援する 19．バイジーが失敗を受け入れ乗り越えられるようにする	20．自立性と自由裁量を最高にするため、バイジーに対する信頼を態度で表す 21．バイジーの評価すべき仕事に肯定と賞賛を与えられる 22．バイジーのストレスの度合いを感じ取り、それにしたがって仕事量を変化させる融通性をもっている 23．バイジーが正直に感情表現できるような対等なコミュニケーションをする 24．逆転移や否定的なフィードバックにも防衛的にならず気持ちよく受け入れられる 25．支持的でありながらバイジーの個人的な領域に侵入しない

第
4
章

（注）SW＝ソーシャルワーク、バイザー＝スーパーバイザー、バイジー＝スーパーバイジー、下線は筆者による。

（出典）Kadushin, A. and Harkness, D.（2002）*Supervision in Social Work*, New York, Columbia University Press.（1）は32～43頁、（2）－（B）は324～326頁をもとに渡部が翻訳・要約・リスト化して、「社会福祉実践を支えるスーパービジョンの方法―ケアマネジャーにみるスーパービジョンの現状・課題・解決策」『社会福祉研究』第103号、鉄道弘済会、2008年に掲載したものを一部改変

「クライエントに質と量の両方において可能な最善のサービスを提供すること」といわれている。スーパービジョンは、スーパーバイザー（以下「バイザー」）とよばれる経験豊かなワーカーが、スーパーバイジー（以下「バイジー」）とよばれる研鑽を必要とするワーカーに対して、彼らの個別性を重視しながら実施する教育訓練法の一つである。スーパービジョンを通して、バイジーが実践力を高め、その結果、クライエントによりよい支援ができることをめざしている。

3 スーパービジョンの3つの機能（管理的、教育的、支持的）とその機能を最大限に発揮する方法

　次に、スーパービジョンのはたらきとは何かをより詳細に見ていきたい。スーパービジョンの機能に関しては、研究者によってその内容や分類されている役割の数に違いはあるが、現在多くの人が同意する分類は、**表4-3**の（2）（A）に示す、カデューシンとハークネスによって提唱された3機能、①**管理的機能**、②**教育的機能**、③**支持的機能**、である。[11]

＊11
お断りしておきたいのは、この3機能は主に職場内でのスーパービジョンを想定してつくられていることである。そのため、1番めの管理的機能を果たすためには、バイザーが組織内で一定の権限と責任をもっていることが必要となる。

❶管理的機能

　第一の機能は、管理的機能とよばれ、所属組織においてどのような役割が期待されているのか、どの役割は自分の範囲を超えるものなのか、等に関するバイジーの認識を明確にして、組織内で自分自身をより有効に活用できるようにすることである。職務内容から、これに最も近い職業として、マネジャーに例えられている。例えば、スーパービジョンを受けるワーカーが仕事をしている組織には、組織の決まり（ルール）がある。緊急事態の際、誰に連絡をするのか、同僚との役割分担はどのようになされるのか、といったこと等がその一例である。このような規則を守りながら仕事をすることができなければ、組織内での協働作業は困難になり、その結果としてクライエントにも不利益を与えてしまう。もちろん、ときには「組織内の規則」が、クライエントに対して必要な支援提供を阻んでいることにバイザー自身も気付くことがある。そのような場合には、組織をより広い視野から眺め（組織のアセスメントともいえる）、必要な変化を上司、組織の意思決定機関に対して伝えていく（アドボカシー＝代弁機能）ことも必要となってくる（**表4-3**（2）（B）8参照）。

❷教育的機能

　第二の機能は、教育的機能とよばれる。バイジーが対人援助職として習得しておくべき知識やスキルを十分に実践で応用できているかに関して、実践内容を振り返ることで、課題を発見しその課題が解決できるようにしていくことであり、しばしば教師の役割に例えられる。この役割を果たすためにスーパーバイザーに要求されることは、バイジーとともに実践内容を振り返るなかで、バイジーがどの程度の知識・スキルをもっているのか、実践でそれが適切に表現できているのかに関して、根拠を求めながら確認をしていくことである。

　例えば、スーパービジョンでバイジーがクライエントに受け入れられていないことが明らかになったと仮定しよう。そのとき、バイザーがまず確認すべきことは、「実際にどんな場面でどのようなやりとりがあったのか？　クライエントの表現した問題、迷いなどに具体的にどのような対応をしたのか？　それに対してクライエントはどのような反応をしたのか？」といったバイジーの具体的な実践力を示す根拠となる情報を得ることである。

　さらに、バイジーがクライエントとの援助関係を形成するために何をしなければならないか、ということを知識としてどれだけ理解しているのか、をも明らかにすることが必要である。バイジーの課題は、知識不足で起きたのか、知識はありながらもその知識を実践に落とし込む具体的スキル不足で起きたのか等を見極めることである。そうすることで、今後「何をどう改善すればよいか」が見えてくる。

　この役割が教師役割に例えられていることからもわかるように、バイザーに要求されているのは「バイジーに教えるべき内容がわかっていること」だけではなく、「バイジーがどこでつまずいているのかを明らかにして、そのつまずいている点を考慮して教え方を工夫すること」ともいえる。

　表4－3の（2）（B）②「教育的機能を最大限に発揮する方法」では、9〜19まで合計11項目の方法が提案されており、その一つに、バイザーが「教育方法を習得し実践」(17)がある。スーパービジョンは、バイジーが「バイザーに非難されている」と思ってしまう可能性も出てくる。そのようなことが起きないためにも、バイザーはバイジーとの関係性をできる限り公平にする努力をし、バイザーが一方的に教えるのではなく、ともにバイジーの問題を解決する方法を検討していくという「民主的な共同関係に基づいた方向性」(12)を保ちながら、バイジーが

*12　この「振り返り」のプロセス理解に有用な考え方として「省察的実践（リフレクティブ・プラクティス＝reflective practice）」や、「批判的思考（クリティカル・シンキング＝critical thinking）」がある。省察的学習の提唱者といわれるドナルド・ショーン（Donald Schön）は、『省察的実践家（Reflective Practitioner）』(1983)などを著し、臨床心理学者や教育者などの実践を事例検討法により分析した。

*13　ワナコット（2012）は、スーパービジョンのプロセスの中で、特にバイジーがどのようにクライエントをアセスメントしたかを検討することが重要だと強調し、バイザーがバイジーに確認するべき質問内容を具体的に記している。

*14　以下、（　）内の番号は、表4－3の（2）（B）②教育的機能の項目番号を示す。

安心できる環境を担保しつつも、必要な「建設的フィードバック」(16)をすることを恐れないということであろう。つまり優れたスーパーバイザーは、ただ単に「ほめるだけ」「注意するだけ」ではない。バイザーは真剣に自分の仕事を一緒に振り返ってくれ、自分よりも豊かな知識と経験を使って自分に見えなかった側面を見せてくれている、とバイジーが感じることが大切なのである。

❸支持的機能

第三の機能は、支持的機能とよばれ、仕事関連で起きるストレスへの適応を助け、バイジーの不満を解消する役割を果たす。これは「適応を促進するカウンセラー」に近い役割だといわれている。対人援助の仕事は一般に感情労働ともよばれ、クライエントの苦しさ、悲しさ、怒りを聞くことが多く、自分自身の感情を疲弊させる可能性が高い。二次的なトラウマを経験することもある。児童虐待、高齢者虐待、重篤な病気・障害、家族・近親者の自死、自殺念慮、依存症など、クライエントが通り過ぎてきた人生、現在の苦しみを受け入れ共感するなかで、ワーカー自身が燃え尽きてしまうことも少なくないため、この支持的機能が重要となる。

スーパービジョンに関する先行研究を見ると、この支持的な機能の成果が数多く発表されている。[*15]この機能を最大限に発揮する方法は**表4－3**で20〜25まで6項目あげられている。これらを概観すると、バイザーとバイジーとの関係性がまず重要な条件となっていることがわかる。バイザーがバイジーを信頼し、適切な「肯定と賞賛」(21)をする。さらに、バイジーはバイザーの期待する仕事ができないときもあることを理解した上で、バイジーが適切に自己評価できるようにする。バイジーのストレス度を的確に推し量り、「仕事量を変化」(22)させる必要もある。[*16]ときおり、「スーパーバイザーとは偉い人、その人の言うことはすべて正しい」と考える人がいるが、それは適切なバイザー・バイジー関係ではない。

4 スーパービジョンと評価の関係

私たちは評価という言葉を聞くと、自分自身の仕事の欠点や不足している部分が指摘されるのではないかと考えがちである。スーパービジョンが所属組織で実施される際には、[*17]評価が伴ってくる。カデューシンと

*15
スーパービジョンの効用として注目を浴びてきたものの一つに、「燃え尽き（Burnout、バーンアウトとも表記される）予防」効果があり、Söderfeldt, M., Söderfeldt, B. and Warg, L. E. (1995)は、バイザーの任務の一つとして、バイジーの苦しみを和らげることをあげている。

*16
もし、スーパーバイザーが職場外バイザーだと、この点に関してできることは変わってくる。その場合最大限できることは、「そのケースは今のバイジーにとっては負担が大き過ぎるかもしれない」ことを話し合い、バイジー自身がそれを職場の上司にうまく伝える、あるいは、多くの人の協力を得る方法を見つけることをサポートすることになるだろう。

*17
介護支援専門員のスーパービジョンでは、職場内外にかかわらず、スーパービジョンの機能をカデューシンとハークネスによる3機能に加えてこの「評価」を4番目の機能として標記している。

ハークネスは、評価が受け入れられにくい理由として、<u>評価の特性には、ソーシャルワークが重要視しているエトス（道徳的規範）に反する側面があること、敵意や恨みなどのリスクの可能性があること</u>等をあげる。しかしながら、評価がもつ意義はマイナス要因を超えるものだと述べている。なぜなら、適切な業務遂行ができていないことを放置したり隠蔽したりすることはクライエントに利益をもたらさないばかりでなく職場全体のモラルも下げるからである[3]。

　では評価とは何を意味するか。カデューシンらは、アービーとマーフィー（Arvey, R. D. and Murphy, K. R.）による評価の定義を引用し[4]「ワーカーが組織の役割において要求されている事柄をどの程度達成できているかに関して信頼性と妥当性をもって明らかにしていくためにシステマティックな道筋を適用するプロセスである[5]」と述べ、評価に必要な手続きを20項目あげた[*18]。それらを大きく4つのカテゴリーに分けて簡単に紹介したい。

　1番めは、バイザーとバイジーが所属組織の中で<u>期待されている職務内容に関して共通認識をしておく</u>ということである。職場ではさまざまな仕事が要求される。必要不可欠な仕事上のタスクやそれらが要求している態度・知識・技術、そして多くの仕事の中での優先順位を明確にしておく。2番めは、<u>評価される対象はバイジー個人ではなく、バイジーの業績・行動</u>であり、バイザーは評価に対して一貫して責任をもち、必要な時間をかけることである。3番めは、スーパービジョンのプロセスはバイザーが一方的に進めるものではなく、バイジーが参加する<u>共同作業であり双方向性</u>をもつということである。4番めは、スーパービジョンはバイザーとバイジーの間に成立する<u>関係性を基盤にして実施</u>されなければならないということである。

第4章

[*18]
彼らは、7ページを割いてこの20項目を解説している。本章では紙幅の制限のため、項目間の共通性を考えて4項目に要約している。

5 バイザーとバイジーの関係性と契約

　先述したようにスーパービジョンは<u>バイザーがバイジーの課題を一方的に指摘するプロセスではなく、両者の間にしっかりとした「関係性」があり、双方向性を保って、真の成果を上げる</u>ことができる。カデューシンとハークネスは、バイザーとバイジーの間の「ポジティブな関係性[6]」「良いスーパービジョンの関係性[7]」の重要性を強調している。しかし、お互いの距離が近くなると**逆転移**[*19]とよばれる現象も起きる。バイザーが、バイジーの反応に過敏になり、気持ちが揺り動かされることも

[*19]
逆転移とは、通常ワーカーとクライエントの間に起きる関係性を表すために用いられる用語である。それはワーカー自身のある人物への思いをクライエントに投影して起きる反応のことである。そのためクライエントに対して過度な対応をする結果となる。ここではバイザーとバイジー間でも同様のことが起こり得ることを意味して本用語を使用する。

起き得る。スーパービジョン関係では、バイザーは、バイジーの人生、価値観等を深く知ることになる。そのため、バイジー自身が個人的な問題を相談してくることもあるし、バイザー自身がバイジーの個人的な生活領域に関して口を挟みたくなることもあるだろう。バイザーは、バイジーの仕事に大きな影響を及ぼしている個人の経験や歴史に関してバイジーと話し合いをすることはあるが、これはあくまでもクライエントに対して最善の支援をするためであって、バイジー自身の人生に関与することではない。これを避けるためにも、バイザーとバイジーの双方がしっかりと「自己覚知」とよばれる「自分を知る」作業をしておくことが必要である。

　また、このような問題を最小限にするために、スーパービジョンでは通常、バイザーとバイジーの間で、お互いの約束事などを含む内容を口頭、あるいは、書面で確認する契約を交わす。[*20]ツイ（Tsui, M.）は、バイザーが精通すべきこととして、バイジーの「知識基盤、学習のスタイル、概念化のスキル[*21]、職場の適合性、スーパーバイジーのモチベーション」をあげている。[8]契約書には、スーパービジョンの方法（回数、時間、必要な準備など）、秘密保持の原則、などとともに、何がスーパービジョンで取り上げられるのか、相互の関係性（お互いに問題を感じたときの対応法）、スーパービジョンがどのように使われるのか（評価の対象になるのか）、といったことを明記した上で、相互の期待の不一致や後の問題を回避するために、契約に従ってセッションを進行することが大切である。

6 スーパービジョンにおけるアセスメントの重要性

　ワナコットは、スーパービジョンの手続きの中でも特にバイジーのアセスメントプロセスを検討する重要性を説く。アセスメントがソーシャルワークの1プロセスであることを認識した上で、「アセスメントはソーシャルワークの心臓部分」[9]と述べ、バイジーがクライエントをいかにアセスメントしたかに関するスーパービジョンのプロセスを6段階に分けている。それらは、第1段階：アセスメントの焦点を明確にする、第2段階：スーパービジョンの仮説を振り返る、第3段階：情報収集と情報の評価、第4段階：システムを超えた力動を探求する[*22]、第5段階：クリティカルな分析、第6段階：決断と計画の検証、である。

---

*20
正確さの点では、書面での契約がより望ましいといえる。

*21
概念化できる力。異なる考え方を統合したり因果関係を理解したりする力を意味する。

*22
広く深くそこで起きていることを検討する、ということである。

さらに、スーパービジョンの本質を、「スーパーバイザーがスーパーバイジーとともに積極的に共同作業を行い、バイジーがケースのすべての側面を理解し、自らの決断の背後にある理由を明確に述べることができるところまでたどり着けるようにすることである[10]」と述べている。

7 スーパービジョンプロセスの発展段階

スーパービジョンは、通常定期的に継続して実施され、時間の経緯とともに発展していくものである。ツイは、このスーパービジョン発展段階を4段階としてそれぞれの段階で何が必要かを解説している[11]。以下、その発展段階を簡単に紹介する。

（1）準備段階

この段階では、バイザーとバイジーが相互関係性をつくり上げる。重要なことはバイジーに対して波長合わせをし、バイジーがもっている価値観、文化、方向性、専門性、習慣などといったものに対する理解を深めることである。スーパービジョンはバイザーとバイジーが出会ってすぐに可能になるわけではなく、ソーシャルワークの援助関係と同様な発展をする。バイジーの考え方や決断の背後にあるさまざまな要因を理解[*23]することがなければ、その後のスーパービジョンは効果を発揮しないということである。

（2）初期段階

バイザーとバイジーの間で合意と相互信頼関係づくりをする段階である。スーパービジョンの目的、バイジーに期待されている役割、バイジーの考えのフィードバックの収集、相互の義務と期待に関する話し合い、といったことを行う。バイザーとバイジーの間での契約が明確であると、この初期段階の不明瞭さを解決することができる。

（3）実施段階

スーパービジョンのプロセスで中核となる段階である。この段階に含まれているスキルは、①各セッションにおける波長合わせ、②各セッションでの契約、③磨き上げ、④共感、⑤共有、⑥アサーティブネス（要求をしたり障壁を指摘したりするために必要）、⑦考えの共有、⑧各セッションの終了に関するものである。[*24]

*23
個人的な価値観、専門職としての価値観・倫理観、制度、組織の規則、専門職としての知識・スキル、クライエントとの関係性、ストレスが高い等のワーカーの個人的な状況など。

*24
この部分は、Tsui (2005)が、Shulman, L. (1993) Interactional supervision. Washington, DC, NASWを参照し、79～133頁の記載事項をまとめて紹介したものである。

この中の「②各セッションでの契約」スキルを補足説明すると、「スーパーバイジーが考え感じていることが十分に明確になるまで解決策を出さない[11]」が含まれている。さらに「③磨き上げ」のスキルでは、一般的なトピックから特殊なトピックを取り上げる力、静かに聞く力、焦点化した傾聴をする力（バイジーが最も気にかかっていることに注意を傾けられること）、必要に応じてもっと特殊な情報を得るために質問する力、が必要であると述べられている[11]。

（4）終結段階

この段階ではこれまで行ってきたスーパービジョンにおけるさまざまな段階を要約し、バイジーが学んだこと、成長の様子をきちんと伝えるとともに、バイジーの強さと弱さ（今後の課題）の両方をレビューする。こうして終了することで、バイジー自身が、将来どのようなことにチャレンジするべきかを理解できる[11]。

8 スーパービジョンを受ける準備としての記録

スーパービジョンを受ける際、バイジーはその準備作業として、ケー

〈表4-4〉スーパービジョン時に提出する要約記録に初回面接の逐語記録の一部を掲載するスタイルの記録項目例

（1）ケースのタイトル（バイジーがケースの特徴をよく表していると考えてつけたタイトル）
（2）ワーカーが事例を検討したいと思った理由（なぜ、どこを検討したいのか、というバイジーが感じている課題を表現する）
（3）ワーカーが把握しているクライエント状況（この内容は、相談機関で用いる基本情報であり、所属機関によって必要な基本情報が変化する）
（4）初回面接の内容の要約記録（ページの左3分の2は要約記録、右3分の1は、特記事項としてワーカーのコメントを入れる）約1ページ
（5）初回面接の逐語記録（完全な逐語録ではなく、最初の10分、最後の10分を逐語で記す。途中の会話内容は〔中略〕として概要を記す。使用するスペースは1.5ページ程度。最長2ページ程度まで）
（6）初回面接でのワーカーによるクライエント・家族などの印象・感じたこと（ワーカーが自分の援助関係で起きたことを自覚するために記録する）
（7）援助経過（援助の転機ごとに記入する）：スーパービジョンを受けはじめる時期に、すでに支援がある程度進行している場合には、重要な出来事が起きたと考える年月日とそのときの出来事を要約して記載する

（出典）渡部律子　編著『基礎から学ぶ気づきの事例検討会－スーパーバイザーがいなくても実践力は高められる』中央法規出版、2007年、330〜331頁の一部を改変

スに関する記録を準備する（記録に関しては本章第7節参照）ことが望ましい。記録は、大きく分けると「逐語記録」と「要約記録」とよばれる2種類になるが、これら2つの中間をとった記録も可能である。[25]

　本節では、参考のために兵庫県介護支援専門員協会で長年実施している、「気づきの事例検討会」とよばれるピアグループスーパービジョンの際に提出される定型の記録様式内容を簡単に紹介する[26]（**表4-4**）。

⑨ スーパービジョンの種類とスーパービジョンと似た機能をもつその他の教育訓練法

　スーパービジョンをバイジーの人数によって大きく分けると、個人とグループに分類される。個人スーパービジョンというのは、一人のバイザーが一人のバイジーを担当[27]することである。**グループスーパービジョン**というのは、一人のバイザーが複数のバイジーからなるグループを担当するものである。

　通常のスーパービジョンではバイザーとよばれる経験や知識の豊かな人が存在するが、正式のバイザーが存在せず、同僚間で実施する「**ピアグループスーパービジョン**」という方法もある。このピアグループスーパービジョンとよく似た形式で実施されるものにケース会議、ケア会議がある。さらに専門家の意見やアドバイスを得るためのコンサルテーションとよばれる方法もある。[28]これらは型式は似ているものの、バイジーとバイザーの関係性や目的などは、ピアグループスーパービジョンとは一線を画するものである。

　スーパービジョンに深い関係をもつ教育訓練法に事例検討あるいは事例研究とよばれるものがある。リー（Lee, E.）らは、「事例研究は根拠に基づき（エビデンスに基づいて）実在する文脈の中で単一事例あるいは現象に関して綿密な検討をすることに焦点を当てた実証的なアプローチである」と定義し、その目的は「…質的なデータ収集と分析法を通して特殊なシステムや現象を深く掘り下げた詳述、考察、あるいは説明を提供すること…」と述べている。

　スーパービジョンでは事例研究に必要とされるのと同様のデータの収集・分析力などが必要ではあるが、両者の間の違いは最終目的とワーカーへの焦点だろう。スーパービジョンにおいても深くケースを理解することは当然不可欠であるが、その理解をもとに、ワーカーがクライエ

---

*25
逐語記録では、面接終了後、思い出せる限り「ワーカーとクライエントとのやりとり」を再現して記述する。ドラマの脚本のように、ト書きに相当する「状況説明」とせりふに相当する「お互いのやりとり表現」が記される。そのメリットは、要約記録では見えにくくなるワーカーとクライエントの関係性がよくわかること、記録を書くプロセスでワーカーが自分自身の相談面接を深く掘り下げて振り返ることができることである。デメリットは時間がかかること、グループスーパービジョンや回数・時間が限られたセッションの場合、記録の分量が多過ぎることである。事例の概要をまとめた要約記録のメリット・デメリットはいうまでもなく、逐語記録の反対といえる。

*26
渡部律子 編著『基礎から学ぶ気づきの事例検討会』中央法規出版、2007年、330～331頁、資料1に様式が掲載されている。本書式の使用にあたっては、兵庫県介護支援専門員協会に連絡の上、ホームページからダウンロードが可能である。本書式はケアマネジャー用に作成したものであるが、本書では、ケアマネジャーという部分をワーカーと書き換えた。

*27
まれに複数のバイザーのこともある。

*28
ケース会議、コンサルテーションに関しては、次の「事例1」の中でも述べるので参考にしてほしい。

ントに対して最善の支援をする方法を考え、ワーカーがその方法を実践していくのを支えることが目的である。さらに、事例の理解を深めるとき、ワーカーがどのように考え、どのようにクライエントにかかわったのか、に焦点を当てる。

10 具体例を使ってスーパービジョンの実際を理解する

　最後に、これまで述べてきたスーパービジョンが具体的に組織内でどう展開されていくかに関して、事例を使って個人スーパービジョンを紹介する。その際、ケース会議、コンサルテーションとスーパービジョンの異同についても簡単に説明する。

事例1

①職員の構成に関して

　高齢者の総合相談を実施しているX相談センターには、4人の職員がいる。職員Aさんは今年から仕事に就いた新人である。一方Bさん、Cさん、Dさんは、10年以上の経験のあるベテランで、自分たちも2年以上継続的にスーパービジョンを受けてきたワーカーである。そのため、専門職として自分自身がもっている価値観や考え方の特性を理解（自己覚知）するトレーニングも十分受けている。さらに、長年の仕事の中で研鑽を積み、組織のあり方、業務関連法制度、援助方法、援助に必要な心理学、社会学、文化人類学、精神医学などの知識、既存の資源、関連機関などに関する知識を備えており、3人ともスーパービジョンを行う力をもっている。現在は、所長のDさんを除く、BさんとCさんが、新人のスーパーバイザーを務めている。

　X相談センターでは、新人が入ってくると、最低2年間は毎週1時間程度の時間をとり、定期的に個人スーパービジョンを実施するのが習慣である。新人の成長度合いによっては、2年めからスーパービジョンの頻度やスーパーバイザーを代えることもある。今年は、Bさんがまず新人ワーカーの個人スーパービジョン担当になった。

②スーパービジョン実施の具体的な準備－記録・事例分析

　スーパービジョンを受ける事前準備として、Aさんは、担当ケースに関して、X相談センターで要求されている既存の記録に加えて、より詳細な情報も盛り込んだスーパービジョン用の記録を作成し、スーパーバイザー（以下、バイザー）のBさんに渡している。Bさんはその記録をスーパービジョンの前に事例分析力を生かして読み込み疑問に感じたことを書きとめて、スー

＊29
職場によって必要な公式書類に記載する内容と情報量は異なる。個々のワーカーの成長をめざすスーパービジョンでは、このような情報では十分でないことが多いため、スーパービジョン用の記録を作成する。

パービジョンに臨んでいる。また、スーパーバイジー（以下、バイジー）の
Ａさんも自分の力の範囲で実践を振り返る努力をしてスーパービジョンに臨
んでいる。

　スーパービジョンの際には、バイジーのＡさんが、記録をもとにケース概
要、自分のアセスメント[30]、援助プラン、援助実施状況など、そのときどきに
必要な情報、ワーカーとしての判断、判断の根拠[31]、課題などをバイザーに要
領よく伝えるように努力している。このようにすることで、スーパービジョ
ンの時間をより有効に使えるのである。

③スーパービジョン実施時のやりとり－３つの機能に関して
　バイザーのＢさんとバイジーのＡさんのスーパービジョンでの話し合いで
は、バイザーは、必要に応じてスーパービジョンの３つの機能を適切に使う
ことに留意しながら、そのときどきのバイジーのケース記録の内容によって、
どの機能により多くの時間を使うかを考えている。

　例えば、Ａさんが、所属機関であるＸ相談センターの業務役割範囲、必要
な手続きや書類作成方法などがわからないためにケースで困難さを感じてい
るときには、管理的機能に焦点を当てている。また、Ａさんがクライエント
の自己決定（援助の価値・倫理に属する内容）、終末期の課題・家族力動（仕
事に必要な理論や知識内容）、面接の展開方法・関係機関との交渉方法（知
識と技術など）といったことでつまずいたときには、教育的機能に多くの時
間を費やしている。Ａさんの仕事上のストレスが高まり、自信を失いかけて
いたときには、管理的・教育的機能を使った具体的な事例の振り返りととも
に、きちんとできていることは、言葉にして伝える、勇気付ける、必要な再
保証などの支持的機能を発揮するようにしてきた。

④ケース会議との関係
　個人スーパービジョンと並行して、Ｘ相談センターでは、毎週１回定例の
ケース会議も開かれ、職員の担当ケースについて話し合う機会を設けている。
このケース会議では各職員の分析力が必要とされ、その力を使って職員全員
で事例を検討していく。

　新人のＡさんのケースの多くは、バイザーのＢさんもその内容を理解して
いるものである。しかし他の職員はそれらのケースについて理解していない
ので、事例をケース会議に提出し、他の職員と情報を共有している。またこ
の機会に、Ｂさんを含めた経験のあるワーカーの担当している仕事の仕方や
多様な事例にふれることができるとともに、異なる視点に基づくアドバイス
を聞くことができる。

⑤コンサルテーションとの関係
　本章第３節で取り上げるコンサルテーションとスーパービジョンは、両方

＊30
クライエント、クライ
エントの問題、クライ
エントを取り巻く環境
に関してわかっている
情報を統合し、これら
の間の相互作用を考慮
した上で、「なぜこの問
題が起こり、継続して
いるのか」に関する見
立てのことである。本
書第１章第２節３の「ア
セスメント」を参照の
こと。

＊31
これは、あくまでもワー
カーの「仮説」「推論」
であり、クライエント
とのやりとりを通じて
確認していく。

第4章

とも問題解決のための間接的な支援提供という点では、表面的には非常に似通っており、異同がわかりにくい。コンサルテーションで、問題解決を必要とする対象が「個別事例」である場合は、特にその差がわかりにくいだろう。しかしながら、両者の間には、実施期間と目的の範囲という2つの違いがある。原則として、スーパービジョンとはワーカーの所属機関内で継続的に実施され、管理的・教育的・支持的という広範な領域を取り扱うが、コンサルテーションにおける助言や支援活動は目的も期間も限定的である。しかし、所属組織以外でスーパービジョンを受ける「外部スーパービジョン」は、目的、実施期間などが限定的であり、名称はスーパービジョンとなっているものの、コンサルテーションに極めて近いものとなる場合も少なくないだろう。

BOOK 学びの参考図書

● 渡部律子 編著『基礎から学ぶ気づきの事例検討会－スーパーバイザーがいなくても実践力は高められる』中央法規出版、2007年。
　スーパーバイザーがいなくても同僚間で実施できるピアグループスーパービジョンの基本理念から開催方法（事例提出用紙、メンバーに期待されること・役割り、進行の仕方、振り返りのチェックポイント、等）を詳細に解説している。第3章では、実際に8事例を取り上げて実施した「ピアグループスーパービジョン」を要約した形で「逐語録」として掲載している。

引用文献

1）Kadushin, A. and Harkness, D.（2002）*Supervision in Social Work,* 4th ed., New York, Columbia University Press, p. 175.

2）Wonnacott, J.（2012）*Mastering Social Work Supervision*, London, Jessica Kingsley, p. 24, fig1-1.

3）Kadushin, A. and Harkness, D.、前掲書、p. 253.

4）Arvey, R. D. and Murphy, K. R.（1998）'Performance Evaluation in Work Settings', *Annual Review of Psychology*, Vol. 49, pp. 141-168.

5）Kadushin, A. and Harkness, D.、前掲書、p. 246.

6）Kadushin, A. and Harkness, D.、前掲書、p. 256.

7）Kadushin, A. and Harkness, D.、前掲書、p. 257.

8）Tsui, M.（2005）*Social Work Supervision*, Thousand Oaks, CA: Sage. p. 175.

9）Wonnacott, J.、前掲書、p. 93.

10）Wonnacott, J.、前掲書、p. 130.

11）Tsui, M.、前掲書、pp. 112-117.

参考文献

- Barker, R. L.（2014）*The Social Work Dictionary*, 6th ed., National Association of Social Workers.

- Kadushin, A. and Harkness, D.（2002）*Supervision in Social Work,* 4th ed., New York, Columbia University Press.

- Kaslow, F. W.（1977）*Supervision, Consultation, and Staff Training in the Helping Professions*, San Francisco, Jossey-Bass Publishers.

- Lee, E., Mishna, F. and Brennenstuhl, S.（2010）'How to Critically Evaluate Case Studies in Social Work', *Research on Social Work Practice*, Vol. 20, No. 6, pp. 682-689.

- Söderfeldt, M., Söderfeldt, B. and Warg, Lars-Erik.（1995）'Burnout in Social Work', *Social Work*, Vol. 40, No. 5.

- 渡部律子「社会福祉実践を支えるスーパービジョンの方法－ケアマネジャーにみるスーパービジョンの現状・課題・解決策」『社会福祉研究』第103号、鉄道弘済会、2008年

- 渡部律子 編著『基礎から学ぶ気づきの事例検討会－スーパーバイザーがいなくても実践力は高められる』中央法規出版、2007年

第3節 コンサルテーション

1 コンサルテーションの意義・目的

（1）コンサルテーションが必要な場合

事例2

> A地域包括支援センターで最近増えてきた相談内容がある。それは、要介護高齢者からの相談で「成人している同居の子どもに障害があり、自分がケアしてきたが、もしものことがあったらと不安である」といったものである。センター職員たちは優秀であるが、この領域での専門知識が不十分なため、不安を感じながら支援をしている状況である。

上の事例2で、問題を放置しておくと利用者に最善の支援ができず、職員たちは無力感をもち続けるだろう。組織内に問題解決できる専門知識をもった人材がいればよいが、そうでない場合には、当該問題に関する情報・知識・スキル・価値などを備えたエキスパートに相談することが必要となる。このエキスパートがコンサルタントとよばれる。ソーシャルワーカーは、コンサルテーションの提供者（コンサルタント）にも、被提供者（＝受け手。コンサルティーとよばれる）ともなる。[*32]

コンサルテーションの意義・目的は、何らかの問題を抱えている組織・機関が、エキスパートからの間接支援により、利用者や社会に対し、より有益なサービス提供ができるようになることである。[1]

（2）コンサルテーションの定義

コンサルタントという用語はソーシャルワークにおいて限定使用されるわけではなく、社会のさまざまな領域で用いられており、多くの人はイメージをもっているだろう。ソーシャルワークにおけるコンサルテーションの定義も一般的なものと大きく異ならないが独自性もある。ソーシャルワークにおける**コンサルテーション**とは「問題解決プロセスであり、そのプロセスで、仕事に関して問題を抱えている個人、グループ、組織、地域、などに対してコンサルタントが提供する助言やその他の援助的な活動」と定義されている。[2]

つまりコンサルテーションは、ある<u>問題解決</u>のため、<u>限定された目的</u>

*32
このように、ワーカーはコンサルタントにも、コンサルティーにもなり得る。

に向け、限定期間内で実施される間接的な対象者支援である。[1]

2 コンサルテーションの方法

（1）コンサルテーションのプロセス

　では、ソーシャルワークにおけるコンサルテーションは具体的にどのような方法をとるのであろうか。**図4－16**は、ギャレシック（Gallessich, J.）が提示したコンサルテーションの10段階である。[3]

〈図4－16〉コンサルテーション時に提出する要約記録に初回面接の逐語録の一部を掲載するスタイルの記録項目例

①探求（Exploration）⇒ ②交渉⇒ ③契約⇒ ④ニーズのアセスメントと問題設定（identi-fication）⇒ ⑤ゴール設定⇒ ⑥コンサルテーションのモデル選択⇒ ⑦支援実施[*33]（Intervention Implemented）⇒ ⑧成果の評価⇒ ⑨変化の制度化（Institutionalization）⇒ ⑩終結

（筆者作成）

＊33
原典に従った訳では介入であるが、ここでは支援と訳した。

　図4－16にあるコンサルテーションの段階は、利用者への直接支援の展開プロセスと構造上大差はなく、問題解決プロセスとしての共通点がみられる。[*34]以下、上の図の番号を用いながらプロセスを簡単に説明したい。[*35]

　①最初の「探求」の目的は、コンサルテーションの必要性を明確にすることであり、組織の管理者による裁定とスタッフからの受け入れを要する。この段階では、「組織のニーズを探求し、コンサルテーションと問題解決の適合性を明確にする」必要がある。[4]

　②その後、コンサルテーションのゴール、それぞれの役割期待などに関する合意に向けての話し合い（交渉）を実施する。

　③コンサルテーションの期間、それぞれの役割などの合意ができた段階で、契約関係を結ぶ。[*36]

　④契約関係が成立すればソーシャルワーク実践のアセスメントと同様に、課題の背景にある情報を収集して問題をより明確にしていく段階である「ニーズのアセスメントと問題の設定」を実施する。

　⑤アセスメントが終われば、次に、どのような成果を期待しているのかを明確にし、ゴール設定を行う。

　⑥ゴール設定の次は、続く（2）で紹介していく「モデル選択」をする。問題解決を必要とする対象が、組織の構造か、組織で提供しているプログラムなのか、個別ケースなのかなどによって、異なるコ

＊34
支援プロセスにおける利用者は、コンサルテーションを必要とするコンサルティーに、支援を実施するワーカーはコンサルタントに置き換えることができるかもしれない。

＊35
この10のステップの説明では、サバティーノ（Sabatino）の引用文献4を参考にしている。

＊36
契約は文書化することで、期待の食い違いにより起きる問題を避けることができる。

ンサルテーションのモデルが選択される。

⑦モデル選択の次は、問題に対する「支援」が始まる。この際に重要なことは、問題解決に役立つと考えられる資源を入手することである。コンサルタントは、資源を提供してくれる相手方に交渉する力が必要である。

⑧支援段階の次は、期待していた結果が生み出されたかどうかを評価する「成果評価」段階がある。[*37]期待していた成果があったのか、コンサルテーションの何がその成果を生み出したのか、等をていねいに検討していく。

⑨支援が一定の成果を上げたことが成果評価によって明らかになれば、次は、これまでの段階を経て生み出された「プラスの変化の定着」（変化をシステム化する段階）である。コンサルテーションでの「成果を他の同様な状況にも広げる[5)]」段階である。

⑩これまでの段階を達成した後、コンサルテーションの終結となる。[4)]

（2）コンサルテーションのモデル

コンサルテーションで扱う問題はソーシャルワークと同様に広範である。例えば、職員が次々と辞めていき、地域での評判もどんどん落ちている組織・法人であれば、組織全体の構造・運営法などへのはたらきかけが必要となるだろう。また、特定の利用者・事例の問題への対応法に悩む職員の問題解決のためのコンサルテーションでは、職員たちの知識・スキルを高め、利用者対応が適切にできるようなはたらきかけが必要かもしれない。

ソーシャルワーク・コンサルテーションの主要な研究者たちは、[*38]コンサルテーションのモデルとして、①組織コンサルテーション、②プログラムコンサルテーション、③教育とトレーニングコンサルテーション、④メンタルヘルスコンサルテーション、⑤臨床コンサルテーション、⑥行動理論に基づくコンサルテーション、の6つをあげている。これら6つのモデルは、⑥以外は、コンサルテーションの対象のサイズによる違いともいえるだろう。

以下、前述した6つのモデルを解説していく。必要に応じて例としてあげるのは、今、コンサルテーションの必要性が高いといわれる学校組織へのコンサルテーションである。[*39]

①組織コンサルテーションが着目するのは、<u>組織の構造やプロセスの向上であり、リーダーシップ、経営管理、人事配置、情報交換、さまざ</u>

*37
成果評価を行うためには、どの評価方法を使用することで、信頼性の高い評価ができるかを考える必要がある。そのため、統計的手法を含む「リサーチデザイン（研究計画）」の理解と実践力が必要となることが多い。

*38
ギャレシックやサバティーノは、ソーシャルワークのコンサルティングのモデルを6つ選択して紹介している。

*39
学校事例はサバティーノを参考にしている。

まな活動のコーディネーション、意思決定プロセス、を取り上げる。学校であれば、教職員が最高の実践をするための動機づけと士気向上をめざす。[6]②プログラムコンサルテーションでは、組織のプログラムづくりや評価をする。学校であれば、学校生活になじめない、参加できない子どもや保護者たちの真のニーズを見出し、これまで実施してきたプログラムがニーズ充足に役立っているかどうかをスクリーニング・評価をし、必要に応じて修正していく。[7]③教育とトレーニングコンサルテーションでは、専門職としての継続的な成長サポート、チームワークづくり、組織内での協力関係づくり、などを支援する。教員たちが知識基盤・資源・スキルを高めることで、学業や行動面で成功できない子どもたちの深い理解と、解決のための計画作成ができるようにする。[8]④メンタルヘルスコンサルテーションでは、スタッフの問題解決力向上をサポートする。学校現場例を出すと、個別事例の対応に困っている教員が事例の課題理解に必要な心理的・社会的な知識・スキルの基盤を習得し、自信をつけることを支援する。[9][*40]⑤臨床コンサルテーションでは、臨床の専門性を提供したり、危機やトラウマが起きていることを明らかにしたりする。コンサルタントの主要役割は、アセスメントのエキスパートとして人間行動理解に発達の知識や理論を応用していくことである。[10][*42]⑥行動理論に基づくコンサルテーションは、これまで説明してきた5つのモデルとは異なり、ゴールや対象規模で区別しておらず、人間行動理解に「オペラント行動理論」を使っていることが特徴であり、応用対象は個人の生徒から学級全体や生徒集団、学校コミュニティ全体といった広範な規模すべてである。[11][*44]

（3）コンサルテーションの留意点

　最後にコンサルテーションで留意すべき点を3つあげたい。1つめは、当然のことながら、コンサルタント選択にあたっては、問題解決が必要な領域・対象における豊かな知識・スキルをもつ専門性の高い人材を探すことである。成果評価に耐え得る仕事をしてくれる人が必要であり、単なるコメンテーターであってはならない。2つめは、コンサルタントとコンサルティーは双方が協働関係を形成し、それぞれの役割や責任を果たすことである。ときとしてコンサルティーが問題をコンサルタントに丸投げしようとすることがあるが、これではよい成果にはつながらない。3つめは、ゴールを達成したことで満足してしまうのではなく、新たに生み出された方法を定着させる努力を怠らないことである。

*40
このモデルのもとになっている考え方は子どもたちがもつ社会的、情緒的な要因が、学業成功に大きな影響を与えている、というものである。

*41
通常、コンサルタントは、スクールソーシャルワーカーとしてのトレーニングを受けてきた人であり、自らの経験を使ってコンサルテーションを行う。

*42
個別化された教育計画や家族サービス計画の作成に必要なデータを収集することが重要な役割である。

*43
基本になる考え方は、行動はそれを引き起こす「先行条件」と継続させる「強化子」により成り立っているというものである。問題行動として、怒りの爆発をあげ、そのような場合、子どもが怒りを爆発させる前後に起きたことに着目し、分析をしている。

*44
行動的コンサルテーションでは行動療法と同様に、ターゲットにしている行動の頻度をグラフ化していく。最初は何もかかわらないときの行動の頻度（ベースライン）をとり、何らかの介入をした後、その介入後の行動の頻度をデータとして用いて解決法の評価を行う。

引用文献

1)Gallessich, J. (1982) *The Profession and Practice of Consultation: A Handbook for Consultants, Trainers of Consultants, and Consumers of Consultation Services*, San Franscisco, CA, The Jossey-Bass Publishers, p. 6.

2)Barker, R. L. (2014) *The Social Work Dictionary*, 6th ed., National Association of Social Workers, p. 90.

3)Gallessich, J.、前掲書、p. 253.

4)Sabatino, C. A. (2014). *Consultation Theory and Practice: A Handbook for School Social Workers*, Oxford University Press, pp. 119-129.

5)Sabatino, C. A.、前掲書、p. 127.

6)Sabatino, C. A.、前掲書、p. 29.

7)Sabatino, C. A.、前掲書、p. 43.

8)Sabatino, C. A.、前掲書、p. 54.

9)Sabatino, C. A.、前掲書、p. 67.

10)Sabatino, C. A.、前掲書、p. 100.

11)Sabatino, C. A.、前掲書、p. 77.

第4節　ケアマネジメント

1 ケアマネジメントの原則

（1）ケアマネジメントの歴史

　ケアマネジメントには多様な定義が示されているが、副田あけみによると「複合的なニーズをもち、多様なサービス資源の利用を継続的に必要とする人々を対象とした、サービス資源の仲介・調整を中核とする生活支援の方法」と整理できる。この生活支援の方法は、アメリカにおいてはケースマネジメントとして、また、イギリスにおいてはケアマネジメントとして誕生し発展した。本節を始めるにあたり、まずアメリカにおけるケースマネジメントの誕生と、イギリスにおけるケアマネジメントの展開について簡単に確認する。

❶アメリカにおけるケースマネジメントの誕生と発展

　アメリカにおいては、1964年にジョンソン大統領が打ち出した「貧困に対する戦い」という大規模な貧困対策によって、多様な社会問題緩和のためのサービス・プログラムが開発された。しかしこれらの施策は異なる法制度のもとで運営され分断化されたままであった。また、アメリカでは1950年代に始まった脱施設化運動の流れの中で、多くの精神障害者が地域で暮らしていた。彼らは慣れない在宅での暮らしの中で多様なニーズをもっていたが、分断化された複雑なサービス・プログラムの中から、自分に必要なサービスを選び、活用することが困難であった。ところが1960年代当時、こうした状況をサポートする立場にあるソーシャルワーカーたちは、クライエントの生活上の諸問題の根本には彼らのパーソナリティの問題があるとして臨床的カウンセリングの技術を重視する傾向にあり、こうしたソーシャルワークの手法は複雑で多様なニーズをもつ人々の問題解決や改善には役に立たなかったのである。分断化されたサービス、有効ではないソーシャルワークプログラム、自ら諸サービスを活用し、問題解決を図ることのできない人々の存在。こうした要因が組み合わさり、政府は合理化された効率的・効果的なサービス供給システムを開発する必要性に迫られていた。

　1970年代には、民主党政権に代わった共和党政権は連邦政府による福祉費用の削減をめざすことを重大な政策課題とし、従来の福祉政策路

線を大幅に変更した。同時に連合サービス法を定め各種プロジェクトに補助金を出した。その中でネットワーク方式のサービス供給システム構築をめざしたプロジェクトが法制化された。このシステムのもとでケアマネジャーが利用者のニーズに対して適切なサービスの調整を行い、効果的なサービス提供を行うこととなり、この支援活動が「利用者指向モデル」のケースマネジメントとして注目されるようになった。また、連邦政府は1974年にアメリカ社会保障法にタイトル20「ソーシャルサービスのための州への補助金」という新しい節を加えた。さらに1980年代、レーガン政権はタイトル20を「州に対するソーシャルサービス補助金」から「ソーシャルサービスのための包括的補助金」制度に変更した。これら一連の政策変更によって州は費用対効果の面からさらなるシステムの見直しを迫られ、高齢者の長期ケアとしてサービス供給の効率性を重視した管理運営方式のサービス供給システムを採用した。ケースマネジャーは個々の利用者のニーズを充足する諸サービスの仲介調整とともに、利用者全体、サービス費用全体に目配りをし、コスト意識を重視したサービス調整を期待されるようになり、これが「システム指向モデル」のケースマネジメントとされる。

　その後、ケースマネジメントは1980年代半ば以降、種々のモデルが混在した形で、児童保護サービス、HIVケア、ターミナルケア、マネジドケアなどで採用されていくことになる。

❷イギリスのコミュニティケアとケアマネジメント

①国民保健サービス及びコミュニティケア法

　　ケースマネジメントは、イギリスにおいては普遍的な高齢者介護システムの中に取り入れられ、その中核を占める制度として発展した。

　　1980年代半ば、高齢者の施設入所・入院を遅らせ、地域生活継続を支援するための「利用者中心のケア」提供としてコミュニティケアがとらえられ、その手法としてケースマネジメントが導入された。このきっかけとなったのが、ケント大学社会福祉研究所のチャリス（Challis, D.）とデイヴィス（Davies, B.）による「ケースマネジメント評価研究プロジェクト」である。

　　チャリスらは、アメリカにおけるケースマネジメントの概念を取り入れ、現場のケアマネジャーに一定額の包括的な予算の実行権限を与え、フォーマルなサービスと地域のインフォーマルな資源を組み合わせて提供させたところ、地域で暮らす高齢者の生活意欲の向上と自立

生活を支援し、入所・入院を遅らせ、なおかつ、コストの効率が上がるなどの結果を得ることができたことを報告している。

ケント大学でのこのモデル事業は、コミュニティケアの理念に基づく新たな介護システムを提案した1988年の「グリフィス報告」及び1989年の政府の改革白書（ホワイトペーパー）において高く評価され、1993年に完全実施されたイギリスのコミュニティケア改革の中で、ケアマネジメントシステムの導入は中核的な要素を占めることとなった。

1989年の「イギリス政府コミュニティケア白書　人々のためのケア：今後10年間及びそれ以降のコミュニティケア」では、ケースマネジメントをすべての利用者に拡大するとされ、さらに1990年「国民保健サービス及びコミュニティケア法」において、国、地方自治体は、サービス提供者の立場から、民間営利・非営利セクター等が参入する上での条件整備を担う立場（enabler）へと役割を転化することで、サービス供給の管理調整に徹することができた[2]。また、同時にケースマネジメントがケアマネジメントと言い換えられ、サービス購入者としてのソーシャルワーカーがケアマネジャーとして標準化された手順やツールを用いて、アセスメントを実施し、定められた予算枠内でサービスの優先順位を決め、サービスを調整する「システム指向モデル」が採用されるようになっていった。

②ケアマネジメント採用の理由

イギリスにおいてケースマネジメントではなく、ケアマネジメントという名称が使われた理由としては、「『ケース』という言葉は個人に対して失礼であり、管理する対象はあくまでも『ケア』であるという理由で、イギリスの政策的文脈の中で創造された[3]」。この背景には、ソーシャルワーカーが専門家としてケース全体をアセスメントし、個別的なかかわりや治療的介入を行おうとする傾向を抑制し、ケアを要する状況にのみ介入すればよいという点を強調するためという見方もある[4]。

（2）ケアマネジメントの目的

アメリカやイギリスの例で見てきたように、1970年代から80年代において先進諸国は経済の低成長と高齢化率の増加によって、福祉国家の再編成を迫られた。また、さまざまな要因によって人々は「住み慣れた家で継続して暮らし続ける」ことを可能にするための福祉サービスの整備、充実を強く求めるようになった。

こうした社会的要請を前に、サービスの質、量の充実は避けることのできない政策的課題であった。しかし、潤沢な財源があるわけでもなく、これらの社会的要請に応えるためには、費用対効果を重視した効率的なサービス供給の仕組みと方法の構築が必要となった。こうした背景によってケアマネジメントは、①多様なニーズをもつ人々のサービスへのアクセスを高め、諸サービスの統合的利用により、地域でできるだけ長く生活できるよう支援すること、②費用対効果を考慮した、より効率的なサービスの調整を図ること、という異なる2つの目的をあわせもつ手法として登場したのである。

（3）ケアマネジメントの原則

ところで、ケアマネジメントは、地域生活のために諸サービスを必要とする人々に対し、以下のような支援の原則を明確化してきた。

①サービスの個別化

利用者の確認されたニーズに合わせて必要な諸サービスの利用計画をデザインし、調整するというニーズ本位の支援を行う

②サービスの統合性

日常生活や社会生活維持のために必要な諸サービスを総合的に提供する

③サービスの効率性

サービスを適切に調整することによって費用の無駄を省き、効率性を高める

④サービス継続性

利用者に一貫してかかわり、必要な時期に必要なサービスをタイミングよく利用できるよう、継続した支援を行う

⑤自律性と自立性の維持

サービスを利用する立場であっても、利用者本人がサービスの選択と決定を行うという自律性と、生活全般において能力に応じたその人の自立性を維持できるよう支援する

（4）ケアマネジメントの適用と対象

こうした背景をもつケアマネジメントは、日本においてどのように展開したのだろうか。

❶高齢者領域におけるケアマネジメント

①在宅介護支援センター事業におけるケースマネジメント

　日本の高齢者福祉領域において初めてケースマネジメントが取り入れられたのは、平成元（1989）年12月に出された「高齢者保健福祉推進十か年戦略」（ゴールドプラン）であった。これによって在宅介護支援センターは地域に住む虚弱・要介護高齢者を対象にケースマネジメントを実施することとされた。在宅介護支援センター事業は、対人援助技術を用いて、対話を通して利用者や家族の相談に応じ、ニーズを総合的にアセスメントし、必要なサービスの調整仲介と、介護方法に関する助言・指導などの個別的直接援助活動を行って介護生活を総合的に支援することとされた。また、実践アプローチとしては「利用者指向モデル」のケースマネジメントがモデルとなった。

　在宅介護支援センター事業の実施要綱は平成6（1994）年に若干の改正がなされ、「個別処遇計画の作成（ケースマネジメント）等の技術に関し自己研鑽に努めるものとする」という形で、ケースマネジメントの用語が本事業において公式に使われるようになっている。当時の高齢者領域の各現場においては、行政職員、在宅介護支援センター事業を受託した事業所における職員等（社会福祉士、看護師等）によって、アセスメントシートの開発が盛んに行われた。また、利用者宅への訪問、アセスメントシートに基づいたニーズ把握、その結果に基づいたサービス提供、モニタリングなど一連のケースマネジメントの手法が実践され始めることとなった。

②公的介護保険制度におけるケアマネジメント

　㋐ケアマネジメントという用語

　　平成12（2000）年に公的介護保険制度が施行された。介護保険制度のもとでは、居宅サービス計画書作成等の支援サービスがケアマネジメントとして採用され、居宅介護支援事業所の介護支援専門員がケアマネジャーとよばれて、サービス調整を図ることとなった。

　　とはいえ、施行当初はケアマネジャー資格保持者が少なかったこともあり、自治体によっては、多くの在宅介護支援センター職員がケアマネジャー資格を取得し在宅介護支援センター事業と介護保険制度におけるケアマネジャー業務を兼務して制度施行を乗り切るというケースも多かった。在宅介護支援センター事業で培われたケースマネジメントのスキルが介護保険制度下におけるケアマネジメントのスキルへと継承されたということもできるだろう。

第4章

　ところで、介護保険制度においては、ケースマネジメントではなくケアマネジメントの用語が採用されたその理由としては、税金を財政基盤とする措置制度から、被保険者が拠出した保険料を財源基盤とする社会保険方式の公的介護保険制度への転換期において、新しい制度が広く国民の理解を得る必要があったためと考えられる。その文脈の中で、「管理」（マネジメント）するのは、「個人」（ケース）ではなく、あくまでもケアであることを強調したかったとみることができる。制度施行時、利用者本位、利用者主体、介護の社会化という言葉がキャッチフレーズとして使用されるなかで、サービス利用者を、事例（ケース）とよび、管理（マネジメント）するという発想では多くの国民の理解を得ることは不可能であったであろう。

①利用要件判定とサービス調整の分離

　介護保険制度においては、サービス利用要件の判定を「要介護認定システム」として独立させ、諸サービスの仲介調整サービスを「居宅サービス計画書作成等（ケアマネジメント）」として、利用要件の判定とサービスの調整を制度上分離させた。このため、介護保険制度下のケアマネジャーには、利用者が利用できるサービスの種類や量の決定権限がなく、サービスの効率的活用、費用抑制により焦点を当てるという役割を果たさなくても済むことになった。つまり日本では、管理運営方式の介護保険制度の中で、ケアマネジャーは門番役割、配分役割を直接果たすことなく、「利用者中心のケア」をめざしてサービス調整役割を果たすことが可能となったのである。

　しかし一方で、介護保険制度下の介護支援専門員が「利用者中心のケア」をめざす上での課題もある。介護支援専門員が所属する居宅介護支援事業所には、現在、独立型事業所と併設型事業所との区分がある。先行研究によると「併設型」事業所においては、「経営者からのプレッシャーにより、自法人のサービス利用を求められる[5]」「サービス付き高齢者向け住宅などにおける限度額いっぱいサービスを利用するプランや、…（略）…自立支援とは考えられないプランの作成を強要される[6]」等の報告がなされ、雇用関係のある組織からの圧力と介護支援専門員としての価値規範との間で葛藤するケアマネジャーの存在が見え隠れしている。こうした状況において、ケアマネジャーの公正中立性を確保するための方策として、「介護支援専門員がプロフェッショナルとして行うケアマネジメントを、経営都合でゆがめることなく利用者に提案ができる[7]」こと等が指摘

されているが、ケアマネジャーの「努力」だけでこの状況を乗り越えることは困難であろう。介護保険制度の持続可能性を視野に入れながら、利用者のニーズに応えるための公正中立なケアマネジメント実施に必要なシステムの構築が喫緊の課題である。例えば保険者主導によるケアプランセンター化構想や、ケアマネジメントの地域支援事業化等も視野に入れた検討が今後求められる。

③地域包括支援センターにおけるケアマネジメント

　介護保険法施行5年後の平成17（2005）年に大幅な法改正が行われ、地域の高齢者のニーズや相談を総合的に受け、生活維持のための支援につなげ、また、地域における多様な社会資源を活用し、高齢者の生活の質が低下しないようにサービス提供をする機関として地域包括支援センターが創設された。センターには保健師、主任介護支援専門員、社会福祉士等の専門職が配置されている。

　㋐介護予防ケアマネジメント

　　地域包括支援センターが行う直接的なケアマネジメントとしては要支援1、2の人を対象とする介護予防給付や、介護保険非該当者を対象とする介護予防・生活支援サービス事業などの介護予防ケアマネジメントがあげられる。利用者の自立した生活と介護予防を目的として、利用者の個別性を重視したアセスメント結果に基づき、介護予防サービス計画（介護予防ケアプラン）等を作成し、サービスが適切に提供されるようサービス事業者などと連絡調整を行う事業である。

　㋑包括的・継続的ケアマネジメント支援

　　図4-17は、包括的・継続的ケアマネジメント支援事業を表したものである。この事業は、地域包括支援センター職員が直接的にケアマネジメントを実施するわけではないが、地域のケアマネジャーへの支援を行いながら間接的にケアマネジメント業務にかかわることを目的とする。ケアマネジャーは地域の高齢者の在宅生活の継続のために、継続を困難にしている課題を抽出し、解決のためのプランをつくる役割を担っているが、例えば、高齢者虐待事例、消費者被害事例、支援を拒否する事例など、利用者の課題の性質上ケアマネジャーだけでは対応できない状況も生じてくる。こうしたときに、担当ケアマネジャーをサポートし、利用者の在宅での継続した暮らしを守り、多様なサービス資源を視野に入れた調整を行う役割として、地域包括支援センターが果たす役割は大きい。

〈図4-17〉包括的・継続的ケアマネジメント支援

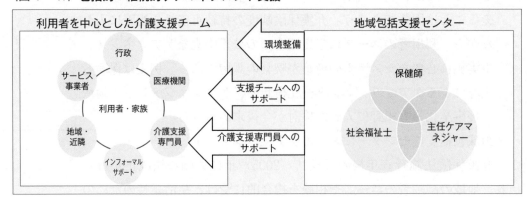

（筆者作成）

　また、本事業は、ケアマネジャーへの支援のみならず、利用者を取り巻く支援チーム全体へのサポートや関係機関との連携体制の構築、ケアマネジャー同士のネットワーク構築の支援、ケアマネジャーの実践力向上のための支援なども含まれている。

❷障害福祉分野におけるケアマネジメント

　障害者福祉分野における地域生活の支援整備の必要性については、1990年代以降の障害者福祉に関連する制度改革と一連の改革・試案の提起によって認識されてきた。その後、平成14（2002）年には、身体障害者、知的障害者、精神障害者の3障害分野に共通の障害者ケアガイドラインが国から公表され、3年後の平成17（2005）年の障害者自立支援法では、障害分野においてもケアマネジメントが制度化された。さらに、平成18（2006）年から一部の対象者において利用者自らが福祉サービスを選択する仕組みができ、平成27（2015）年度からは、すべての福祉サービスを利用する障害児・者に対して障害者ケアマネジメントの制度化が正式に行われた。障害福祉分野におけるケアマネジメントの特徴は、利用者自身が問題解決能力をつけていくエンパワメントの視点、また、自己決定を中心とした自立観、さらに利用者の権利擁護（アドボカシー）の3点が重要とされている[8]。そして、このケアマネジメントの実施者は相談支援専門員とよばれ、相談支援専門員の資質、育成が非常に重要であることが認識されている。

❸子ども家庭福祉領域におけるケアマネジメント

　子ども家庭福祉領域では、他の領域と比較して、ケアマネジメントを

導入し活用する志向性の弱さが指摘されている。

　白澤政和はその理由として、①子ども家庭福祉領域における在宅サービス事業の制度や量の少なさ、②施設サービスの重視、③深刻化してからの支援体制の構築の３点をあげ、これらのことから活用する社会資源のフォーマルな資源へのかたよりが生じていると整理している。[9]

❹生活困窮者に対するケアマネジメント

　「生活困窮者自立支援法」による「自立相談支援事業」も、生活困窮者からの相談に早期かつ包括的に応ずる相談窓口である。この窓口で、相談員が生活困窮者からの相談を受け、生活困窮者と相談員がともにアセスメントに基づきニーズを把握し、ニーズに応じた自立支援計画を策定し、計画に記述された各支援が包括的に行われるよう、関係機関との連絡調整を実施することになる。また、実施された後は、定期的にモニタリングが行われ、支援計画を変更し、生活困窮から脱却していくこととなる。白澤は、生活困窮者の抱える課題は複雑で多様であるため、生活困窮者への支援においては、ケアマネジメントという生活支援の手法は非常に有効であると整理している。[10]

　なお、生活困窮者自立支援法では、ケアマネジメントという用語は使われず自立相談支援事業とよばれ、主任相談支援員、相談支援員、就労支援員がその役割を担っている。

2 ケアマネジメントの意義と方法

（1）ケアマネジメントの意義

　ケアマネジメントが誕生、発展、定着したことの意義は大きい。これは、長期ケアを必要とする人々の自立生活を支える方法が明確化されたことと同時に、特に日本の場合、ケアを必要とする人々に対して、サービス提供される仕組みと支援の原則、方法が明確化され、一定の質を担保され全国津々浦々にまで浸透したことは画期的なことである。

（2）ケアマネジメントのプロセス

　図４−18は日本におけるケアマネジメントの実践過程である。以下に、ケアマネジメントの方法と技術、及び留意点について記すこととしたい。

〈図4-18〉　日本におけるケアマネジメントの実践過程

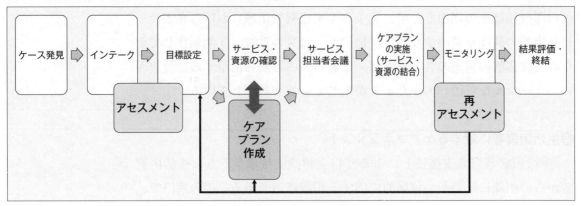

（筆者作成）

●ケース発見

①リファーラル受け入れ

　行政、保健サービス、等の他機関からケアマネジメントを受けることが望ましいと判断された人々が紹介されたり、相談、通報などの形で連絡が来たりすることをリファーラル（紹介）の受け入れという。また、リファーラルは、第三者による紹介だけでなく、それらの団体・個人から紹介されて利用者、その家族が直接来所する場合もある。

②アウトリーチ

　アウトリーチとは、ニーズをもちながらも、サービスの存在を知らない、あるいは相談窓口まで足を運ぶことのできない人々の権利を守るために、地域に出向いていき、そのような人々の存在を把握することである。介護保険制度下におけるアウトリーチ機能としては、地域包括支援センター職員が地域に出向き、一般市民や、地域の諸団体等において、介護保険制度や地域包括ケアシステムについての啓発事業を行うなどしながら、地域住民に支援の必要な人の存在に気付いてもらうことや、ニーズをもっていそうな高齢者の家庭を訪問し、相談に応じることでその対象の人を発見すること等も行っている。

③対象者自らの来所・電話相談

　第三者からの紹介ではなく、自ら窓口に支援を求めて来所する対象者も多数存在する。それぞれの相談の動機、ニーズ、背景にあるものは異なり、また、初対面での相談は相談する側にとって不安を感じるものであるため、相談を受ける側には、相手を尊重する態度が求められる。

❷インテーク

人と人とが出会う場において、必要とされるのはまず良好な関係を築くためのコミュニケーション技術である。インテーク場面においては、こうした技術を用いながら、利用者・その家族の話を聞き、情報のスクリーニングを行いながら、ケアマネジメントの契約を結ぶことになる。

①スクリーニング

スクリーニングでは、利用者の心身の状態や要介護状態、生活状況などについて、定められた書式を用いて、情報収集を行い、その対象者がケアマネジメントの対象者であるかどうかを確認する。

②ケアマネジメントの契約

公的介護保険制度について説明を行い、ケアマネジメントに関する説明と、ケアマネジャーが所属する機関について重要事項を相談者に説明し、その利用意思を確認した上で、あらかじめ作成していた文書によって契約を締結する。重要事項説明書において、自らが所属する機関が行うケアマネジメントの内容、手順、契約解除の方法、ケアマネジャー変更の規定などについて、できるだけわかりやすく明記した上で利用者、その家族に対し口頭で説明する。

❸アセスメント

アセスメントとは、「なぜ利用者のその課題が発生しているのか」という問いと、「どのようにしたら、その課題は生じなくなるのか」といった問いについて、仮説を立て、支援方法を考えるプロセスであるといえる[11]。また、上述の問いのほかに、「その課題が生じていないときはあるのか」「それはどのようなときか」等、すでに本人家族が行っている工夫を知るプロセスも重要である。これらの具体的な方法としては、①ニーズの把握と背景への理解、②本人家族のもつストレングスの把握、③本人家族の主訴と要望の確認、というプロセスを経る。また、①～③のプロセスにおいては、ミクロ・メゾ・マクロの視点で幅広くアセスメントを行うことも可能である。

①ミクロレベルのアセスメント

ミクロレベルにおいては、個人、あるいは対人関係についてのアセスメントを行うことになる。例えば、高齢の母親を虐待している息子がいたとする。ミクロレベルのアセスメントにおいては、母親への暴力などのマイナスの側面だけでなく、母親と息子がこれからどのように過ごしたいと思っているのか、主訴と要望について確認することが

大事である。また、母親と息子との力関係、これまでの関係性、それぞれの心理的特性などについて知り、状況への理解を深めることも重要である。さらに、二人はこれまではどういう関係性であったのか、二人が今でもよい関係を保てる時間はあるのか、それはどういうときか、本人、家族のストレングスについて情報を得ることが重要である。自分たちのストレングスを問いかけられることにより、利用者・家族は、ケアマネジャーに対して、自分たちの暮らしについて「あらさがし」をする存在ではないことを理解する。また、ケアマネジャーの問いかけに答えることで、今は気が付けなくなっている自分たちのもっている力（よい時間を保つこともできている）について再確認することができるかもしれない。ケアマネジャーと利用者・家族とのこうした対話は、両者の間に信頼関係を形成し、この後のケアプラン作成、その後のサービス実施にあたり、本人・家族からよりよい暮らしを求めるための力や意欲を引き出すきっかけとなる。

②メゾレベルのアセスメント

　メゾレベルのアセスメントにおいては、暴力の背景となりがちなストレスについて、そのストレスを引き起こしている原因を具体的に知ることが重要になる。例えば、リモートワークを行いながらの介護で心身ともに疲弊し、あるいは介護離職し、経済的、心理的にも追い詰められている状況があるかもしれない。また、衣食住の課題や、これまで帰属していたネットワークからの阻害など、そこには多くの課題も存在するだろう。また、こうした状況に対して、近隣、地域のコミュニティはどのような支援が可能であるのか、実際に何らかの支援があるのか、さらに、インフォーマルサポートの状況、福祉サービスの活用状況、こうしたサービス・サポートへの活用意欲などもアセスメントする上での重要な指標となる。例えば近隣からのお惣菜の差し入れ、出会ったときの声かけ等、ちょっとしたことが、利用者・家族にとって大きな力になる場合がある[*45]。利用者・家族がどのようなサポートに囲まれているのか、その実態を理解することはとても大切である。

③マクロレベルのアセスメント

　マクロレベルのアセスメントにおいては、さらに多領域のマネジメントが必要とされる。利用可能な行政サービス、介護離職者のための施策はどのようになっているのか、就労を支援する手立てはあるのか、経済的な課題を解決するための制度活用が必要であるのか、そのことについての本人、家族の意欲がどうか、などである。また、そう

*45
新型コロナウイルス感染症対策で、ソーシャルディスタンスが重視されるなか、要介護者、介護者の孤立化予防の取り組みは非常に重要である。

した制度等について本人、家族が十分な情報を得られる状況にあるのか、情報へのアクセスについて確認することも重要である。

❹目標設定

アセスメントを行い、ニーズを確認した後、ケアマネジャーは本人・家族と話し合い、優先順位と目標を決めることになる。

①ニーズの確認と優先順位付け

アセスメントのプロセスを経て、ケアマネジャーが把握・理解したニーズを利用者、家族に説明し、そのことについての意見を聴く。利用者・家族の要望や意向とは異なる場合には、対話を続けてすり合わせを試みる。また、利用者・家族の中には、ケアマネジャーの説明に対して異を唱えることが苦手な人もいるため、相手の表情、声のトーンなどを観察しながら対話を続ける。優先順位をつける際には、①緊急性、②切迫性のある場合には、そのように判断した理由を利用者、家族にていねいに説明することが大事である。また、それ以外の場合には、利用者、家族の意向を十分にくみ取って優先順位をつけることが望ましい。

②目標設定

ケアプランは一度作成すればそれでよいというものではない。モニタリングの結果、本人・家族の身体・精神状況、経済状況、家族状況に変化があった場合には、そのつど変更が必要となるため、ケアプランとは期間限定の計画であると理解すべきである。また、それぞれのニーズに対する目標は、長期目標と短期目標の期間を明確に設定する。それぞれの設定期間は、長期目標の場合、半年から1年に設定し、短期目標の場合は、1か月、あるいは3か月ほどの短期間をめどに設定することが一般的である。日本では四季の変化が比較的分かれているため、季節ごとに変化する気温や湿度などに対応して生活ニーズも変わっていくものである。日常の暮らしを支えるケアプランにおいては、小さな変化を重視した目標設定が大事である（例えば水分摂取の回数、1回に摂取する量などは、夏季と冬季では、頻度、重要度が異なってくる）。

❺ケアプラン作成とサービス・資源の確認

プラン作成にあたっては、利用者・家族の参加を得ながら、これまでのプロセスで整理されたニーズ、設定された目標を実現するために最適

な方法を考えていくことになる。

①プラン案の作成

　短期目標を達成するためには、どのような方法があるかを考える。そのとき、すぐにサービスを想定するのではなく、すでに本人・家族が行っている工夫、近隣からのサポートなどが確認できれば、それも含めて記載するようにする。当たり前の行為を言葉にすることによって、日頃から、本人の暮らしを守るために、本人・家族、近隣の人々が多くのサポートをしてくれていることに気が付くことができる。また、こうした何気ないサポートが本人が住み慣れた地域で安心して暮らすためには不可欠の行為であることを、本人、家族、関係者みんなが理解することも可能となる。さらに、その行為への解釈が変わることで、その行為を継続して行うためのモチベーションが増すこともある。

　とはいえ、このような記載は本人・家族のプレッシャーを引き起こしてしまうものであってはならない。あくまでも、本人、家族、地域のストレングスを生かすという点から行うべきである。

②サービス資源の確認と実施プランの作成

　実施プランを作成する際のポイントは、サービス事業所と利用者の間の適切なマッチングである。例えば、通所介護事業所であれば、事業所ごとに提供されるサービス内容、職員の力量、提供される食事の内容、入浴施設の形態、送迎エリア等々さまざまな特徴がある。したがって、ケアプランに位置付ける際には、利用者の抱える課題を解決するために最も適した事業所はどこか、また、サービス提供可能な頻度や時間数などあらかじめ事業所のキャパシティを確認し、本人・家族の要望とすり合わせ調整を行う。このとき、利用者・家族の生活スタイル、価値観、考え方などもマッチングする上での重要なポイントになってくる。また、特にヒューマンサービスの場合には、本人とサービス提供者との相性の問題も重視すべきである。

　さらに、介護保険制度下においては、利用者の自己負担（1割から3割）も生じてくる。サービス導入した場合の総額を積算し、細かに利用者・家族に説明し、同意を得ることも重要である。

❻サービス担当者会議

日本の介護保険制度下におけるケアマネジメントは、専門家の合議方式というチーム方式が採られている。この特徴が最も表れているのが、

サービス担当者会議の存在である。

　サービス担当者会議は、利用者・家族、各サービス担当者、主治医、ケアマネジャー等、利用者にかかわる関係者が集い、情報共有とケアプラン原案の妥当性を確認する。このプロセスを経て、初めてサービスが実施されることとなる。また、このサービス担当者会議は3か月に一度、もしくは、利用者・家族の状況が変化し、サービス内容に変更が生じた場合、要介護度が変更された場合などに随時実施が義務付けられている。多職種により知恵を出し合うなどのメリットもあるが、多忙な関係者が一堂に会するための調整業務、会議時間の確保など課題も多い。またこうした事務の煩雑化が「現場で利用者に触れる機会を少なくする恐れがある」ことも制度施行時に指摘されていた[12]。

　ところで、こうしたチーム方式はオーストラリアでもACATのメン[*46]バーによって行われているが、その場合も複雑なケースのみ会議がもたれており[13]、日本のように、ケアマネジメントが行われる全ケースについてサービス担当者会議の実施が義務付けられている国はあまりみられない。

❼ケアプランの実施（サービス・資源の結合）

　サービス担当者会議によってケアプランの内容について利用者・家族から同意を得て、他の専門職から合意を得た後、ケアマネジャーは関係者にケアプランとサービスを管理する帳票類を作成し、利用者・家族、サービス関係者に配布する。それらが行われた後、サービスの提供が開始される。

❽モニタリング

　モニタリングの段階では、2つの点でチェックが必要となる。1つめが、導入されたサービスが当初の予定どおり円滑に開始されたかについての確認である。提供者はサービス提供に必要な技術をもっているか、提供されるサービスは利用者の意向にそっているか、利用者に負担、不安を与えていないか等々が確認されることになる。

　2つめが、このサービスの導入によって、当初の利用者・家族の課題が改善されているか、新たなニーズが生じていないか、などの確認である。それぞれに課題が見受けられた場合には、ケアマネジャーはサービス提供事業所と利用者の間に立って調整を行うことになる。

　モニタリングの頻度は、介護保険制度下においては最低月に1回が義

*46
ACATとは、エイキャットと発音する。Aged Care Assessment Team：（高齢者ケア評価チーム）の略である。ACATの前身は、1984年に創設された老人アセスメントチームである。ナーシングホーム入所希望者の入所判定のゲートキーパーの役割を果たすチームとして制度化され、これが名称変更されたものである。病院に置かれ、医師、看護師、ソーシャルワーカー、作業療法士、理学療法士、などによって構成される。

第4章

務付けられており、さらにサービスが導入された当初はできる限り頻回に訪問を行うことが望ましい。

❾再アセスメント

定期的な訪問を繰り返すなかで、新たなニーズが生じた際には、ケアマネジャーは再度アセスメントを行い、目標設定、ケアプランの修正案の作成、サービス担当者会議を実施し、サービスを導入するという一連のプロセスを繰り返すことになる。

❿結果評価・終結

ケアプランが順調に実施・継続され、利用者がサービスを利用せずとも問題なく生活を送ることができるようになった際には、それまでの支援経過と結果を評価した上で終結となる。また、長期入院、入所、死亡、などによりケアマネジメントの対象資格を喪失した場合、あるいは転居などによって住所地が変わる場合には、プランと支援経過を振り返って終結する。このとき、ケアマネジメントの契約が終了することを利用者・家族に伝えて契約解除の手続きを行う。

📖**BOOK 学びの参考図書**

●渡部律子『「人間行動理解」で磨く−ケアマネジメント実践力』中央法規出版、2013年。
　自分自身の実践を振り返るときには、振り返る際の枠組みを、また、支援の方向性に悩むときには、その道筋をわかりやすく示してくれる本。高齢者領域でケアマネジメントを実践することを希望する人、また、現在実践している人にお薦め。

●土屋典子『ケアプランのつくり方・サービス担当者会議の開き方・モニタリングの方法』瀬谷出版、2019年。
　介護保険制度下におけるケアマネジャーの役割を、仕事の流れにそって具体的に解説。ケアマネジャーの仕事について、家族調整、医療連携、多職種協働など実際の業務の流れが理解でき、仕事の魅力が伝わる。

引用文献

1）副田あけみ『社会福祉援助技術論－ジェネラリスト・アプローチの視点から』誠信書房、2005年、162頁
2）山田亮一「英国コミュニティ・ケア改革－サッチャーからブレアへ 対人社会サービスの効率と質を視点として－」『生活科学研究誌』第1号、2002年、4頁
3）西村　淳「ケアマネジメントを理解するために：世界の高齢者ケア施策とケアマネジメント」『ケアマネジャー実践ガイド』医学書院、1999年、120頁
4）副田あけみ「ケースマネジメントとケアマネジメント」『社会福祉学習双書第10巻　社会福祉援助技術論Ⅱ』全国社会福祉協議会、2020年、140頁
5）医療経済研究機構「令和元年度ケアマネジメントの公正中立性を確保するための取組や質に関する指標のあり方に関する調査研究 事業報告概要（令和元年度厚生労働省老健局老人保健健康増進等事業）」2019年、19頁
6）医療経済研究機構、前掲書、19頁
7）医療経済研究機構、前掲書、26頁
8）小澤　温「障害者領域におけるケアマネジメント」『ケアマネジメント論』ミネルヴァ書房、2019年、95頁
9）白澤政和「ケアマネジメントの概要」『新版社会福祉学習双書』2006年、3頁
10）白澤政和『ケアマネジメント論』ミネルヴァ書房、2019年、6頁
11）A. J. フランケル・S. R. ゲルマン、野中　猛・羽根潤子 監訳『ケースマネジメントの技術』金剛出版、2006年、65頁
12）西村　淳、前掲書、125頁
13）西村　淳、前掲書、125頁

参考文献

● D. チャリス・B. デイヴィス、窪田暁子他 訳『地域ケアにおけるケースマネジメント』光生館、1991年
● 久保紘章・副田あけみ 編著『ソーシャルワークの実践モデル　心理社会的アプローチからナラティブまで』川島書店、2005年
● M. ペイン、杉本敏夫・清水隆則 監訳『地域福祉とケアマネジメント－ソーシャルワーカーの新しい役割』筒井書房、1998年
● 杉野昭博「社会福祉と社会統制－アメリカ州立精神病院の『脱施設化』をめぐって」『社会学評論』第45巻第1号（1994年）、16〜30頁
● 副田あけみ『在宅介護支援センターのケアマネジメント』中央法規出版、1997年
● 圓山里子「7章　障害分野におけるソーシャルワーク　1節ソーシャルワークの特徴」『新 基礎からの社会福祉④ 障害者福祉』ミネルヴァ書房、2020年
● 副田あけみ「地域ケアにおけるチームアプローチとネットワーク形成－オーストラリア・ホーンズビーACAT（高齢者ケア評価チーム）の事例・その1」『人文学報』第339号（社会福祉学19）（2003年3月号）、東京都立大学人文学部
● 小林良二「高齢者福祉」小松隆二・塩野谷祐一 編『先進諸国の社会保障2 ニュージーランド・オーストラリア』東京大学出版会、1999年

第5節 ネットワークの形成

1 ネットワーキングとは

　ネットワークという用語は、情報ネットワーク等IT関連用語として使われたり、「Aさんは独自のネットワークを駆使して、素晴らしい仕事の成果を上げた」と個人の人間関係網をそうよんだり、「高齢者虐待予防のためには多機関ネットワークが大事だ」と組織間・機関間の連携・協働を表したりと幅広い使われ方をしている。

　ネットワークの構築過程を表す「**ネットワーキング**」という言葉は、1982年にアメリカの社会学者リップナック・スタンプス夫妻（Lipnack, J. & Stamps, J.）の著書『ネットワーキング－ヨコ型情報社会への潮流』で初めて定義された。その著書には「ネットワークとはわれわれを結び付け、活動、希望、理想の分かち合いを可能にするリンクである。ネットワーキングとは、他人とのつながりを形成するプロセスである[1]」とあり、新たな価値観を共有するものが補完関係で結び付き、協力し合う個人やグループの緩やかなつながりであるとしている。その後、時代とともにネットワークやネットワーキングという用語は、個と個の新しいつながりを表すだけではなく、組織同士の連携、地域づくり、町づくりなどの社会変革や社会開発も含めた有機的組織体が相互に結び付く様態やプロセスを表す言葉として使われ始めた。

　社会福祉の分野では、**ソーシャルサポートネットワーク**という用語がよく用いられるが、これは「ソーシャルサポート」と「サポートネットワーク」という2つの概念を合わせた言葉である。「ソーシャルサポート」とは、社会生活上の支援であり、情緒的サポートから人的・物的手段的サポート等を表す。一方、「サポートネットワーク」とは、「ソーシャルサポート」などのさまざまな社会資源を提供する社会関係のことを示しており、利用者を取り巻くインフォーマル・フォーマルな支援に基づく援助関係の構造的総体をいう。特にソーシャルサポートネットワークは、個人を取り巻く家族、友人、近隣、ボランティアなどによるインフォーマルサポートに重きを置いているのが特徴である。

　以上のことから、ネットワーキングとは「支援にまつわる関係者が、利用者やその地域のニーズにそって、お互いに必要な情報や資源を交換し、連携・協働する緩い結合のもとに行う関係性及び機能のこと」と定

義する。ネットワークの領域は、個人に焦点を当てたミクロレベルの
ネットワーク、組織や地域をつなげていくメゾレベルのネットワーク、
制度・施策の開発や人々の意識の啓発等マクロレベルのネットワークに
分けることができる。

2 ネットワーキングを巡る背景

（1）法制上の位置付け

　平成12（2000）年に施行された社会福祉法では第5条（福祉サービス
提供の原則）で「社会福祉を目的とする事業を経営する者は、その提供
する多様な福祉サービスについて、利用者の意向を十分に尊重し、（略）
かつ、保健医療サービスその他の関連するサービスとの有機的な連携を
図るよう創意工夫を行いつつ、これを総合的に提供することができるよ
うにその事業の実施に努めなければならない」と規定している。法制上
は「連携」あるいは「連絡」と表現されているネットワークは、同年施
行した介護保険制度において、ケアマネジメントの考え方が導入・浸透
されたことで地域を基盤としたソーシャルワークのキー概念となった。
　また、社会福祉士を規定する法律においては、昭和62（1987）年施
行の「社会福祉士及び介護福祉士法」第47条（連携）において、「社会
福祉士及び介護福祉士は、その業務を行うに当たっては、医師その他の
医療関係者との連携を保たなければならない」と規定された。その後、
本法律は平成19（2007）年に改正された（「社会福祉士及び介護福祉士
法等の一部を改正する法律」）。この改正法では、第1章第2条（定義）
において、「社会福祉士とは（略）専門的知識及び技術をもつて、身体
上若しくは精神上の障害があること又は環境上の理由により日常生活を
営むのに支障がある者の福祉に関する相談に応じ、助言、指導、福祉
サービスを提供する者又は医師その他の保健医療サービスを提供する者
その他の関係者（略）との連絡及び調整その他の援助を行うこと」と定
義規定が見直された。これは、社会福祉士が他の専門職と「連携」して
総合的に援助を行うことが明記されたものといえる。さらに第47条（連
携）では、「福祉サービス及びこれに関連する保健医療サービスその他
のサービス（略）が総合的かつ適切に提供されるよう、地域に即した創
意と工夫を行いつつ、福祉サービス関係者等との連携を保たなければな
らない」と福祉ニーズの多様化にそった連携規定の見直しがされた。

第4章

（2）期待されるネットワーキング機能

　平成19（2007）年の社会福祉士養成カリキュラム改正では、「総合的かつ包括的な相談援助の理念と方法に関する知識と技術」と「地域福祉の基盤整備と開発に関する知識と技術」という2本柱が提示された。社会福祉士は児童、高齢、障害等の領域別の知識や技術にとどまらず、家族支援や地域支援といったより広範な視点をもち、地域の「暮らし」を守る包括的な支援が求められるようになった。部署ごとの縦割り支援ではなく、部署を超えた横のつながりを強化することで、利用者がいくつもの相談窓口をたらい回しにされることを防ぎ、ワンストップで利用者の権利を守り、早期に支援を開始できる効果が得られる。

　社会保障審議会福祉部会福祉人材確保専門委員会は、平成30（2018）年3月「ソーシャルワーク専門職である社会福祉士に求められる役割等について」という報告書をまとめた。その中で、「地域共生社会の実現に向けて求められる、複合化・複雑化した課題を受け止める多機関の協働による包括的な相談支援体制や地域住民等が主体的に地域課題を把握して解決を試みる体制の構築に必要なソーシャルワークの機能を社会福祉士が担う」ことが重要とされ、社会福祉士の養成カリキュラム等の見直しが図られ、令和3（2021）年度から新カリキュラムが開始された。現在、どの領域のソーシャルワークでも地域における生活支援、地域づくりを担うことができるソーシャルワーカーの育成に力を入れている。

　以上のように、社会福祉士は①ワンストップの窓口、あるいは担当として、多様な機関とのネットワークの要となり、各機関をつなぎ合わせて個人をネットワークで支援していく。そして、②地域が住民を支えていけるように、地域に支え合いの関係網という地域ネットワークをつくっていく。この2つのネットワーキングの機能を、社会福祉士はかかわる機関や地域の人々にはたらきかけ、ともに推進していくことが求められる。

（3）近年の動向

　介護保険導入後、ケアマネジメントでは利用者の支援のために多職種や多機関が協働してネットワークを構築することが至極当然になった。しかし、現在ではさらに地域包括ケアを実践するために、一人の利用者のためだけでなく、地域住民のために、地域の対応力を向上させるための地域ネットワークを構築する必要がある。

　地域包括支援センターを巡る動向においてもネットワークの重要性が

年々増している。平成17（2005）年の介護保険法改正で新設され、平成26（2014）年６月の医療介護総合確保推進法により一部改正された介護保険法第115条の46第７項には、「地域包括支援センターの設置者は、包括支援事業の効果的な実施のために、介護サービス事業者、医療機関、民生委員法に定める民生委員、被保険者の地域における自立した日常生活の支援又は要介護状態等となることの予防若しくは要介護状態等の軽減若しくは悪化の防止のための事業を行う者その他の関係者との連携に努めなければならない」と明文化され、地域ケア会議の設置規定も設けられた。『地域包括支援センター運営マニュアル』においては、地域包括支援ネットワークについて「地域包括支援ネットワークとは、関係機関はもとより、地域の支援を必要とする本人や家族、サービス事業者、関係団体、成年後見関係者、民生委員、地域支え合い等のインフォーマルサポート関係者、一般住民等によって構成される『人的資源』からなる有機体」[2]と説明し、その意義として①ニーズ発見機能、②相談連結機能、③支援機能、④予防機能をあげている。

　国は「我が事・丸ごと」のビジョンを掲げて平成29（2017）年社会福祉法改正を公布し、平成30（2018）年度から地域共生社会の構築、実現に向けたさまざまな取り組みを推進している。例えば、地域住民等の役割とそれを支える体制づくりが求められる。また、地域住民の福祉活動の参加を促す支援体制の整備や地域住民の交流拠点の整備、生活困窮者自立支援業務の体制整備等、いずれも単独の専門職や機関ではできないネットワーク型支援が求められている。

3　ネットワーキングの目的と方法

　ネットワーキングは、ミクロ・メゾ・マクロすべてに通じたソーシャルワークの実現に向けた手段・技法として認識されている。岩間伸之はソーシャルワーク実践におけるネットワークに包含される要素として「①ソーシャルワークの目的を達成するための手段、②関係者（関係機関）の『つながり』、③機能としての連携、協働、参画、連帯の遂行、④状態及び機能という特性」[3]の４つを深く関係するものとして提示した。

　先に述べた地域包括支援ネットワークは地域包括ケアには不可欠である。その構築方法は、①地域特性の理解、②地域の実態把握、③地域のネットワークの把握と活用、④地域のネットワークの構築、⑤地域住民への啓発活動があげられる。**図４−19**は、厚生労働省作成の「市町村・

都道府県における高齢者虐待への対応と養護者支援について」にある高齢者虐待防止ネットワーク構築例である。地域包括支援センターは、住民の実態把握を行い、支援を必要とする高齢者を発見し、総合相談につなげるとともに、適切な支援、継続的な見守りを行うために地域におけるさまざまな関係者とのネットワークを市町村とともに構築していくことが必要とされている。地域住民中心の「早期発見・見守りネットワーク」、介護保険事業者等から構成され、現に発生している高齢者虐待事例にどのように対応するかをチームとして検討し、具体的な支援を行っていくための「保健医療福祉サービス介入ネットワーク」、そして、保健医療福祉分野の通常の相談の範囲を超えた専門的な対応が必要とされる場合に協力を得るための「関係専門機関介入支援ネットワーク」の3つの段階のネットワークを地域の実情と緊急性の度合いなどをふまえて柔軟に機能させていくことが求められる。

〈図4－19〉高齢者虐待防止ネットワーク構築例

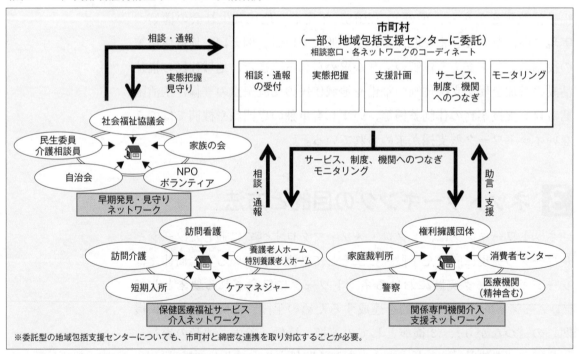

（出典）厚生労働省老健局「市町村・都道府県における高齢者虐待への対応と養護者支援について」2018年3月、13〜16頁を一部改変

4 セーフティネットの構築と ネットワーキング

事例3

　Aさん（30歳女性）は、夫と離婚して障害のある7歳の娘と二人暮らしをしている。パート代と預貯金を切り崩して生活をしてきたが、このたびAさんに病気が見つかった。Aさんは金銭的問題と娘の養育問題を抱え、自分の身体のケアが後回しになっている。

事例4

　Bさん（30歳男性）は、中学2年生のときにいじめにあい、不登校になり、自傷行為を繰り返し、現在になるまでひきこもりがちである。最近は、自傷行為はなくなったものの、両親が定年を迎えたため今後の生活に不安を感じ始めている。

事例5

　Cさん（45歳男性）は、工場の非正規雇用であったが、不況による工場閉鎖のため突然契約を打ち切られた。会社の寮も今月末で出なければならず、途方に暮れている。

　上記3つの事例3〜5の当事者はソーシャルワークの対象者である。いずれもどこに相談すればよいのかわからず、社会的孤立、社会的排除を招きかねない事例である。

　事例3は、母子家庭で娘は障害児である。Aさんが安心して医療を受けるためには医療機関、福祉事務所、Aさんの職場、小学校、近隣住民等との連携が必要になってくるだろう。

　事例4では、不登校当時に児童思春期特有の心の問題に対応する新たなネットワークづくりが必要だったかもしれない。30歳の今、本人が不安を表明したことをきっかけに、本人の気持ちに寄り添いながら、徐々に地域参加から始めて就労への一歩を踏み出す支援ができるかもしれない。その場合、保健所や医療機関、ひきこもりの若者対象のセルフヘルプグループ、若者ハローワーク等とのネットワーク型支援が必要となる。

　事例5は、不況のあおりを受け、住まいや暮らしが立ち行かなくなった生活困窮事例である。社会状況に鑑みて、柔軟に制度運用をする等、マクロの視点も必要になってくる。本事例では生活困窮者自立支援制度

*47
平成27（2015）年4月から、働きたくても仕事がない、家族の介護のために働けない、長年ひきこもり気味だったので社会に出るのが怖いなど、さまざまな困難の中で生活している人に包括的に支援をする生活困窮者自立支援制度ができた。福祉事務所設置自治体に相談窓口がある。本双書第7巻第4章参照。

による住居確保給付金の支給や就労準備支援事業等、福祉事務所とハローワーク等とのネットワークづくりも必要になってくるだろう。

　私たちは地域共生社会実現へ向けて多様化・複雑化する課題にいかに対応していくかが問われている。利用者の意思を起点にし、彼らの自尊心を守り、エンパワメントする支援が必要不可欠である。そのためにもワンストップサービスで、網目のようなネットワーク支援ができれば安心である。社会や制度の狭間に陥る人を放置する社会は、誰にとっても安心・安全な暮らしの場とはなり得ない。利用者の課題を個人の責任に帰するのではなく、地域社会全体の課題としてとらえ直すことができれば、社会の安心につながり、よりよい社会となる。それが本当の意味での社会のセーフティネットになるのである。

5 ネットワーキングの留意点

　ネットワーキングは、個人のネットワークづくりの力量に依拠して行うものではない。ある目的にそって、組織・専門職として行うソーシャルワークの技法である。利用者の生活は日々変化し、関係性も変化する。つまり、ニーズは流動的ということである。そのような中で、固定化した支援方法、形骸化した会議体等は意味をなさない。こまめに関係者によるケースカンファレンス等を実施し、利用者や利用者家族も交えた合意形成を図りながら、その都度支援体制を確認していくことが不可欠である。

　つまり、ネットワーキングは予定調和的ではない創造的なつながりづくりのプロセスであり、その支援の中で双方に意味と価値をつくり出していくプロセスなのである。ネットワークを構築して安心するのではなく、そのネットワークをよりよく運営していく方法を常に模索していかなければならない。

　ネットワークを構築していく上では、その目的共有、価値共有が大切である。何のため、誰のための支援なのか、何のための会議なのか、取り組む際には「べき論」ではなく、「こうありたい」という目標共有型の連携を関係者・関係機関が相互に考えていく必要がある。それはスモールステップかもしれないが、あきらめないことが肝要である。

BOOK 学びの参考図書

● 副田あけみ『多機関協働の時代　高齢者の医療・介護ニーズ、分野横断的ニーズへの
支援』関東学院大学出版会、2018年。
　　多機関協働の効果的な方法・スキルは何か、利用者参加はどうあればよいか、政
策の流れと支援の実際をふまえて論じている専門書である。

● 松岡克尚『ソーシャルワークにおけるネットワーク概念とネットワーク・アプロー
チ』関西学院大学出版会、2016年。
　　さまざまなネットワーク概念を整理している専門書である。歴史的・理論的・実
践的にその意義を再検討し、ネットワークを念頭に置いたソーシャルワークの支援
方法を提示している。

引用文献

1) Lipnack, J. & Stamps, J.（1982）, *Networking: The First Report and Directory*, Double day & Company J. リップナック・J. スタンプス、正村公宏 監修、社会開発統計研究所 訳『ネットワーキング：ヨコ型情報社会への潮流』プレジデント社、1984年、23頁
2) 地域包括支援センター運営マニュアル検討委員会 編『地域包括支援センター運営マニュアル 2 訂－さらなる地域包括ケアの推進と地域共生社会の実現に向けて』長寿社会開発センター、2018年、133頁
3) 岩間伸之「ネットワークと連携・協働」社会福祉学習双書編集委員会『社会福祉学習双書2020 社会福祉援助技術論Ⅱ』全国社会福祉協議会、2020年、159頁

参考文献

● 社団法人日本社会福祉士会 編『高齢者虐待対応ソーシャルワークモデル実践ガイド』中央法規出版、2010年

第6節 コーディネーション

1 コーディネーションとは

　福祉やソーシャルワーク領域では、**コーディネーション**を「連携」や「調整」等と訳し、頻繁に使っている。「ボランティアコーディネーター」や「若年性認知症支援コーディネーター[*48]」「生活支援コーディネーター（地域支え合い推進員）[*49]」「地域福祉活動コーディネーター」等、専門職の名称に「コーディネーター」という用語が入っているものも多い。しかし実際、その概念はあいまいで、問題解決や課題軽減のために利用者と社会資源を結び付け、多機関・多職種等と連携・協働しながらさまざまな調整を図ること全般をさしていることが多い。

　野中　猛は「"linkage" "coordination" "cooperation" "collaboration" 等の用語は、いずれも『連携』と訳されることがあること」「構成員相互の関係性の密度から、第一段階の『linkage＝連結』、第二段階の『coordination＝調整』、第三段階の『cooperation＝連携』、第四段階の『collaboration＝協働』と訳し分けられるのではないか[1]」と提案している。吉池毅志らは連携を「①同一目的の一致、②複数の主体と役割、③役割と責任の相互確認、④情報の共有、⑤連続的な相互関係過程の5要素によって構成される[2]」と整理した。そして保健・医療・福祉領域の連携概念を「共有化された目的をもつ複数の人及び機関（非専門職を含む）が、単独では解決できない課題に対して、主体的に協力関係を構築して、目的達成に向けて取り組む相互関係の過程である[2]」と定義している。

　コーディネーションは利用者と社会資源を結び付けることから、ケアマネジメントの中核技術ともいわれている。利用者の社会生活上のニーズを充足し、利用者が安全で安心したケアを受けられるように、適切な機関や社会資源と結び付け、ソーシャルサポートネットワークを構築することがコーディネーションの大切な機能である。つまりそれは、ケアマネジメントの中核技術というだけでなく、ソーシャルワークにおいて重要かつ本質的な機能といえる。

　東京都が平成28（2016）から29（2017）年度に実施した認知症とともに暮らせる社会に向けた地域ケアモデル事業報告の中で、粟田主一は「コーディネーションとは『本人の視点に立った、社会支援の総合的調整』を意味しており、ネットワークは『社会支援を相互に提供すること

＊48
平成27（2015）年1月、厚生労働省が関係11府省庁と共同で「認知症施策推進総合戦略（新オレンジプラン）」を策定した。その中の柱の一つが「若年性認知症施策の強化」であり、若年性認知症支援コーディネーターは都道府県の相談窓口に支援関係者のネットワークの調整役として配置された。

＊49
介護予防・日常生活支援総合事業は、市町村が中心となり、地域の実情に応じて住民等の多様なメンバーが参画し、サービスや各種支援を充実させることで地域の支え合い体制づくりを推進し、要支援者等に対する効果的・効率的な支援の実現をめざす。生活支援コーディネーターは、資源開発、ネットワーク構築、ニーズと取り組みのマッチングを担う。

を可能にする地域づくり』を意味して³⁾」いると説明している。このことから本章第5節のネットワーキングと本節のコーディネーションは、対人支援においてなくてはならない車の両輪ということがわかる。

　以上のように、さまざまな概念を包括している対人支援のコーディネーションとは「利用者の最善の利益を考え、利用者のニーズに即した支援をするべく、1つの機関や専門職がかかわるのではなく、さまざまな機関や社会資源と連携・調整することで、援助の質が上がり、利用者の希望する目的をみんなで共有しながら支援していくプロセスであり機能」と定義できるだろう。そしてコーディネーションもネットワーク同様、ミクロレベルの個別支援から地域づくり、町づくり、社会資源の開発等のマクロレベルまで幅広く行われるのである。

2 コーディネーションが求められる背景

　「コーディネーション」の用語が福祉分野で頻繁に使われるようになったのは1980年代以降である。この背景にはパラダイム変換ともいえるソーシャルワークの潮流と国の政策動向が深く関係している。ソーシャルワークでは、医学モデルから生活モデルへの移行、社会構成主義の台頭等、利用者主体の支援が根づき始めた。また国の政策として1990年代以降から福祉コミュニティの実現に向けて、施設から在宅福祉への考えが促進し、地域福祉を推進する動きが活発になった。平成3（1991）年からは市区町村社会福祉協議会が実施主体の「ふれあいのまちづくり事業」において、地域福祉活動コーディネーターが地域住民と関係機関と連携して地域に即した地域社会づくりを行うことになった。そして社会福祉基礎構造改革をきっかけに、平成12（2000）年には地域福祉の推進、利用者主体に拍車がかかった。さらに介護保険制度に代表されるように、措置から契約へと制度が変わり、利用者主体のサービス利用が始まったのである。そこで、地域にある多様な社会資源を整理し、利用者との適切なマッチングが必要不可欠になったため、ケアマネジメントの方法が重要視されるようになった。近年では地域包括ケアという政策理念のもと、平成30（2018）年4月からは介護保険の生活支援体制整備事業（包括的支援事業の一つ）において、市区町村に生活支援コーディネーター（地域支え合い推進員）の配置が義務付けられた。近年では、地域共生社会の実現のための社会福祉法等の一部を改正する法律（令和2年法律第52号）において、地域住民の複雑化・複合化し

〈図4-20〉地域住民の複雑化・複合化した支援ニーズに対応する市町村の包括的な支援体制の構築の支援
（社会福祉法に基づく新たな事業の創設）

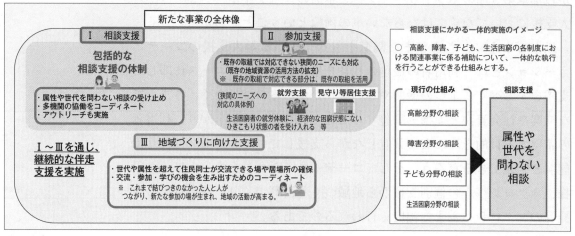

（出典）厚生労働省資料

た支援ニーズに対応する市町村の包括的な支援体制の構築に向け令和3（2021）年4月から**図4-20**のように、Ⅰ相談支援、Ⅱ参加支援、Ⅲ地域づくりに向けた支援を実施する重層的支援体制整備事業が創設された。80代の親がひきこもり状態の50代の子を支える8050問題や育児と介護を同時に抱えるダブルケア問題、家庭内のDVや虐待、地域から孤立しているゴミ屋敷などは制度ごとの縦割り支援ではなく、包括的な支援が必要である。つまり、地域を基盤に多様な資源をコーディネートしていく役割がますます重要視されてきている。

3 コーディネーションの実際（展開過程と方法）

事例6

　Aさんは、就労継続支援B型事業所に通う男性（30歳）である。最近、仕事中うわの空のため、ワーカーが声をかけると、30歳を機にひとり暮らしを考え始めたが両親から反対され、気持ちのよりどころがなくなり落ち込むことが多くなったという。事業所に通う同世代の利用者にも話を聴くと、Aさん以外にも将来ひとり暮らしを希望している人が複数いることがわかった。
　そこで、ワーカーは無理のない形で生活能力を向上する自立支援プロジェクトをつくった。また、お手伝いをしてくれるボランティアも募った。自立支援プロジェクトでは、利用者の希望で「食」がテーマとなり、みんなでカレーライスの調理実習を行うことになった。そこでワーカーが、品物の選び

方、お金の支払い方、カレーライスのつくり方をサポートした。商店街の人には、あらかじめ障害のある利用者が買い物に来るということを伝えておいた。これを5回繰り返して実施し、Aさんたちは自分たちで買ってきた食材で、毎週カレーをつくり、自信をつけていった。6回めになると、具材を変更して調理を楽しむようにもなった。

　ワーカーは上司や同僚と相談し、カレーパーティを企画した。そして保護者や商店街の人、ふだんからお世話になっているボランティアや自治会の人々、社会福祉協議会、市の障害福祉課の担当者を招いた。そして、このカレーパーティをきっかけに商店街の夏祭りにAさんたちのカレー屋の出店が決まった。夏祭りは保護者も協力し大盛況に終わった。

　この後、ワーカーは、Aさん、保護者、ボランティアとともに市内の障害者施設団体連合会のネットワーク会議でこの取り組みを報告し、検討を重ねた結果、地区のブロック別で障害者自立支援プロジェクトが組織されることになった。

　この事例6では、3つのレベルでのコーディネーションが行われている。ワーカーは障害者自身が生活スキルと自信を高められるように支援をした（ミクロレベル）。また、上司や同僚とともに施設としての障害者自立支援プロジェクトを立ち上げたことで、結果として障害者が地域住民との交流を図れるようになった（メゾレベル）。これだけで終わらず、ワーカーは市内の障害者施設団体連合会のネットワーク会議で、このプロジェクトをAさんらと報告し、1つの施設を超えた自立支援プロジェクトができた。さらに障害者と地域住民との交流が進めば、地域住民を巻き込んだ障害者の自立支援を促進することになる。そして、その自立支援プロジェクトに市からの補助金がついたり、市民講座にて障害者の自立支援の講演会等が開かれたりすれば、マクロレベルの支援ができることになる。

　このようにコーディネーションとは、単なるサービスの調整にとどまらず、家族やボランティア・近隣住民・関係機関・専門職団体や制度等、人やもの、地域に対してはたらきかけ、当事者である利用者や住民参加まで巻き込み調整・連携をしていくものである。吉池らはこの連携の展開過程を「①単独解決できない課題の確認、②課題を共有しえる他者の確認、③協力の打診、④目的の確認と目的の一致、⑤役割と責任の確認、⑥情報の共有、⑦連続的な協力関係の展開」[2]と7つのプロセスで表した。簡潔に示すと【気付く】【つなぐ】【目的と情報を共有する】【促

進する】【支える】ということである。具体的な手段としては、連絡調整、同行訪問、意見交換、ケースカンファレンス、事例検討会等であり、ふだんの業務を通じて顔を合わせ、それぞれの役割を認識し、双方に共通理解を深めておくことが肝要である。

4 コーディネーションの留意点

コーディネーションはその必要性や効果だけでなく、弊害や阻害要因についても理解しておく必要がある。マークス（Markus, H. R.）ら[4]は連携の阻害要因の一つに文化的自己感をあげている。東洋の相互協調的自己感（interdependent view of self）は、自己と他者は根源的に結び付いているものとして、相手の考えは明示的な表現がなくても知ることができる、つまり以心伝心でわかり合えると考える。一方、西洋の相互独立的自己感（independent view of self）は、自己は他者とは切り離されたものとして、相手の考えは明示的な表現があって初めて相手に伝わる、つまり言語化しなければわかり得ないと考える。

中村　洋は阻害要因について「①異なる職種に属するメンバーは、理解不足のため対立しやすい、②同質的なメンバーの方が仕事の効率が高いという意識」の2点をあげている[5]。

また、山中 京 子は阻害要因について、①プライバシー保護との葛藤、②援助の分断化や過剰な一体化、③連携を図るチームの形骸化、④連携を図るための煩雑な業務による多忙化と業務量の増大等の課題を示した。

他方、連携の促進要因について、中村は「①これまでのやり方では限界があるという危機意識、②継続的な『場』の設定（連携のきっかけ作り）、③継続的な学習（連携が進む水準に必要な知識の獲得）、④小さくてもやりやすいところからはじめる（small start with BIG picture）」の4点をあげ、「少人数でも危機意識を共有できる人材と大きな方向性を明確に共有した上で、小さくてやりやすいところから始めていくことが肝要」と述べ、多職種連携は多様性のマネジメントだとしている[5]。

以上のように、良質なコーディネーションは阻害要因と促進要因を理解した上で、利用者主体の姿勢を堅持することである。

引用文献

1）野中　猛『図説ケアチーム』中央法規出版、2007年、14〜15頁

2）吉池毅志・栄　セツコ「保健医療福祉領域における『連携』の基本的概念整理：精神保健福祉実践における『連携』に着目して」『桃山学院大学総合研究所紀要』第34巻第3号（2009年3月号）、109〜122頁

3）地方独立行政法人東京都健康長寿医療センター　東京都健康長寿医療センター研究所自立促進と精神保健研究チーム（粟田主一）編『認知症とともに暮らせる社会に向けて　コーディネーションとネットワーキングの手引き』東京都福祉保健局高齢社会対策部在宅支援課認知症支援担当発行、2018年、1頁

4）Markus, H. R. Kitayama, S. (1991) 'Culture and the Self: Implications for Cognition, Emotion, and Motivation', *Psychological Review*, Vol. 98, No. 2, pp. 224-253.

5）中村　洋「多職種間連携における2つの阻害要因と4つの促進要因」『医療と社会』第24巻第3号（2014年3月号）、公益財団法人医療科学研究所、211頁

参考文献

● 平成27年度厚生労働省老人保健健康増進等事業 若年性認知症の人に対する支援コーディネートのあり方に関する調査研究事業検討委員会 編『若年性認知症支援コーディネーター配置のための手引書』社会福祉法人仁至会 認知症介護研究・研修大府センター、2015年

● 山中京子「医療・保健・福祉領域における『連携』概念の検討と再構成」『社会問題研究』第53巻第1号（2003年12月号）、大阪府立大学社会福祉学部

第 7 節　ソーシャルワークの記録

1 ソーシャルワークにおける記録

（1）ソーシャルワーク記録の意義と目的

　ソーシャルワーク記録は誰のものだろうか。記録やその管理の責任は
ワーカーと所属機関にあることはいうまでもない。だが同時に、記録は
ワーカーと利用者との共同生成による共有物でもある。そのような記録
なくして実践の証明も検証もできない。専門職や専門機関としての実践
のリフレクションも実践の質向上のためのデータも得られないのであ
る。ではいかなる記録が求められるか、そのような問題意識を念頭に本
節を学んでいただきたい。

　ソーシャルワーク記録には、9つの目的があり、3つに大別される
（**表4−5**）。加えて、法的義務を伴うことはいうまでもない。

（2）ソーシャルワーク記録の種類

　「ソーシャルワーク記録とは、ソーシャルワーカーが行う一連の支援
活動（支援の対象・内容・過程・結果等）と、それに関連する事項につ
いて記述した文書」である。前者は支援記録、後者は運営管理記録とよ
ばれる（**表4−6**）。

　本節ではソーシャルワーク記録のうち、ケースワーク記録（**表4−
7**）を中心に解説する。様式のみの紹介にとどまるが、コミュニティ

〈表4−5〉ソーシャルワーク記録の目的

大分類	小分類
サービスの質向上	支援の継続性や一貫性の保証 利用者の利益や権利の擁護 利用者との情報共有、利用者の参加と協働の促進
機関の機能向上	説明責任（アカウンタビリティ） 職種間・機関間連携における情報共有 機関の運営管理
ワーカーの専門性向上	ワーカー自身の省察（リフレクション） 教育訓練 調査研究

（著者作成）

〈表4-6〉ソーシャルワーク記録の分類

公式の（フォーマルな）記録

大分類	小分類	具体例	関連するソーシャルワークの方法
支援記録	ケースワーク記録	フェースシート、アセスメントシート等	ミクロレベルのソーシャルワーク
	グループワーク記録	グループワーク活動記録等	
	コミュニティワーク記録	地域分析シート、住民座談会記録、行動記録等	メゾ・マクロレベルのソーシャルワーク（コミュニティワーク、ネットワーキング、ソーシャルアクション）
	その他の記録	紹介状、通信文、健康診断書、契約書等	ソーシャルワーク全般
運営管理記録	会議記録	事例検討会や委員会等の議事録	メゾレベルのソーシャルワーク（ソーシャルアドミニストレーション）
	業務管理記録	日誌、日報、業務統計等	
	教育訓練記録	実習記録、逐語記録、場面再構成シート等	スーパービジョン
	調査研究用記録	アンケート調査票、データ分析表等	ソーシャルワークリサーチ

※支援記録のうち、ケースワーク記録で用いられているケースワークの用語は、ミクロレベルのソーシャルワークのうち、個人・家族を対象としたソーシャルワークに用いる。

非公式の（インフォーマルな）記録

実践（者）記録	ふりかえりノート等 ※スーパービジョンの資料として公式の記録とされる場合がある。
当事者記録	手記等 ※クライエントより提供を受けた場合、公式の記録とされる。

※印のように、公式の記録としてファイリングされる場合がある。

（筆者作成）

ワーク記録（**表4-8**）について紹介したのは、包括的支援体制の実現に向けて、個別課題から地域課題へつなげることが重視されており、ケースワーク記録とコミュニティワーク記録との比較の参考に供するためである。

（3）記録の様式（フォーム）

　記録の様式（フォーム）とは、その媒体が手書き（以下、手書記録）であれ、電子的（以下、電子記録）であれ、記録のための用紙またはシートのデザインをいう。ケースワーク記録の場合、ケースワークのプロセスにそって、次のような様式の用紙（シート）が用意される。

①フェースシート（基本情報用紙）

　クライエントの属性や状況、相談内容等、クライエントから得られた基本的な情報を記録する。

②アセスメントシート（事前評価用紙）

　クライエントから得られた情報をもとに、解決すべき課題を分析して得られるアセスメント結果を記録する。

③プランニングシート（支援計画用紙）

〈表４−７〉ケースワーク記録の記入例

フェースシート

氏名	Aさん	生年月日	○年○月○日生（63）歳	性別	女	日付	・　・
住所	××市○○			電話	○○		
紹介経路	主治医	紹介理由	検査入院を拒否している				
主訴	Bさん、Cさんを置いて入院できない						

家族関係	生活歴（家族歴・職歴・学歴・病歴など）

歳	本人	長男	長女
		22 大学卒業	18 高校卒業
44	離婚	24 発病	
50	結婚		
	腰痛		
54	離婚		
	専門外来受診	30	26

家族員	齢	性	職業	備考
B	30	男	無職	統合失調症、精神障害者保健福祉手帳２級、障害基礎年金２級。新聞記事の切り抜きとスクラップ作業を日課にしている。
C	26	女	主婦	喘息。主たる家事の担い手。
D	7	男		喘息。

傷病　腰痛、難病	医療保険　健康保険	公費負担医療　なし
身体障害者手帳（　）級	療育手帳（　）級	精神障害者保健福祉手帳（　）級
障害高齢者日常生活自立度（　）	認知症高齢者自立度（　）	要介護度（　）
職業　会社員	年金保険　厚生年金保険	各種手当
住居の所有形態（賃貸）持家	建物の構造　県営アパート	居室の構造　３K

アセスメントシート

	ニーズまたは状況	支援の現状	当面の支援課題
身体的側面	腰痛、杖歩行	専門外来を受診	療養の継続を支援
精神的側面	将来に見通しをもてず無気力になることあり		精神的サポート
日常生活面	歩行や外出に不自由をきたしている		
経済生活面	特になし		
居住環境面	３Kの県営アパートで、Bさんの声がまわりに響くため、近隣に遠慮がち		
社会交流面	近隣とはふだんの交流はない		孤立感を解消する
家族関係面	精神科受診中の長男への対応困難、男児のいる長女は家事に協力的		
職業生活面	会社員として、生計を維持している		療養と職業の両立を図る
余暇活動面	特になし		

プランニングシート

長期目標	①長男の社会参加、②Aさんの療養と仕事との両立
短期目標	①長男の救急対応、②Aさんの障害受容

	支援課題	モニタリング結果（○年○月○日）	エバリュエーション結果（○年○月○日）
身体的側面	治療継続の困難に対する支援	定期受診を継続中	定期受診を継続中
精神的側面	疾病の進行に伴う障害受容の支援	外来受診日に訴えを傾聴	定期的な外来受診を継続中だが、相談室に立ち寄ることはなくなった
日常生活面	社会福祉サービスの活用を支援	障害福祉サービス利用意向要確認	難病の進行は落ち着いており、新たなサービスは利用していない
経済生活面	特になし	特になし	特になし
居住環境面	住宅改修の支援	住宅改修はしていない	Aさんにとっては今のところ住宅改修の必要なし
社会交流面	患者会への参加を支援	患者会に意欲的に参加している	患者会に継続して参加している
家族関係面	長男への支援	長男は作業所に通所している	長男は精神的に落ち着いており作業所への通所を継続中
職業生活面	職場との関係調整	職場の理解が得られた	仕事、家事、療養で余裕はないが、患者会への参加が生きがいになっているようだ
余暇活動面	患者会への参加を支援	患者会に意欲的に参加している	

プロセスシート

日付・方法	内容
5/11 主治医の紹介 により来談	F：入院への躊躇 S：入院指示を受けたが、精神科受診中の長男の夜間急変が心配で入院期間が長引くことが不安で入院に躊躇。 O：主治医より約2週間との説明を受けている。 A：優先課題は、入院に伴う不安を解消し、安心して治療に専念できるようにすることである。 I：精神科夜間救急外来を紹介したことにより、Aさんの不安を解消することができ、入院することとなった。　　　　　　　　　　　　　　　　　　　　　　（署名）
5/18 Aさんの来談	F：長男の就労の可能性 S：①長男は、昼間は新聞の切り抜きに熱中しているが、夜間に妄想があり、6～7年間入退院を繰り返している。「どうしても働いてほしいんです」と涙ぐむ。 　②長女（離婚）と7歳の男児は喘息で通院中。 　　長女は長男の世話や家事を引き受けている。 　③生計をまかなっており、仕事の継続を希望。 O：①カルテによれば、長男はX精神科病院に入院歴あり。 　②長女と男児は当院通院中。 A：家族のそれぞれが生活課題をかかえているが、長男の社会参加への支援として福祉的就労を進めていくことを当面の優先課題とすべきか。 I：①福祉的就労についての説明。 P：①当面、X精神科病院の精神保健福祉士と連携し、Bさんに地域作業所の見学を働きかけることになった。　　　　　　　　　　　　　　　　　　　　（署名）

※ F-SOAIP／F（Focus）：着眼点（場面のタイトル）、S（Subjective Data）：クライエントの言葉、O（Objective Data）：観察・他職種からの情報等、A（Assessment）：判断・解釈、I（Intervention/Implementation）：介入・実施、P（Plan）：当面の対応予定。

（出典）小嶋章吾「医療ソーシャルワークの記録」日本医療ソーシャルワーク学会 編『地域包括ケア時代の医療ソーシャルワーク実践テキスト』日総研出版、2018年、56～57頁を一部改変

＊50
本節1（4）の表4－9ならびに＊52を参照。

アセスメント結果をもとにした支援計画を記録する。

④プロセスシート（支援経過用紙）

支援経過を経時的（時系列的）または要約的に記録する。これは経過記録、つまり支援経過のログ（log：履歴の記録）である。ほかのシートに追記、補記、修正する場合の情報もここに記録されている。

プロセスシートの最もシンプルな様式は、日付欄と内容欄からなり、記録者は記録の末尾に署名する。内容欄の記述形式については、（4）の❶を参照されたい。

⑤モニタリングシート（中間評価用紙）

モニタリング結果の記録は、モニタリングシートが用意されている場合もあれば、プロセスシートに要約体で記録する場合もある。また、支援課題との関係で、プランニングシートにモニタリング結果が組み込まれている場合もある（表4－7）。

⑥エバリュエーションシート（事後評価用紙）

エバリュエーション結果の記録は、エバリュエーションシートが用意されている場合もあれば、プロセスシートに要約体で記録する場合もあ

〈表4−8〉 コミュニティワーク記録（行動記録）の記入例

日付 会議名 （参加者）	内容
6/23 推進委員会 （施設長、福祉委員、市介護保険課担当者）	F：小規模多機能居宅介護と地域をつなぐ O：［施設長］地域（商店街）との連携をめざしていきたいが、なかなか商店街に理解してもらえない。 O：［福祉委員］施設入口にある駐車場で商店街の買い物客を対象にした休憩スペースを設けているが、今まで来客はない。 O：［市介護保険課担当者］広報に力が入っていないのではないか。 A：休憩スペースの設置は、事業所の実益につながりにくいことから、広報も十分に行えていないのではないか。 I：事業所と商店街双方の言い分を整理させていただきます。 P：両者の言い分を整理し、次回会議で報告する。　　　　　　　　　　　　　　　　　（署名）

（注）本例の3者（施設長、福祉委員、市の担当者）の発言はいずれも客観的情報を述べているため、「O」の項目となっている。[*51]

（出典）嶌末憲子・小嶋章吾『医療・福祉の質が高まる生活支援記録法［F-SOAIP］多職種の実践を可視化する新しい経過記録』中央法規出版、2020年、121頁の記載例を一部改変（大阪府社会福祉協議会『社協コミュニティワークの実践力を高めるための「記録」と「事例検討」』2013年をもとに作成）

*51
*50に同じ。

る。また、支援課題やモニタリング結果との関連がわかるよう、プランニングシート（支援計画用紙）に組み込まれている場合もある（**表4−7**）。効果測定が行われた場合には、その結果はグラフ等の図形式で記録される場合がある。図形式については、（4）の❷を参照されたい。

⑦クロージングシート（終結時用紙）

　支援の終結時に、クロージングサマリー（終結時要約）として用意されたクロージングシートに記録される場合もあれば、プロセスシートに要約体で記録する場合もある。

　表4−8には、コミュニティワークで用いられる行動記録の記入例を示した。

（4）記録の形式（フォーマット）

　記録の形式には、記述形式、図形式、表形式の3種類がある。

❶記述形式

　記述形式とは、主として文章記述による記録の形式であり、叙述形式と項目形式とがある。いずれも、（5）で述べるような、逐語体、叙述体、説明体、要約体を用いて記述できる。

　①叙述形式

　　叙述形式とは、自由記述の形式である。記録者の文章表現力に左右される、見読性に劣る、事実関係が中心となりワーカーのアセスメントが漏れやすい、といった難点がある。

②項目形式

　項目形式は、プロセスシートの記録方法で、文頭に所定の項目を付して記述する形式である。項目には記述内容を表示するタグ（tag：札、付箋）として、アルファベットが用いられる。項目形式は、効率的に記録できる、見読性に優れている、実践過程が可視化できる、ICTによるデータベース化が容易、といった利点がある。項目形式の採用には一定の教育訓練が必要となるが、これは難点というよりも、項目形式の利点を発揮するための記録技能の習得のために専門職養成の中で位置付けられるべきことである。記録の技能は、（６）を参照されたい。

　項目形式の記録法には、保健医療分野（医療、看護、リハビリテーション等）では、医学モデルに基づく問題指向型システム（POS：Problem Oriented System）におけるSOAP（ソープ）が普及している。これは、ウィード（Weed, L.）が開発し、昭和48（1973）年に日野原重明（ひのはらしげあき）によってわが国に紹介されたものである。一方、社会福祉分野（ソーシャルワーク、介護、保育等）やケアマネジメントにおいては、長らく叙述形式が用いられてきた。保健医療専門職と社会福祉専門職とが密接に協働する事業所やチームでは、社会福祉専門職の相談援助記録にSOAPを導入する場合もみられるが、医学モデルに基づくSOAPでは、問題ごとに記録する、介入または実施について記録する項目がない、といった難点が記録に支障を来すことは避けられない。

　記録の効率化や効果的活用、情報共有が重視されるようになったことを背景に、項目形式の記録法の一つとして、社会福祉分野では、生活モデルに基づく生活支援記録法（F-SOAIP）※52（エフソ・アイピー）が開発されている。F-SOAIPは形式上、保健医療分野のSOAPの４項目を網羅しているため、多機関多職種連携にも有用であり、記録の標準化に資する可能性がある。**表４－７**のプロセスシート、及び**表４－８**のコミュニティワーク記録（行動記録）の記入例にF-SOAIPを用いている。

　項目形式の登場はプロセスシートで多用されている、叙述形式（自由記述）に対して初めて、経過記録の方法（経過記録法）といえる記述形式を提供することになったことを意味している。

　なお、介護記録については、ソーシャルワーク記録に先んじて、叙述形式から項目形式にかじを切り、介護記録法の標準化がめざされている。

第４章

＊52
生活支援記録法（F-SOAIP）は、６項目を用いた経過記録の方法である。Fはその場面のタイトルとなるので１行目に記録し、Pは末尾に記録するが、他の４項目は順不同で用いることができる。項目の詳細は、**表４－９**を参照されたい。

〈表4－9〉生活支援記録法（F-SOAIP）で用いる6項目

F	Focus 着眼点	クライエントのニーズ、ソーシャルワーカーの気がかり等 ※その場面のタイトルとする
S	Subjective Data 主観的情報	クライエント（キーパーソンを含む）の言葉 ※キーパーソンの場合、S（関係や続柄）と表記
O	Objective Data 客観的情報	ソーシャルワーカーによる観察から得られた情報 他職種・他機関等から得られた情報
A	Assessment アセスメント	ソーシャルワーカー（記録者本人）の判断・解釈
I	Intervention/ Implementation 介入・実施	ソーシャルワーカー（記録者本人）の対応 ※支援、声かけ、連絡調整、介護等
P	Plan 計画	当面の対応予定

（筆者作成）

❷図形式

①種類・特徴

図を用いた記録の形式である。図形式には、ジェノグラム、ファミリーマップ、エコマップ、ソーシャルネットワークマップ、ソシオグラム、効果測定等に用いられるグラフ、住居見取り図等がある。ここでは前4者について説明する。[*53]

図形式の利点は、記録内容が視覚的に把握・理解しやすい。しかし、難点としては、言語表現ではないため、作成法や図に用いられる記号の意味について、共通認識がない場合には凡例を必要とする。

②ジェノグラムとファミリーマップ

ジェノグラムは、家族の情報を図式化した「世代関係図」のことで、ソーシャルワークにおいては、マクゴールドリック（McGoldrick, M.）とガーソン（Gerson, R.）によって開発された。世代間伝承等の理解や、誕生・結婚・離死別等の出来事についての理解に活用できる（図4－21）。ジェノグラムをもとに家族関係を書き入れたものがファミリーマップであり、家族成員間の情緒的関係の理解に活用できる（図4－22）。

ジェノグラムやファミリーマップをクライエント本人や家族とともに作成することによって、自らの状況理解に活用することもできる。

③エコマップ

エコマップは生態学視点の立場から、ハートマン（Hartman, A.）によって開発された。クライエント本人及び家族を図示したファミ

*53
本書第2章第3節7でも、ジェノグラム、エコマップを紹介している。そこで解説しているとおり、作成法に基本はあるがバリエーションもあり、必ずしもすべての人が同じ描き方をするとは限らない。

〈図4−21〉ジェノグラムの例と表記法

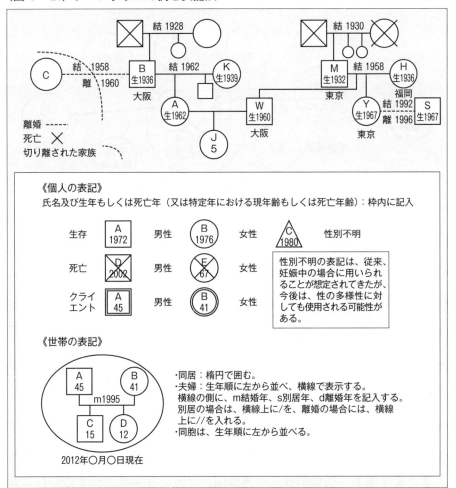

（出典）平山　尚・平山佳須美・黒木保博・宮岡京子『社会福祉実践の新潮流－エコロジカル・システム・アプローチ』
　　　ミネルヴァ書房、1998年、238頁をもとに一部改変

〈図4−22〉ファミリーマップの表記法

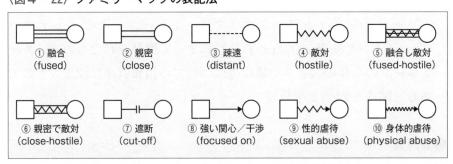

（出典）村松　励「非行臨床におけるジェノグラム（Genogram）の活用」『人文科学年報』第40号（2010年）専修大
　　　学人文科学研究所、59～82頁

〈図4－23〉エコマップ及びファミリーマップの例と表記法

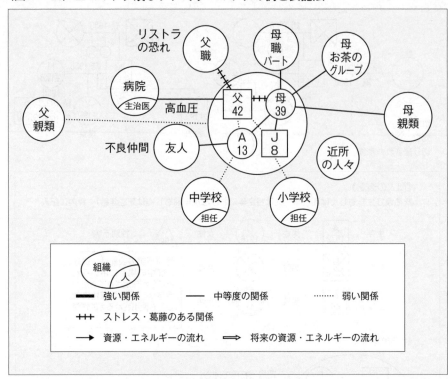

（出典）平山　尚・平山佳須美・黒木保博・宮岡京子『社会福祉実践の新潮流－エコロジカル・システム・アプローチ』ミネルヴァ書房、1998年、237頁をもとに一部改変

リーマップを中心に置いて、クライエント本人及び家族を取り巻くさまざまな環境（関係職種、関係機関、ソーシャルサポート等の社会資源）との関係について図示するものである（**図4－23**）。

　エコマップをクライエント本人や家族とともに作成することによる効用は、ジェノグラムやファミリーマップの場合と同様である。

④ソーシャルネットワークマップ

　ソーシャルネットワークマップは、トレーシーとウィトテカー（Tracy, E. M. & Whittaker, J. K.）によって開発されたもので、ネットワークの全体の大きさや構成等についての情報収集に役立つものである（**図4－24**の上半分）。

❸表形式

　表形式とは、罫線を用いた記録の形式である。記録が必要な事項があらかじめ用意されており、一覧性や見読性が高い。インテークシート、アセスメントシート、プランニングシート、モニタリングシート、エバリュエーションシートは一覧性が求められるため表形式が適している。

〈図4－24〉ソーシャルネットワークマップの記入例と世帯表のフォーム

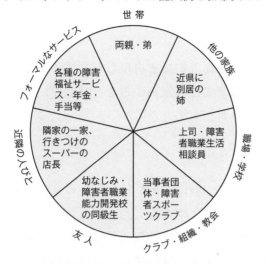

世帯

氏名	生活の場	具体的な サポート	情緒的な サポート	情報／ アドバイス	批判	援助の 方向	親密さ	どれくらい 会いますか	どれくらいの 知り合いですか
A									
B									
C									

（出典）スーザン K.『人－環境のソーシャルワーク実践－対人援助の社会生態学』川島書店、2000年、116～117頁を一部改変

表形式の例では、ソーシャルネットワークマップの一部（**図4－24の下半分**）や生活史年表（ライフヒストリーグリッド）等がある。

　表形式では、事項ごとの記入欄の文字数の制約により比較的短文となり、また選択肢となっている。そのため利点としては、あらかじめ用意された事項については事項名から記録すべき内容を想起しやすく記録が容易である、事項ごとに記入されるので一覧性が高い、事項ごとのデータベース化が容易である、などがあげられる。

　しかし、難点としては、あらかじめ用意されていない事項については備考欄やその他の選択肢があったとしても漏れがちである、記録すべき内容が選択肢と完全に一致していなくても安易に選択されてしまう恐れがある、記入欄の文字数の制約によりその範囲での記入にとどまりがちである、事項間の関係等複雑な内容を記録しにくい、といった点があげられる。

（5）記録の文体（スタイル）

　記録の文体とは、記述形式の記録で用いられる文章のスタイルであり、

逐語体、叙述体（過程叙述体、圧縮叙述体）、説明体、要約体がある。

❶逐語体

逐語体とは、会話をありのまま再現した文体である。原則として面接場面等をそのまま録音または録画することはしないため、ワーカーの記憶に基づいて再現されたものとなる。

❷叙述体

支援の展開を経時的（時系列的）に記録する文体である。**叙述体**には過程叙述体と圧縮叙述体とがある。過程叙述体は、支援の展開を詳細に記録する場合に用いられる。圧縮叙述体は、支援の展開を簡潔に記録する場合に用いられる。上記の逐語体は、叙述体の中では「　」書きで取り扱われることがある。

❸説明体

ワーカーの評価（アセスメント：事前評価、モニタリング：中間評価、エバリュエーション：事後評価）、換言すれば、ワーカーの専門職としての説明であり、解釈、判断、見解、所見、意見を記述する文体である。ワーカーの個人的な主観、印象、所感、感想を記録するわけではない。

❹要約体

叙述体や説明体による記録を要約して記録する文体である。テーマ別または支援の節目に用いられる。終結時に用いられる場合、終結時要約ともよぶ。

（6）記録の技能

ケーグル（Kagle, J. D.）は優れた記録の要件として、説明責任を果たせること、効率的であること、利用者の秘密保持が確保されていることという3点をあげているが、[2)] この観点から記録の技能を次のように整理する。

❶正確に書く

記録は実践の証拠であるから、クライエント側の情報等であれ、またワーカーの評価や介入・実施内容等であれ、すべて正確に書くことが求められる。詳細な内容は忘却されやすいので、正確に記録するためには、支

援直後できるだけ迅速に記録することが望ましい。また、面接中等、支援の過程において重要な語句等必要なことはメモをしておくことが望ましい。

　訂正が必要な場合には、手書記録では訂正箇所に二重線を引いた上に訂正者が押印し、訂正日と訂正内容を明記する。また、電子記録の場合には入力を確定するまでの訂正には支障はないが、いったん入力を確定した後の訂正は、訂正箇所を指定し訂正内容を追記し、訂正日と訂正者とともに訂正の履歴を残す。

❷わかりやすく書く

　記録は書くだけでなく、読まれ有効活用されるために、自他ともにわかりやすく理解されるよう記録するべきである。そのためには、簡潔明瞭な文章表現をする、6W3H（Who, What, When, Where, Why, Whom, How, How much, How many）にそって書く、主語と述語の関係を明確にする、時制を考慮する、特殊な用語や俗語を避ける、記述形式の場合には表題をつける・段落を設ける・小見出しをつける・箇条書きにする、といった工夫をするとよい。

❸必要な情報に限定する

　実践に必要な情報のみ記録すればよい。だが必要な情報を取捨選択することは容易ではない。記述形式の場合には、専門的見地から必要な情報を記録することができるが、ワーカーが気付いていない情報や必要性を理解していない情報は記録されない。経過記録法としてF-SOAIPを用いる場合には、記録場面を「F」で焦点化するため、意図的な情報の取捨選択が可能となる。

　表形式の場合に選択肢が採用されている場合には、（4）の❸であげたような難点に留意すべきである。

　記録すべき内容によって記録の形式を選択すべきであるが、同時に採用した記録の形式によって起きやすい弱点にも留意すべきである。

❹参加と協働を促す

　支援過程に利用者の参加と協働を促すことはエンパワメントの観点からも重要である。例えば面接中にエコマップをともに作成する、記録した内容を確認する、求めがなくとも記録の閲覧を促す、複写を渡す等といったように、利用者の参加と協働を促す手段としても記録を活用することができる。[54]

----

* 54
本節3（1）❶❷参照。

（7）記録の管理・保管

記録は、有効活用や個人情報の保護の観点からも、ワーカーが所属する機関において、記録の管理や保管に関するガイドラインを必要とする。

業務の中で、効率化できる最たる業務が記録である。そのためには、記録の形式（〔4〕を参照）の検討、記録の技能（〔6〕を参照）の向上、ICTの活用（後述2を参照）が求められる。同時に、ワーカーの所属機関の管理者には、記録には一定の時間と労力を要する業務であるとの認識をもち、業務時間の中に記録業務が組み込まれることが望まれる。

2 情報通信技術（ICT）の活用

（1）ソーシャルワークとICTとの関係

❶ICTとソーシャルワーク

ICT（Information and Communication Technology：情報通信技術）の発展と普及はめざましい。ソーシャルワーク記録という情報や多機関多職種連携における情報共有にとってその影響は大きい。

❷ソーシャルワーク記録とICT

①効率化

手書記録から電子記録へ移行することにより、入力及び閲覧のいずれについてもその労力は格段に軽減される。

㋐入力

電子記録は、入力においては、手書きからキーボード入力、タップ入力、音声入力等、いずれも効率的な入力ができる。入力者名や入力日時等が自動的に記録されることも記録の効率化に役立つ。

㋑変更

記録として確定するまでは内容の変更（追加、修正、削除）は容易である。いったん記録として確定した後に変更が必要な場合には、すでに記録されている内容のどの部分について、誰がいつどのように変更したかがわかるように履歴を残しておくべきである。

㋒文例・選択肢

記録内容についての文例や選択肢が用意される場合もあるが、それらの利用には慎重さが求められる。基本は文例や選択肢に左右されず、個別化の原則に従い専門職としての見地から記録すべきである。文例や選択肢を利用する場合であっても、完全に該当しない場

合には備考欄やその他の欄に補記すべきである。

（エ）閲覧

　閲覧は、電子記録はディスプレイのサイズの制約上、一覧性には難点があるものの、見読性に優れているため効率よく閲覧できる。また、記録の検索や整列による閲覧も瞬時に行うことができる。

　ワーカーの所属機関によっては、部署や部門、職種や役職によって閲覧できる範囲が規定されている場合もある。

　閲覧が容易となれば、日常の記録業務を通してOJTに役立つ[*55]。また、他職種が閲覧することによって、ソーシャルワークの専門性への理解や職種間連携の促進にも有用である。

* 55
本双書第2巻第6章第4節3（2）参照。

②効果的活用

（ア）記録の連動

　支援記録をもとに事例記録や業務日誌を作成することも容易である。プロセスシートに項目形式の経過的記録法を採用している場合には、「P（プラン）」に記録された内容が、プランニングシートに自動的に反映されるようにする等、複数の記録を容易に連動することができる。

　しかし、そのためにはプロセスシート（支援経過用紙）に項目形式の経過記録法を用いて、項目ごとに入力できるようになっている必要がある。現行のほとんどの記録システムでは、叙述形式（自由記述）が前提となっているため、このような連動はむずかしい。たとえ画面上、プロセスシートの入力にあたって、文頭に項目を振りながら入力したとしても同様である。ICT化やAI活用をみすえて、記録システムベンダーには、記録システムに項目形式の経過記録法の搭載を望みたい。

（イ）分析

　記録内容の抽出、整列、出力等はもとより、統計分析またはテキスト分析等も容易に行うことができ、業務分析や調査研究に有用である。

（ウ）情報通信技術（ICT）の活用

　事業所内の職種間ではイントラネットを用いて、また機関間ではインターネットを用いてリアルタイムに情報共有ができる。ただし、事業所内と機関間での個人情報の取り扱いが異なることは、後述3（2）❷❸を参照されたい。

　情報共有上、職種間・機関間での情報の遺漏や齟齬をなくし、円

滑な連携を図るために、記録の標準化が不可欠となる。

③課題

　㋐バックアップ

　　記録情報のバックアップ等、保守管理が不可欠である。

　㋑漏えいや改ざんへの防止策

　　オンラインでの情報共有の場合、記録データの漏えいや改ざんの危険性に伴い、その防止策が不可欠である。またUSBメモリの紛失等に見られるように、データの持ち出しは認められない。

　㋒特別な指針

　　㋐、㋑に加えて、情報通信技術を用いた情報共有においては、録音・録画はもとより技術的には記録の自動化が容易となることから、記録情報の取り扱いについての特別なガイドラインを必要とする。

3 個人情報保護と情報共有

＊56
本双書第2巻第5章第2節及び第13巻第2部第3章第2節参照。

　個人情報保護については他巻でも取り扱っているため、ここでは記録[56]に関する内容に限定して取り上げる。利用者の支援にあたって、個人情報の保護と情報共有をどのように両立させるかは実践上の課題であると同時に、記録のあり方とも密接な関係がある。

（1）記録の開示

❶利用者に対する開示

①利用者の希望への対応

＊57
本双書第9巻資料編参照。

　「ソーシャルワーカーの倫理綱領」[57]及び「社会福祉士の倫理綱領」は、「クライエントから記録の開示の要求があった場合、非開示とすべき正当な事由がない限り、クライエントに記録を開示する」としている。記録の閲覧だけではなく、個人情報の保護に関する法律（以下、個人情報保護法）に準じ、記録の複写や修正・削除を希望する場合も含めて考える必要がある。

②積極的な開示

　「クライエントから……要求があった場合」とされているが、利用者が自らの記録にアクセスすることは、利用者のプライバシー権の自覚、ワーカーと利用者とのコミュニケーションや信頼関係、利用者のエンパワメントの向上につながる。したがって、利用者の要求いかんによらず、記録の閲覧を奨励する、記録を共同で作成する等、記録に

対する利用者の参加と協働を促すことが求められる。

③開示しない特別な理由

　個人情報保護法において、保有個人データの全部または一部を開示しないことができる場合として、「本人又は第三者の生命、身体、財産その他の権利利益を害するおそれがある場合」「個人情報取扱事業者の業務の適正な実施に著しい支障を及ぼすおそれがある場合」「他の法令に違反することとなる場合」（第33条）の３点があげられており、これに従う必要がある。

④第三者の個人情報保護

　「精神保健福祉士の倫理綱領」では、クライエントに記録を開示する場合、記録に含まれる第三者の秘密を保護しなければならないと規定している。この点は他の専門職にとっても留意すべきである。

❷第三者への開示

　「精神保健福祉士の倫理綱領」では、クライエントの個人情報について第三者から情報の開示の要求がある場合、クライエントの同意を条件としているが、クライエントに不利益を及ぼす可能性がある場合には、クライエントの秘密保持を優先することとしている。

（2）記録の共有

❶ワーカーと利用者との共有

　利用者の参加と協働を促し、記録を作成し共有することである。

❷事業所内での職種間の共有

　チームケアにおける多職種協働（Interprofessional Work：IPW）の促進のためには、記録を通じた情報共有は不可欠である。事業所内で情報共有されることはオプトアウト[*58]で足りるが、利用者に対して積極的に説明し理解を求めることが望ましい。

　利用者から「ここだけの話にしてほしい」との希望が表明される場合には、利用者が制限を希望する範囲を明確にした上で、利用者の希望にそうことを優先する。他職種と共有する必要がある情報であれば、利用者の理解と協力を得ることに努める。

❸機関間での情報共有

　ICTにより、地域ネットワーク等の機関間で情報共有することは技術

*58
オプトアウトとは、個人情報を第三者に提供することを公表しておくことにより、事前に個別的な同意を得る必要がなくなるというものである。ただし、オプトアウト手続きを行っていることを個人情報保護委員会に届出をしなければならない。また、個人情報が表す本人は、事後的に第三者への情報提供の停止を請求できる。なお、要配慮個人情報（人種、信条、社会的身分、病歴、犯罪の経歴、犯罪被害歴など）については、オプトアウトによる第三者提供は認められない。ちなみに、本人が事前に許諾した個人情報だけを第三者に提供することをオプトインという。

的には容易であるが、事業所内での情報共有とは異なり、必ず利用者の
同意を得ておく必要がある。

📖 **BOOK 学びの参考図書**

●嶌末憲子・小嶋章吾『医療・福祉の質が高まる生活支援記録法［F-SOAIP］多職種
の実践を可視化する新しい経過記録』中央法規出版、2020年。
　　F-SOAIPは、生活モデルに基づく項目形式の経過記録の方法として提案されてい
るものである。医学モデルに基づくSOAPとも整合性があり、多機関多職種連携に
おける記録の標準化に資することが期待されている。

●髙石麗理湖『ソーシャルワークと経過記録法－医療ソーシャルワーカーの実践力を
高めるF-SOAIP』明石書店、2023年。
　　叙述形式と項目形式のSOAP及びF-SOAIPという３つの経過記録法を比較した、
本邦初の本格的な経過記録法に関する研究成果である。福祉職と医療職とが連携す
る場や機会が多くあるなかで、ほぼ叙述形式しか知らず、他の経過記録法を学ぶ機
会もなかった福祉職にとって、医学モデルに基づくSOAPの影響を受けることは避
けられなかったことであろう。本書は、叙述形式やSOAPに対するF-SOAIPの優位
性を実証した画期的な研究結果である。副題に医療ソーシャルワーカーとあるが、
経過記録法は分野・領域を超えて共通なので、他分野・他領域の読者にとっても、
経過記録法の見直しに役立つことだろう。

引用文献

1）副田あけみ・小嶋章吾 編著『ソーシャルワーク記録－理論と技法 改訂版』誠信書房、
　　2018年、２頁
2）J. D. ケーグル 著、久保紘章・佐藤豊道 監訳『ソーシャルワーク記録』相川書房、
　　2006年、166頁

参考文献

● 岡村重夫『ケースワーク記録法－その原則と応用』誠信書房、1965年
● 八木亜紀子『相談援助職の記録の書き方－短時間で適切な内容を表現するテクニック』
　　中央法規出版、2012年
● 厚生労働省ホームページ「介護分野における生産性向上の取組みを進めるためのツー
ル等」

第 8 節　ソーシャルワークに関連する方法

1　ネゴシエーション

（1）ソーシャルワークにおけるネゴシエーションの意義

　ネゴシエーションの意味を国語辞典で調べると、「（外国との）商取引における交渉」とある（『新明解国語辞典　第6版』）。わが国におけるネゴシエーションという行為の理解は、まさにこの語意のとおり、ビジネスの世界において、商いを成功に導くために相手とかけ合い、当方の希望どおりに実現させようとすることである。

　では、社会福祉専門職になぜこの行為、つまりはたらきが必要とされているのか。このことについてできるだけ具体的なイメージを描きながら、その意義と目的を学びたい。

❶社会福祉の現場におけるネゴシエーション

　社会福祉専門職がネゴシエーションを行う身近な場面は、生活課題を抱える人の安心と安全を守り、生きがいのある生活が実現できるよう本人を支える支援者をつくるという仕事の中にある。

　支援者は一人の専門職かもしれないし、複数の組織と専門職がチームとなることも想定される。支援者として責任をもってかかわってくれる人や組織を見つけ、了解を取り付ける行為、さらにはその支援が短期間で終了することなく支援の必要がある限り継続する仕組みとなるよう維持管理していく仕事がミクロレベル（一次圏域）でのネゴシエーションの代表例である。

　では、市域というメゾレベル（二次圏域）でネゴシエーションが必要とされる例としては、どのようなことがあるだろうか。

　各自治体では、地域包括ケアシステムの構築に向けて、平成27（2015）年度から、生活支援体制整備事業が推進され、地域の課題に合った形で、地域で高齢者を支える仕組みづくりが進んできた。

　令和3（2021）年度には、重層的支援体制整備事業が創設され、高齢者、障害者、子ども・若者、そして生活困窮という分野ごとに制度化・事業化されてきた「地域における包括的な支援もしくはケアの推進」が制度間の壁を越え、「人を真ん中」に置いた支援体制づくりへと歩みを

進めている。

　ここで重要な役割をもつ組織が、「協議体」、「重層的支援会議」、さらには「プラットフォーム」である。

　これらの組織がよいはたらきをする仕組みとなるかどうかは、そのメンバーシップにかかっている。「我が事」として参画し、人と時間、場合によっては資金という貴重なリソースを持ち寄ってくれる組織づくりは、コーディネーターのネゴシエーション力が問われる仕事の代表例といえる。

❷共感をつくり、協働を広げる仕事

　「私は人とのコミュニケーションが得意なので、ネゴシエーションを担当します。うまくやってきますよ」。さて、これでよいだろうか。

　これから進める交渉の目的は何か。最も大切にしたいことは何か。参加する団体の数か、それとも資金の拠出か。私たちがつくり出したいものは誰のためで、何のためのものなのか、そして、その具現化・実現のために交渉相手に何を求めるのか。これらのことが自分の言葉で相手に伝えられるかどうかが大切なのである。

　社会福祉の現場におけるネゴシエーションは、交渉相手にとって「儲かる話」ではない。その中で、持ちかけられた事柄に対してどのような態度をとるかの決め手となるのは、そこにある課題認識や方向性に共感できるかどうかであろう。

　共生社会への営みに共感し、ともに汗をかき、理念を具現化しようという仲間を一人でも増やしていくことが、社会福祉におけるネゴシエーションの意義であり、社会福祉専門職の仕事の醍醐味がここにある。

（2）ネゴシエーションの方法

　ここでは、ネゴシエーションの実践例をもとに、ワーカーの実際の働きを紹介する。共感し、協働する仲間を得ていくむずかしさと、それがかなったときの喜びを想像してほしい。

❶ネゴシエーションの実際

事例 7

医療的ケアが必要な重度心身障害児の入浴支援

　平成26（2014）年に創設した滋賀の縁創造実践センターでは、自宅での入浴が困難になっている医療的ケアの必要な重度障害児者が、学校や生活介護事業所からの帰りに地元の高齢者施設でゆったりと入浴するという、分野を越えた施設入浴サービスの施策化をめざして、モデル事業を企画していた。そのモデルケースとしてＡさんの名前があがった。

　医療的ケアが必要で重度心身障害のあるＡさんは、特別支援学校の中学生。小柄な母親一人では自宅での入浴はむずかしく、父親が早く帰宅できた日に二人がかりで入浴している。Ａさんは寝た姿勢のままで入浴するのだが、成長とともに自宅の浴槽ではお湯に浸かっての入浴をすることはできなくなっていた。

　Ａさんの母親に先駆的なモデル事例として協力を求めることから交渉は始まった。交渉を担当したのは滋賀の縁創造実践センターの事務局である滋賀県社協の職員である。母親は、Ａさんのケアにかかわった経験のない施設とスタッフによる入浴に不安はあると言ったが、「このモデルが成功することが、県内の多くの同じ困難を抱える人たちのためになるのですね」と協力要請に応じてくれた。その場に、自治体の担当者に同席してもらい、自治体としての構え（施策の充実につなげたい）を明確に発信していただいた。また、Ａさんの支援プランを担当し、母親の思いをずっと聴いてきた相談支援事業所の相談員にも母親側に必ず座ってもらい、母親のペースを守るよう心がけた。

　次は、Ａさんの地元の高齢者施設である。この施設もスタッフの配置に余裕のない状態であったが、地元の住民であるＡさんがゆったりとくつろぐ入浴ができていない現実を聞き、どういう協力ができるか職員と相談すると約束した。ここでは、法人の経営陣に事業の目的と先の見通し（出口）を明確に伝えることを心がけた。再度訪問したときの答えは、「地域の住民の方のためにある福祉施設ですから、使ってください」であった。

　難関は入浴ケアのスタッフである看護師とホームヘルパーの協力をとりつけることだったが、いずれも地元の住民のニーズであるとして、何度かの訪問と話し合いの後、それぞれの所長が協力を決断し、高齢者施設を使って、訪問看護ステーションの看護師と地元社協のヘルパーがＡさんの入浴ケアをするモデル事業が成立した。

　「入浴設備を開放するだけですよ」と言った高齢者施設では、職員がＡさんや一緒にやってきた妹に声をかけてくれる。これまで高齢者の身

体介護しか経験のなかったヘルパーは「やっとＡさんが笑顔になったわ。私に慣れて、安心してくれたんやね。うれしいわ」と言い、看護師は、「赤ちゃんのときに会ったことあるよ。大事な地域の子どもだもんね」とＡさんにほほえみかける。

自治体の担当者が最初からかかわってくれたこと、一つひとつの事業所の所長とＡさんの日常について何度も話し合ったこと、そしてモデル事業の見通しを明確に伝えたことが、協働実践につながった。モデル事業の成果と課題、懸念材料を節目で自治体の幹部にも直接伝えていった。

モデル事業から自治体の施策へとつながるまでには紆余曲折があり、ヘルパーステーションと訪問看護ステーションがスタッフの退職で体制がとれず、チームから離脱する事態も起きた。その際には志を共有する他圏域の訪問看護ステーションに事態を伝え、施策化までの期間と限定して協力を得ることになった。ヘルパー確保は何度話し合いをもっても困難だったが、看護師の提案により、地元社協のボランティアセンターに登録している元専門職ボランティア２名が交代で見守り役として入浴に付き添ってくれることになった。ボランティアはＡさんの手を握り、歌を歌って楽しい入浴をサポートした。

モデル事業として実施している間、Ａさんの母親との対話、施設長や自治体担当者との対話を継続することも大切なことであった。

このモデル事業は、医療的ケアを要する重度心身障害児が、高齢者施設で施設の看護・介護スタッフの介助で入浴するという新たな形の入浴サービスとして施策化された。「Ａさんが来ると施設にやさしい風が吹いてくるような気がする、と事務室の職員が言うんです。Ａさんの介助をするスタッフも自ら手をあげた職員なんですよ」。高齢者施設の施設長からうれしい言葉を聞かせてもらった。なんといっても主役はＡさん。発語はなくてもＡさんのほほえむ力がかかわる人の心をつないでくれたのだ。

事例8

制度の狭間（はざま）にある生活課題を提起し、解決するための分野を越えた協働実践の組織づくり（滋賀の縁創造実践センターの創設）

分野横断の組織は制度や施策の中にも多く存在する。地域福祉実践では分野を越えて協働することは当然のこととされている。しかし、人々の生活課題に対応するために、自分たちがサービスを提供している分野以外のことに

人と時間とお金を出して、活動の主体者、実践者になるということは、施設や団体のリーダーにとって大きな負担を引き受けることになる。だが、つくっていきたいのは、第三者的に問題提起を行う組織ではなく、民間福祉として、「自覚者が責任者」として実践する人々が集う組織であった。

　組織づくりにあたって最初に取り組んだことは、わかりやすくて明確な意思をもった理念と、理念を具現化する方法を3～5点にまとめた趣意書作成であった。そこから、「だれもがおめでとうと誕生を祝福され、ありがとうと看取られる地域づくり」という理念、滋賀の縁創造実践センターという名称、生きづらさを抱え、地域のつながりをもっていない人の縁を紡ぐという思いをまとめた文書ができあがった。

　滋賀の民間福祉関係者でこの趣旨に反対する人はいなかった。しかし、会費という形で資金を出し合う（一口10万円）ことについては、どの団体も会員の総意を得る必要があり、それが容易でないこともわかっていた。ついては、団体の代表者と事務局である滋賀県社協は進め方を共有し、説明文書作成、総会に至るまでのはたらきかけを綿密に相談し、事を進めていった。誰が、誰に交渉するかの段取りは重要であった。

　今回の組織づくりは、従来型、つまり事務局が作成した事業計画書・予算書の説明を受け、それに協力するという形での参画ではなく、理念を具現化するために、組織に参画した会員が主体的に事業を創造し実践するという形の組織化である。事業を創設してから資金集めをしていては課題に即応できないので、資金を先に持ち寄り基金化しようと決めた。こういった動き方こそが民間福祉の強みであると考えるが、委託や補助事業に慣れてしまった人たちには理解し難い進め方だったようだ。

　しかし、ここでとどまっていては「自覚者が責任者」の志が泣く。すべての団体の参画が得られなくても、当初予定していた期日に活動を開始し、現場の課題に即して動いていることを見てもらおう、知ってもらおうという方針をとった。さらに「来る者拒まず、去る者追わず」で、団体として参画しない決定をされた分野については個々の法人、事業所に対し参画をよびかけていった。

　保育団体の理事会では、「現場では人材確保と親の課題、子どもの課題に疲弊している。他分野のことにかかわっている余裕は全くない」という意見が多く出たが、ベテランの園長が「私たちは子どもが健やかに育つ権利を本当に大事にして毎日仕事をしている。新しい組織は、子どもを真ん中に置いた実践をよびかけている。私たちから現場の声を届け一緒にやろうじゃないですか」と話された。

　高齢者施設を経営するある法人は当初、先の見えない事業に会費は出せないと反対を表明していた。しかし、その後具体化したモデル事業への協力よびかけに対していち早く対応し、地域の住民のためにできることをしていくことは法人の社会的責任と、実践を続けている。

　メンバーが主体的に行動するプラットフォームをつくるというこのネゴシエーションを通して学んだことは、「実践のコストは誰が負担するのか」ということをうやむやにせず、我が事として考えてもらう投げかけの大切さだった。

❷身に付けるべきスキル、態度
　ネゴシエーションにあたって必要と考えられることは、以下のとおりである。
・解決したい課題について、現場感覚をもって、わかりやすい言葉で人に伝えられること。そのためには困難を抱える人の声をしっかりと聴き、自分なりの言葉で文章化するとよい。
・協働実践のその先に何があるのか、見通し（ビジョン）を理解すること。自分なりの表現でロジック化するとよい。
・コストを理解すること。
・知ったかぶりをしない。正直であること。学ぶ姿勢をもつこと。
・現場に足を運ぶこと。
・自分の組織内そして交渉先との確認・連絡・報告（かくれんぼう）に務めること。
・自分も実践者であるという意識、自分には何ができるかを問い直す態度。
　特別なことは何もない。社会福祉専門職として、私は何を放っておけないと思い、その生活課題を解決するために何をしようとするのかを論理的に組み立て、そのことを相手にていねいに伝えていく。相手の考えもていねいに聴く。
　それでも協働が成立しないことはある。「名前だけでもよいのでメンバーに」というような、形だけでも整えようとする志向は、後にその修正に大きな労力を要することになる。

（3）信頼される実践者になるために
　前項でも述べたが、共生社会への営みを協働で進めたいとの思いをもち、分野ごと、制度ごと、組織ごとに活動している人や団体にはたらきかけ、人々の生活課題に対応した協働実践をつくっていくという姿勢と実践は、今日の社会福祉専門職にとってエッセンシャル（必要不可欠）というべきものである。
　しかし、その実践、つまりネゴシエーションは容易ではない。「総論

賛成、各論反対」「趣旨には賛同するが、民間福祉がお金を出す必要はない。行政がお金を出すなら協力する」、さらには、「大切なことだと思うが、今の仕事だけでいっぱいいっぱい」という現実に出合う。こんなときには、同じように苦労し、でもブレずに実践を積み重ねてこられた先輩方の言葉に学び、一緒にやろうという仲間と切磋琢磨しながら歩もう。

2 ファシリテーション

（1）ソーシャルワークにおけるファシリテーションの意義

「今日の会議（検討会、ワークショップ）は私がファシリ（ファシリテーションもしくはファシリテーターを略した言いまわし）をしますね」。会議の冒頭によく聞くフレーズである。

ファシリテーションとは、「グループによる活動が円滑に行われるように支援すること。特に、組織が目標を達成するために、問題解決・合意形成・学習などを支援し促進すること。また、そのための方法」（三省堂『大辞林　第三版』）とされる。[*59]

社会福祉専門職にとってこのような場面は日々の仕事の中に多く存在する。ファシリテーションはソーシャルワークの中で最も行うことの多い行為（働き）の一つなのである。

❶身近にあるファシリテーションの機会

社会福祉の現場では、支援の始まりから終わりまでを一人のワーカーが単独で担うことはない。年齢や状態の変化とともに対応するサービスは変わっていく。また生活にはさまざまな場面と要素があり、それに対応した支援策を組み合わせることが必要となる。さらに本人を含む家族がいる場合には、世代や属性の異なる家族員への支援の調整が必要となる。

つまり、社会福祉専門職にとって、共通の目的に向かって質の高い仕事をする支援チームの形成やグループを運営する技術であるファシリテーション力をつけることは必須といえる。次に示す会議や研修は、社会福祉専門職にとってなじみのある場であり、いずれもファシリテーションが求められる場といえる。ファシリテーションが有効に機能することによって、会議や研修が所期の目的を達成することができるといっても過言ではない。

*59
『ソーシャルワークディクショナリー 第6版』NASW、2014年、153頁によれば、ファシリテーションは以下のように説明されている。「ソーシャルワーカーがクライエントシステム間の連結を刺激し、調整するソーシャルワークの支援方法のアプローチである。これによって新しいシステムを作り出すか、既存のシステムを強化する。…ファシリテーションの活動に含まれるのは、情報と意見を集めること、人々が自分の感情を表現できるように勇気づけること、論理的な議論を実践すること、メンバーを集めることであり、通常は協働的関係か交渉関係の中で行われる。」。

・組織内でのケア会議や支援調整会議

・組織を越えたケア会議や支援調整会議

・制度に基づく課題別対策協議会（例えば、要保護児童対策地域協議会や、障害者地域自立支援協議会、高齢者虐待防止ネットワークなど）

・組織内での、もしくは組織を越えた事例研究会（勉強会）

・研修の中でのワークショップ

・地域での見守り会議

❷参加者の「心の体力を温める」ファシリテーション

　ちょんせいこは、ファシリテーターは「一人ひとりの心の体力を温め、力を引き出し共有しながら、ともにゴールをめざす進行役。人は本来、力をもつ存在であり、ファシリテーターは、一人ひとりが力を出せる、安心、安全な場をつくる[1]」としている。

　現場では、「支援会議の参加者が皆同じ思いをもっていたので、すんなりと今後の役割分担が決まりました」という会議報告を聞くことがある。支援者である参加者間には利害の対立がないのか、支援の相手である当事者との関係性は支援者によって異なるだろうに、どのような話になったのか。その会議の記録を読んでもいくつかの発言が並び、後は結論しか書かれていない。会議での議論の構造も見えない。

　「今日の事例研究ワークショップはみんな活発でした。久しぶりに発散しました」。こんな報告もよく聞く。ワークショップの目的は何だったのか。どなたかの人生を材料にさせていただき、社会福祉専門職としての支援力を高めることが目的であり、その日、ワークショップの参加者は自分の日頃の支援をどう省察し、皆の意見を得ることで何を学んだのか。その日のホワイトボードシートには、バラバラと発言のフレーズだけが書かれていた。

　これらはよくある事例であるが、決してよい事例ではない。業務で実施する会議や研修は、ソーシャルワークの過程において解決すべきことがあり、そのことに皆で立ち向かう真剣な場をあえてつくっているのである。そこでのファシリテーターの役割は単に会議の場を活性化させたり、うまく進行したりするという表面的なことではない。参加者がそれぞれの持ち味を発揮して結論を導き出し、その結論をそれぞれの支援の現場に持ち帰って実践を改善していくという好循環を生み出す仕掛け人がファシリテーターなのだ。

　質の高いファシリテーションは、会議や研修の場に参加する人の社会

福祉専門職としての「心の体力を温め」、個人と集団の福祉実践を高めるのである。身近にロールモデルとなる人がきっといるはずだ。まずはまねをして、実践を繰り返していくうちに自分のスタイルができる。

（2）ファシリテーションの方法

　この項では、ファシリテーションの実践例をもとに、場づくりの準備からその後の展開までを見通すことをイメージしたい。自分の性格がファシリテーターに向いているかどうかではなく、これは一つの技術であり、技術は訓練と経験によって自分のものになる。

●ファシリテーションの実際

1）場面1　支援会議

　小学校5年生Bくんの乱暴な行動（暴力）に関する学校主催の支援会議にスクールソーシャルワーカーとして参加。ファシリテーションを担当する。

【事前準備】

　①今回の会議目的、ゴールを主催者に確認する。

　②主催者が参加をよびかけた関係者のBくんとのかかわりを確認する。

　　学校関係者だけでなく、Bくんが利用する児童館の職員、地区担当の民生委員・児童委員等、目的にそったメンバーとなるよう事前相談も大切である。

【本番前】

　③会場のしつらえを行う。参加者が主体的で、協力し合う気持ちになれるよう机をレイアウト。真ん中に大きな空間があるロの字型は、意見交換しやすいとは言いがたい。対面の場合、正面の人との距離は1メートル程度がほどよい距離感である。

　　椅子だけにして、ホワイトボードの前に集まるのも一つの形である。

【会議開始】

　④遅刻する人がいても時間どおり始める。その人が入ったときに軽く区切りをつけるとよい。

　⑤ファシリテーターがホワイトボードにメモを書きながら進めるので、参加者は意見交換に集中してほしいことを伝える。

　⑥今回の会議の趣旨とゴールをボードに書き、読み上げ、共有を確認する。

【情報共有】

⑦時間を区切って参加者がもっている情報や確認したいことを発散してもらう。ボードに意見などを書いていく。発言の趣旨や意味を参加者が取り違えないように言葉尻を省略しない。記号でもよい。

【アセスメント】

⑧Ｂくんの行動の理由を背景から見る。

⑨学校側が困っていることから話は始まるが、「Ｂくんも困っている」ということを皆が共有するよう話を進める。

⑩堂々巡りになり、収束の方向に進まない場合は、頼れる参加者に助け船を出してもらってもよい。ここで休憩をとり、休憩後に方向転換してもよい。

⑪最後は、相談者である「担任として困っていること」を引き出す。ほかの先生、地域の関係者らが力を合わせてＢくんの明日からを支援する方法を決めていけるよう、参加者の学び合いや助け合いを促進する。

【支援プランの検討】

⑫これまでの話し合いで出てきたアイディアや学びを材料に支援の方向性を立てる。

⑬優先順位の高い課題や取り組みやすい課題を選ぶよう、方向付ける。

⑭支援の方向性（取り組み課題）を決めたら、取り組むことを現場レベル（具体的な行動）の計画にしていく。取り組み期間を区切って、各参加者が工程と自分の役割を共有できるとよい。

【会議終了】

⑮会議の主催者に「明日からの取り組み」への思いと、支援チーム（参加者）への感謝と期待を話してもらう。

⑯会議の記録はボードの写真を共有してもらうことを伝え、あらためて、意見を整理した結果（記録）を主催者とファシリテーターで作成し、共有することを確認する。

⑰次回の予定等、今後のロードマップを共有して終了。

⑱会議終了後のつぶやきや雑談の中によいプランがあるかもしれない。最適なプランを思いついたときは、誰が集約するかを相談しておくことも大切である。

【記録の共有】

⑲上述した会議の結果（文書化）を適切な時期に作成するよう主催者にはたらきかけ、サポートする。

⑳会議終了にあたってのねぎらいとお礼の言葉をかける。

　この積み重ねが支援チームの質を高め、ファシリテーター役を担った自身の社会福祉専門職としての仕事力を高める。

2）場面2

　事例研究ワークショップ（多職種連携のための事例研究方式の研修会）で小グループのファシリテーションを担当する。

【事前準備】

　①研修会指導者の説明を受け、ワークショップの目的（ゴール）とファシリテーターに求める役割（何をどこまでするのか）を確認しておく。

【当日開始前】

　②研修会参加者より少し早めに会場に入り、担当するグループの参加者と名刺交換、自己紹介で空気をあたためる。

　③ワークに必要な資材（ホワイトボードシートやマーカー、ふせんなど）の扱いを確認しておく。

【ワークショップ開始】

　④指導者の指示に従い進行する。

　⑤参加者の発言バランスに気を配りながら、シートに、どの参加者も自分のコメントが1つは書かれているようにする。

　⑥グループから発表する場合、発表者が一人に集中しないよう声をかける。

　⑦ワークショップのゴールにもっていこうとして、ファシリテーターがまとめの発言をしようとがんばらなくてよい。事前の指導者の指示に従う。

　⑧気になる態度の参加者がいた場合、「特にない」という意見も意見として肯定し、休憩時間に指導者と対応を相談し、指示に従って対応する。

【ワークショップ終了】

　⑨ねぎらい合い、現場での実践に持ち帰ろうと励まし合って終了。

❷よりよい場づくりのためのヒント

・参加者の調整、会場や時間帯の設定等、場の準備から始まる。

・時間の管理：時間どおりに始め、時間どおりに終わる。

・ゴールは文字化して共有。

・会場のレイアウトは大切。人の距離が心の距離にならないように。

・ホワイトボード（シート）の活用。

・ボードの書き方はお手本をまねて、ひたすら実践。終了時に全体が構造化できているように工夫しよう。

・「○○さんはどうですか？」と名前で声掛け。

・参加者の多様な参加を肯定。どの意見（積極的、消極的、肯定的、否定的）にも公平、中立で。

・合理的配慮のある場づくり。

・記録を作成し共有する。発言順ではなく構造化した文書に。発言者名は不要。

（3）信頼される実践者になるために

　ファシリテーションが大切だということは理解していても、その場が誰による、何をゴールとした場なのか、ファシリテーターとして留意すべき点、つまり技術を発揮するポイントはどこなのかということに不安を抱えたまま当日を迎えることもある。準備万端で臨んだつもりでも、参加メンバーによってはそれが崩れ落ちる事態になることもある。

　多職種連携をはじめ、他の専門職や専門家（地域生活のプロである地域住民も含め）との連携、協働には困難がつきものである。それぞれが人の生活にかかわる大切な役割を担っている。事象へのアプローチ、アセスメントの角度が違って当然である。だからこそ、学び合いや互いの経験の共有を促進し、福祉の実践力・支援力を高めるために協働していきたい。

　ファシリテーションは、支援会議やワークショップの場に何らかの思

〈写真4－1〉

ホワイトボードを活用したファシリテーションは、議論をボードで"見える化"していく。

いをもって集まってくれた人の「人への思い」「地域への思い」を引き出し、のりしろが重なるように仕掛ける促進剤である。がんばり過ぎなくてよい。自分を実力以上によく見せようと思わなくてよい。でもファシリテーションのための技術は磨けば高まる。失敗に学び、現場に学び、「あたたかい心と冷たい頭、確かな技術で支援する」。こんなファシリテーションをしていきたい。

3 プレゼンテーション

（1）ソーシャルワークにおけるプレゼンテーションの意義

　「プレゼンは苦手だ」「プレゼン資料をパワポでつくろう」、社会福祉の現場でも飛び交うフレーズだ。

　プレゼンテーションとは、「提示。説明。表現」「自分の考えを他者が理解しやすいように、目に見える形で示すこと」（三省堂『大辞林第三版』）とあるように、音声（ボイス）によるスピーチ、紙媒体や映像、立体の構造物を用いた説明など、工夫された方法で、自分（組織）の考えを他者に伝える活動である。

　この意味から、社会福祉専門職にとってプレゼンテーションは、めざす共生社会の姿を多様な人々に伝え、理解を得ていく取り組みにおいて、さらには、共生社会への営み（実践）への参加をよびかけ、協働実践をつくっていく取り組みにおいて、大切な活動なのである。

　私たちは同じ福祉分野であるにもかかわらず制度ごとに縦割りになりがちな一方で、医療や保健、教育、労働という隣接分野との協働を求めたりもする。また、「福祉はむずかしい」「福祉は公（おおやけ）がすることだ」と一般的には思われている。だからこそ、気負わず、現場目線を大切にプレゼンテーションをしていきたい。

❶身近にあるプレゼンテーションの機会

　プレゼンテーションというと学会やシンポジウムでの発表を思い浮かべる人が多いが、職場の中や法人内、地域や圏域で何かを伝え、協力や協働を求めたいとき、また、地域の住民組織やボランティアに説明したいこと、活動を促進したいことがあるときなど、場面は多様にある。年度初めに事業の方針を伝える場面や、ヒヤリ・ハットの事案があり、注意喚起をする場面も想定される。

　任意のグループや組織で助成金や寄付金を獲得したいとき、福祉人材

のリクルート活動という場面でもプレゼンテーションは重要である。

❷誰に伝えるのか、何を理解してほしいのか

「獲得目標を明確に！」という表現が一番わかりやすいが、プレゼンテーションを行うときに大事なことは「二兎を追わず」ひたすらシンプルに、相手に対し伝えたいことが伝わるよう、示し方の工夫に注力することである。

社会福祉専門職に求めたいプレゼンテーションの技術は、アプリケーションソフトを使いこなし、すてきなデザインの説明資料を作成する技術ではない。スピーチ内容を組み立て、簡潔に文章化し、相手に届く「借り物でない自分の言葉」「事実に基づいた事柄」で伝える技術であることを理解しておきたい。自分の方向性が定まりさえすれば、さまざまなテクニックをもった人に応援を頼み、チームとしてプレゼンテーションに取り組むことができる。ここにも学び合いがある。

（2）プレゼンテーションの実際

プレゼンテーションに欠かせないものは"脚本"である。そこに、小道具として何を準備し、どういう形で伝えるのかということを加えていくことになる。

・伝えたい相手は誰か、どのような人たちか。

・どのような場面設定でのプレゼンテーションか。

・持ち時間はどれだけか。

"脚本"を書くにあたって、最も重要なことはキーフレーズを考えることである。生み出すといってもよい。社会福祉専門職としての自分自身の価値やビジョンを大切に、平易な言葉でつくっていく。そうして生まれたキーフレーズを核にスピーチのシナリオを書く。ここまで進むとあとは楽しい協働作業である。パワーポイントなどのアプリケーションで資材をつくったり、ポスターをつくったり、4コマ漫画にしたり、ミニ芝居にしたり、歌にしたりと仲間とアイディアを出し合い、特技を発揮し合って"私たちならでは"のプレゼンテーションができあがっていく。

（3）言葉力をつける

ここでいう言葉力とは、語彙の多さや話し方のうまさという意味ではない。「Cさんのプレゼンテーションは私の心に深く染み入った。何か

背中を押してもらったような気がする」。それは話し手であるCさんの伝えたいことが、言葉に包まれて「私」に届いたのである。

　言葉力をつけるにはどうしたらよいか。特別な訓練ではなく、日々の仕事の中で、また自分自身の学びや人との出会い、社会で起きていることに関心や問題意識をもつ中で、誰かと共有したいこと、誰かに伝えたいこと、自分の中で大事にしたいと思ったことを書き留めておくことから始めたい。頭の中に書き留めてもよいが、記憶の奥底から引っ張り出すのは大変な仕事なので、メモ帳やスマートフォンのメモに書きつけておくことをお勧めする。言葉の引き出しが増え、そこから生まれる言葉は、「私ならでは」「あなたならでは」の力をもつはずである。

第4章

📖**BOOK 学びの参考図書**

●谷口郁美・永田　祐『越境する地域福祉実践－滋賀の縁創造実践センターの挑戦』全国社会福祉協議会、2018年。
　　だれもが「おめでとう」と誕生を祝福され「ありがとう」と看取られる地域づくりを掲げ、現場の気付きから、分野を越えた福祉を創造し実践してきた滋賀の縁創造実践センターの地域福祉実践を現場から問い直す一冊。

引用文献
1）ちょんせいこ『元気になる会議 ホワイトボード・ミーティングのすすめ方』解放出版社、2010年、15頁
2）ちょんせいこ、前掲書、102頁

第9節　カンファレンス

　ソーシャルワークの展開においては、本人に対する面談を行うだけではなく、家族を視野に入れた支援を行ったり、さまざまな制度やサービスを組み合わせて活用していくことになる。複数の部門や機関、人材が協働していくために欠かせない調整の場となるのが「**カンファレンス**」である。

　元々カンファレンス（conference）とは、語源をさかのぼれば、com「一緒に」と ferre「運ぶ」とが組み合わさったものであり、一緒に物事を運ぶこと、すなわち関連する複数の人々がとある物事について協議し、情報共有しながら物事を進めていくことをさしている。カンファレンスにはいくつかの種類がある。例えば、医療機関などでは「病棟カンファレンス」のように、全員が一堂に会してその週の入院患者の様子や病棟活動を総覧し、それぞれについての今後の対応をざっと共有する機会がある。また「ケースカンファレンス」は個別事例に対する対応をていねいに検討する機会である。また、「ファミリー・グループ・カンファレンス」のように、本人や家族を交えた介入的な支援の場としてカンファレンスを用いることもある。カンファレンスと類似の用語に「事例検討会」があり、しばしば「ケースカンファレンス」と互換的にも用いられることもあるが、本節では「ケースカンファレンス」を支援にかかわる当事者による協議と位置付け、支援に直接かかわらない参加者も含まれる研修や教育目的も兼ね備えた「事例検討会」については異なる目的をもつものとして次節で扱う。本節では「ケースカンファレンス」を中心に扱うこととする。

1 ケースカンファレンスの目的と意義

　ケースカンファレンスの基本的な目的とは、問題やニーズを抱えた事例について支援方針や支援方法を検討し決定することである。とりわけ、多様な困難を抱えてそれまでの支援だけでは行き詰まってしまったり、新たな問題が発見されたときにカンファレンスが開かれることが多い。医療・介護・保健・福祉・教育・司法・就労関連といったさまざまな領域の支援機関・職種が集まり、それぞれの立場から把握してきた情報と支援方針を共有することで、現在の行き詰まりを解きほぐして、今

後の支援方針をつくり上げていく場となる。

　またケースカンファレンスには副次的な目的がある。1つは、支援の
モニタリングや評価を行うことである。もう1つは、支援者を支援する
ことである。特に困難が強い複合問題を抱えた事例に対する支援を振り
返り、評価しようとしても、担当者が悪戦苦闘のさなかにいる場合には
視野狭窄に陥ったり、専門外の部分に関する支援方針に不安を抱いたり
しがちである。カンファレンスを開くなら、同じケースに異なる立場か
らかかわる他機関の担当者らと協議することで、客観的に支援を再考す
る時間をもてる。他者の話を聴くことで自分の支援枠組みを点検し、困
難状況に見通しをつけ、葛藤的な感情を分かち合うことで情緒的に支え
られることもあるだろう。

　カンファレンスによって、①支援者同士のネットワークが強化され、
②ケースの課題に関する立体的な理解を深められ、③個々の担当者が事
例を抱え込み過ぎず、多機関協働チームとしてかかわることができるよ
うになるのである。

2 ケースカンファレンスの運営と展開

（1）事前準備

　事前準備としては、以下の点を検討しておくことが望ましい。

❶カンファレンスの主催者は誰か、どこで開催するのか、誰に参加を求
めるか

　どのように運営するかを決め、参加者間の日程調整を行い、どうして
も都合のつかない欠席者への情報共有方法も決めておく。

❷当日の役割はどのようなものか

　ケースカンファレンスを行う際には、当日の司会進行役、主たる事例
提供者、記録者の役割を決める必要がある。司会進行役は全体を俯瞰す
る役割が求められているため、可能であれば強い困難感を感じている担
当者以外の者が担ったほうが望ましい。

❸事前資料を準備するかどうか

　多くの場合、主たる事例提供者が一定の書式に従った事前資料の作成
を求められる。事前資料には、まず事例に関するフェースシート、経過

記録、担当者のアセスメント、所感が含められることが多い。フェースシートには、事例の基本属性やジェノグラム、エコマップ、生活歴、心身の状況などに加えて事例を総括するような「タイトル」欄や「事例として取り上げた理由」を記載する欄が設けられていることが多い。経過記録では、本人や家族の状況の変化と、支援者らの対応やサービス導入状況などを時系列で整理する。アセスメントでは、これまでの情報を総括し、事例提供者なりに現在の困りごとがどのように生じているのか分析してまとめたものを記載し、所感では特にカンファレンスで取り上げたい点をあげることができる。ただし、これらの事前資料をあらかじめ作成すること自体が主たる事例提供者にとっては負担となり、それゆえにカンファレンスを開催できなくなってしまうのであれば、支援者の抱え込みにつながりかねず、本末転倒な事態となってしまう。そのため、事前準備を必要としないカンファレンス開催方式なども開発されている。

　そのほか、主たる事例提供者以外でも、参加者はそれぞれに、自分の所属機関での見立て・これまでの対応・方針について情報を振り返り、当日説明できるような準備をしておくことが望ましい。どのような立場で参加するにせよ、当然なことではあるが、ソーシャルワーカーの倫理綱領に照らして、支援に必要な範囲に限って情報を共有する。

（2）当日の進行

　当日の進行に関して、いくつかの方法があるので紹介しよう。

❶要保護児童対策地域協議会の個別ケース検討会議

　個別ケース検討会議の開催が必要となる事例とは、以下のような事例である。[*60]①多くの機関が情報共有し、連携し、支援することが望ましい場合、②一つの機関では限界がある場合、③福祉・保健の施策（生活保護、障害福祉、保育等）が使えるが、十分使えていないケースであり、多機関が連携して支援を行うことが必要である場合、④情報が混乱したり錯綜したりしている場合、⑤ケースに危険が生じ、子どもの保護を想定する場合、⑥他機関から会議開催の要請があった場合などである。

　事前準備として、かかわっている機関に参加をよびかけ、日程や場所を調整する。事務局は、基本のアセスメントツールを使用して情報の整理、共有の準備をする。

　当日の進め方は5段階のステップにまとめられる。①「導入」では、出席者の紹介、時間枠の提示と進め方と目的の確認、守秘義務や資料の

＊60
本項では主に奈良県「市町村要保護児童対策地域協議会実務マニュアル」2013年を参考にした。

取り扱いについて確認する。②「情報の共有、情報整理と再構築」では、それぞれの機関の担当者から、これまでの援助実践を報告していく。アセスメントツールを活用し、要点を整理しながら、追加情報や補足事項があるかも検討する。情報を1つにまとめず、いろいろな意見をそのまま受け止める。③「課題の明確化」では、「今後の危険」を明確化し、現状を査定し、目標を話し合う。④「対応と役割分担」では、目標に向けて各機関で次のステップとして何ができるかアイディアを出し合い、役割分担を整理する。⑤「今後の支援の確認」では議論をまとめ、次回の会議までに誰がいつ何をするのかを確認し、次回の会議日を決めておく。

❷サインズ・オブ・セイフティ・アプローチの家族支援カンファレンス

　サインズ・オブ・セイフティとは、子どもを虐待から保護し、児童相談所など専門機関と家族とが協働して子どもの安全な生活をつくっていくために開発されたアプローチであり、日本でも児童相談所におけるケースワークの手法として広がりを見せている。一時保護などの措置権限をもつ児童相談所と、子どもを"奪われる"側の家族とは対立的関係になりやすいが、カンファレンスを活用して協働パートナーとして問題解決にあたっている。本節ではアセスメントと、プランニングのカンファレンスについて取り上げよう。

　家族と児童相談所による協働のアセスメントのカンファレンスには、ホワイトボードを使った3枠組みのマッピングが用いられる。ホワイトボードに縦に2本の線を引いて3つに分け、最上段に見出しとして「うまくいっていないこと」「うまくいっていること」「夢と希望」と書き込む。最初に話し合うのは「うまくいっていること」からである。まず「うまくいっていること」の話し合いから始め、当該欄に、家族がすでに取り組んでいるよいことや安全につながること、どんな小さなことでも書き込んでいく。次に話し合うのは「うまくいっていないこと」であり、すでに起きた危害と、今後の危険について話し合う。ここでは介入の契機となった要因自体がこのまま続いた場合、どんな危険が再び起きることが心配されるかを文章で共有する。虐待という言葉を使わなくとも、子どもの未来の危険を共有した上で、そうならない未来を一緒に考える土台とする。「夢と希望」は、子どもの安全が守られている状態像である。そして、最後に現状を0（すぐにでも分離が必要）から10（安全が確保されケースを終結できる）で数値化してもらったスケールを記

載する。これらの項目を、参加した家族それぞれに発言してもらうだけではなく、ケースワーカーらも発言しながら一緒につくり上げていく。この板書記録は、ケースワーカーだけではなく家族と共有し、今後の取り組みの土台とする。

プランニングのカンファレンスは、子どもの家庭での生活を現実的に考えられる段階に至ってから行うものである。そのときまでに、家族には子どもの安全を守ってくれる親戚や友人、地域の知人にも声をかけて^{*61}カンファレンスに加わってもらうことになる。ここでは、まずマッピングでも共有された「夢と希望」、子どもが安全に暮らしていける生活について、具体的に話し合い、あらためて共有していく。そして、その望ましい生活の実現に向けて、家族員のそれぞれの行動変容のプランを考えてもらう。子どもへのしかり方を学ぶ、生活スタイルを見直す、など多様な課題に応じて多様な目標が上がる。家族以外の参加者も、子どもに危害が生じないようにどのように取り組むか、アイディアを出す。これもホワイトボードに記録し、また参加者全員で共有するほか、子どもたちに対してもその内容を後日イラストと言葉を使って親や他の参加者から説明していく。

対立しやすい関係であっても、カンファレンスを活用して家族と徹底して情報を共有し、ストレングス視点で未来志向のアセスメントやプランニングに主体的に参画してもらうことで、協働的な関係を築けるという手法である。

❸カンファレンスシートを用いた多機関ケースカンファレンス方式

これは、安心づくり安全探しアプローチ研究会が開発した高齢者虐待防止のための多機関協働の手法を発展させたものである。ホワイトボードや大判の記入用紙（カンファレンスシート）に記録しながら、指定の項目にそって話し合いを進めることにより進行を簡素化している。そのプロセスを以下に示す。

①導入

「事例提供者が話し合いたい心配ごと・困っている点」「ジェノグラム・エコマップ」「支援経過概要」を話し合う。これらについては事前準備をしてもよいが、しなくても当日口頭で説明されたものを記載すればよい。

②利用者理解

「本人・家族のできていること・悪くないこと」「本人・家族の困っ

*61
セーフティパーソンとよばれ、家族を支える重要人物としてその後も継続的にかかわり続ける人として家族から依頼される存在である。

たこと・心配なこと」を話し合う。まず「できていること」から話し
合う。

③支援者のかかわり分析

「支援者のうまくいったかかわり方」「支援者のうまくいかなかった
かかわり方」を話し合う。参加者一人ひとりが、事例とどのような関
係を形成してきたかを振り返る時間となる。よい関係を築けているな
ら、そのコツや留意点を共有する。関係を悪化させる点についても情
報を共有する。

④未来の方向性についての話し合い

「本人・家族の望み」「安全像と安全到達度」を共有する。本人や家
族から「望ましい生活」についての情報を得ているなら、それが「安
全像」ということになる。また支援者のほうから「安全な暮らし」の
条件が追加されることもある。安全な暮らしが実現できている状態を
10点とし、最悪な状況を0点として、現状を数値化してもらうのが
「安全到達度」である。安全到達度は参加者それぞれの立場や専門性
の違いから異なる数値が出されることがあるが、無理に統一しないほ
うがよいとされる。お互いの違いを理解することが、その後の協働の
基盤となるためである。

⑤今後の取り組みと見通しの確認

「今後の取り組みアイディア」「見通し」「現時点のプラン」を話し合
う。アイディアを出す際は、「安全到達度」を1点上げるために役立
ちそうなこと、あるいは今の点数を下げないために役立ちそうなこと
をリストアップしていく。「1点上げる」という小さな目標を設定す
るので、困難感が強い人でも考えやすい。アイディアについては、実
際に行えそうか、実行したらどうなるか、と簡単に見通しを話し合う
ことで、実行可能なアイディアか、実行した場合に負担が増えること
があるがその場合にはどうそれを軽減するか、等と現実的に考えるこ
とができる。最後にまとまったプランを整理する。

3 ケースカンファレンスの留意点

多機関・多職種が協働して困難な事例への対応を協議する上で、ケー
スカンファレンスをむずかしくさせる要件がある。それは、参加者の立
場の違いや事例との関係性の違いから、「問題」の見立てが異なってい
たり、それぞれの機関で立てた「支援方針」がかみ合わなかったりする

ときに、葛藤が生じるということである。例えば、「他の機関が対応すべき」などと主張して、緊張感が高まりその後の協働関係が悪化したり、「とりあえず見守りましょう」などと誰も責任を取らない形であいまいに決着してしまったりすることも考えられる。

　ケースカンファレンスをそのような場にしないためには、いくつかのコツがある。第一に、参加者がお互いを批判しないことをルール化しておくことである。第二に、多機関・多職種の違いを尊重するようにすることである。これは、カンファレンスの際には「統一した理解にまとめよう」という同調圧力が生じやすいが、むしろ「お互いに違いがある」ことを共有することによって事例の理解を深められるからである。そのために、ホワイトボードや共有記録などを活用して、違いを積極的に共有する仕組みが有用である。第三には、ストレングス視点を大切にすることである。利用者、家族のストレングスへの注目だけではなく、支援者のストレングスにも注目することが望ましい。第四に、本人や家族視点の未来志向で考えるということである。問題の見立てが異なる支援者から見た「望ましい生活状態」はやはりばらつきが生じやすい。本人や家族の視点から「望ましい生活状態」についての話をしっかりと聞き取っておくことで、目標設定に際しての不毛な対立を少しでも緩和することができるだろう。

BOOK 学びの参考図書

●菱川　愛・渡邉　直・鈴木浩之 編著『子ども虐待対応におけるサインズ・オブ・セーフティ・アプローチ実践ガイド－子どもの安全（セーフティ）を家族とつくる道すじ』明石書店、2017年。
　子ども虐待対応のためのサインズ・オブ・セイフティ・アプローチについてのガイドブック。支援に役立つケースカンファレンスを開催するためには、そこに至るまでの子ども本人や家族との関係づくりから始まるケースワークの一連の流れをていねいに構築していく必要があることが実感できる。

●安心づくり安全探しアプローチ（AAA）研究会『チーム力を高める多機関協働ケースカンファレンス』瀬谷出版、2019年。
　多機関でのカンファレンスの進め方を具体的に学べる一冊。「事例編」では13事例が紹介されており、多機関でのカンファレンスの進行のむずかしさやおもしろさを実感できる。

参考文献

● Connolly, M. & McKenzie, M.（1999）*Effective Participatory Practice: Family Group Conferencing in Child Protection*, N. Y., Walter de Gruyter, Inc.（高橋重宏 監訳『ファミリー・グループ・カンファレンス（FGC）－子ども家庭ソーシャルワーク実践の新たなモデル』有斐閣、2005年）

● 野中　猛・上原　久『ケア会議で学ぶ　ケアマネジメントの本質』中央法規出版、2013年

● 菱川　愛・渡邉　直・鈴木浩之 編著『子ども虐待対応におけるサインズ・オブ・セーフティ・アプローチ実践ガイド－子どもの安全（セーフティ）を家族とつくる道すじ』明石書店、2017年

● 安心づくり安全探しアプローチ（AAA）研究会『チーム力を高める多機関協働ケースカンファレンス』瀬谷出版、2019年

● 奈良県『市町村要保護児童対策地域協議会実務マニュアル』2013年

● 愛媛県『市町要保護児童対策地域協議会実務マニュアル』2016年

● 横浜市（2018）『子ども虐待防止ハンドブック』2018年

第10節　事例分析

1　事例研究における事例分析

事例分析とは、事例研究の一部をなす行為である。

事例研究とは、個々の事例の問題性を多面的な資料を用いて把握し、事例の性格の理解を深め、その問題解決のための方法を見出すための系統的なアプローチのことである。[1] 特殊な一事例あるいは限られた少数の事例の現実を理解することが目的となるため、一般的、普遍的な原則を見出すようなものではない。とはいえ、事例研究により、個別性の高い文脈の詳細を「厚く記述」することによって、その知見を他のさまざまな事例への支援へ転用していくことができる。問題を備えた状況について、その状況を構成する諸要因が、各々意味をもって構造化・組織化されていき、問題状況の一部分だけではなく状況全体についても有意味な構造化がなされることで、各々の要因がお互いに適合して何らかの解決が得られるとき、転用可能性が高めると考えられる。[2] つまり、事例研究においては、①問題を抱えた状況に関する情報を多面的に収集した後、②情報を整理・分解し、状況を構成する諸要素を部分的に関連付け、さらに問題状況全体をとらえ直す形で再構成して、課題を析出し、③課題に対応した解決策を見出すことが必要となる。この②の段階のことを、「事例分析」とよぶ。

（1）事例分析の目的と意義

　対人援助実践においては、それぞれ異なる困難を抱えた個別的な事例への関与を行うため、事例研究が欠かせない。とりわけ、事故や望ましくない転帰に至った事例の分析は欠かせない。対人援助業務において、良質な支援、安全なケアを提供することは必須であるため、事故事例の分析、検証は重要な意味をもつ。例えば、医療機関においては、医療の安全を確保するための措置として、重大な事故が発生したときには速やかに管理者へ報告するとともに、背景要因及び根本原因を分析し検討された効果的な再発防止策等を含む改善策を策定すべきであると定められている。[*62] また、児童虐待による死亡事例等について、決して子どもの死を無駄にすることなく、今後の再発を防止するため、事例を分析・検証し、明らかとなった問題点・課題から具体的な対応策の提言を行うこと

*62
厚生労働省医政局長通知「良質な医療を提供する体制の確立を図るための医療法等の一部を改正する法律の一部の施行について」（平成19年3月30日／医政発第0330010号）。

を目的として、平成16（2004）年10月に社会保障審議会児童部会の下に「児童虐待等要保護事例の検証に関する専門委員会」が設置され、毎年の死亡事例や重症事例について、背景・状況・死因・課題などについて取りまとめ、分析が行われており、問題点の析出と改善案の検討がなされている。

（2）対象事例の選定方法

分析で取り上げる事例を選定する際には、主に2つの視点から検討することができる。1つは、「固有事例」とよび、事例そのものが興味深く、その固有性ゆえに検討したい場合である。まれな疾患や支援課題を抱えているケースや、複雑な問題が絡み合っていて支援がたちゆかなくなっているようなケースなどがあげられる。もう1つの視点は「手段的事例」である。何らかの社会問題や現象に関心があり、その問題や現象を理解するための手段として事例を分析するときがある。その場合には、問題や現象のテーマにそって、典型的な事例を選択したり、あるいは逸脱した事例を選択して典型例と対比させたりして、問題や現象の構造を明らかにし、全体としての意味付けに迫ることができる。「固有事例」の研究では、単一事例しか取り上げられないことも多いが、「手段的事例」の研究では、テーマにそって複数事例を取り上げることで、共通点を見出したり、比較検討を行ったりすることができる。

2 事例検討

ソーシャルワーク実践領域での事例研究は、主に2つの目的で行われることが多い。1つは、介入効果を評価するためであり、もう1つは対応が困難であると考えられる事例への対応方法を検討するためであり、後者は**事例検討**とよばれることが多い。本項では主に「事例検討」について詳述する。

（1）事例検討の意義

ソーシャルワーク実践において、事例検討会方式で事例研究を行うことの意義について、岩間は以下のように8つの意義をまとめている。[2]
①事例を深めることができる
　事例に多角的に接近することで、本人や他の登場人物が置かれている状況を客観的に理解するだけではなく、感情移入も含めて本人の側

から見たストーリーの視点で捉え直すことができる。

②実践を追体験する

　参加者が事例提供者の実践を追体験することで対応の協議に参加できるとともに、自分以外の人の実践方法を自分と照合することができる。

③援助の質を向上させる

　これまでの実践を振り返って評価し、事例について新たな見方ができるようになり、具体的な援助の方向性や指針を見出すことができる。

④援助の原則を導き出す

　事例を深く掘り下げることで、援助の共通項となる「原則」を導き出し、参加者が応用できるようになる。

⑤実践を評価する

　本人の側からの理解、本人の変化、本人の変化に伴う支援者のはたらきかけの内容、それらを支援経過と支援内容を含めて総合的に評価することで、量的な評価では見出せない援助プロセスの質的評価が可能になる。

⑥連携のための援助観や援助方針を形成する

　地域における「連携」とは、ただ単に各専門職の役割分担の調整を行うだけでなく、援助目標を共有することで各専門職の業務を手段として提供し合うことである。関係者が集って事例検討を行うことで援助目標を共有することが可能になる。

⑦援助者を育てる

　参加者が自分の考えをまとめて言語化したり、他者の意見を聞くことで考察を深めるプロセスを経て力量を高めることができる（ピアスーパービジョン）。スーパーバイザーが参加していればスーパービジョンの機会ともなる。

⑧組織を育てる

　個々の事例を検討するなかで、機関の組織的な対応がなければ問題解決に至らない場合や、新しい社会資源が必要となる場合、連絡調整のあり方を見直す場合など、組織的な課題を発見して、解決に向けて取り組む契機となり得る。

白木裕子らは、ケアマネジャーにとっての意義として①行き詰まり感のある事例を解決するヒントが得られる、②未知の事例に出合うことができる、③アセスメントの視野が広がる、④アセスメント情報のつなげ方がわかる、⑤利用者理解に必要なことがわかる、⑥「自己流」を点検

できる、⑦自分の力を試すことができる、⑧仲間の存在に勇気付けられ、ストレスが緩和し、ネットワークづくりができる、と整理している[3]。

　事例検討会は、ケースカンファレンスやサービス担当者会議のように、支援を行う上で必ず開かなければならない会議ではない。事例から学びたいと思う人々が任意で参加し、学び合うための自発的な勉強の場である。この機会を的確に活用することで、事例提供者にとっても多くのヒントを見出す機会となるほか、参加者にとっても多様な意義が見出せる機会になるといえよう。

（2）事例検討の方法

　事例検討会の進行方法はさまざまなものが開発されている。ここではまず、野中らが「ケア会議」の手法として開発した事例検討会方式、岩間による「ケースカンファレンス」法、渡部による「気づきの事例検討会」法を取り上げる。また他領域の手法として村山正治（むらやましょうじ）らによるPCAGIP法（ピカジップ）、山本則子（やまもとのりこ）らによる「ケアの意味を見つめる事例研究法」についてふれる。

❶野中式事例検討会

　精神科医の野中　猛らが開発し、精神障害や介護保険のケアマネジメント領域で発展された事例検討会方式[4]は、ケースカンファレンスでもしばしば援用されている。その進行ではホワイトボードを活用しながら、以下の「見立て」と「手立て」のプロセスを進めていく。

　「見立て」とは、事例の理解を深めて、アセスメントを行うプロセスである。まず①「事例の概要把握」で、事例提出者の提出理由、基本情報や口頭説明で簡単に事例の輪郭をつかんでいく。次いで②「全体像把握」では、多面的な情報を収集して事例の生活状況を把握していく。まずは生活歴を中心に、課題が生じた経緯を振り返る。日常生活動作（ADL）や要介護度、趣味や特技等も確認する。また本人や家族の1日や1週間の過ごし方を図示したり、家の間取図や近隣図を描いて居住環境を把握する。ジェノグラムやエコマップを描き、家族関係やサービス利用の現状や課題を概観する。図や具体的なエピソードの提示は、想像力を喚起し、立体的に検討していくことにもつながり、情報の要約・洗練・統合が進んでいく。最後に③「評価」の段階では、現状生活ニーズについて査定するとともに、その背景、すなわち経緯を理解する。さら

に、事例の中で繰り返されている課題など、事例の根底にある中心的なテーマを見定めることが望ましい。

「手立て」とは、実行可能な支援を計画するプランニングのプロセスである。まず、①アセスメントを共有する。「見立てのプロセス」を経てまとめられた「評価」内容を、参加者で確認する。次いで②「支援目標の設定」の段階がある。ここでは、まず事例についての「将来の望ましい姿」を思い描き、次いでそこに向けてより具体的な支援目標をブレインストーミングによりあげていく。事例についての情報が不足しているときには「情報収集」も目標になる。最終的に現在実行可能な目標を選ぶ。ほかの参加者のアイディアから刺激を受け、自らの身体知・暗黙知がアイディアとして言語化される創発的な体験の機会となる。③「支援計画の策定」段階では、選んだ目標を具体的な行動計画に落としていく。目標を、「急ぐ」ものと「急がない」ものとで時間順に配列したり、「本人が取り組むもの」「周囲が行うもの」などと役割に合わせて並べたりして、支援の進行を含めた全体の計画を概観し、関係者の役割分担を確認していく。

❷岩間の「ケースカンファレンス」

事前準備では、事務局、情報提供者、参加者、スーパーバイザーが参加して事例検討会を行う。事前準備では、事務局は日時や場所の手配を行い、開催案内を参加者へ送り、出欠確認をし、カンファレンスの資料を事前に配布するなどの準備を行う。事例提供者は、30分程度で発表可能な「事例のまとめ」を作成しておく。

当日の進行は5プロセスにまとめられる。

①事例の提示

事例提供者から、事例の選定理由、事例の生活史・経緯を報告し、事例の「何を、どのように」検討するのか、ポイントを提示する。

②事例の共有化

参加者からの質疑に応答しながら、情報を追加し事例提供者の思いを共有し、本人の側に立ってストーリーを再構築する。

③論点の明確化

事例への理解が深まることで論点が明確化され、事例の性質に合わせて検討すべき点を整理する。

④論点の検討

具体的な場面について質問し、本人の側から見た問題発生の構造を

考察し、自分だったらどうするかを考え、今後の援助のあり方を話し合う。

⑤まとめ

　ここでは主にスーパーバイザーが中心となって、これまでの検討内容を整理し、事例についての全体のまとめを行い、今後の課題についても指摘する。

❸渡部の「気づきの事例検討会」

　渡部の「気づきの事例検討会」は、ピアスーパービジョンや内省的学習を取り入れて、お互いの成長のためにかかわり合うための場である。当日の役割は司会、事例提供者、参加者となり、参加者は検討メンバーに位置付けられる。

　事前準備としては、参加者は事前に事例検討会の意義や進め方、事例概要フォーマットの作成方法等について学んでおく必要がある。そして、事例提供者は検討会に先立ち事例概要フォーマットを作成しておき、事前に参加者に資料を配布する。事例概要フォーマットは①事例タイトル、②事例を検討したいと思った理由、③利用者の状況（家族関係、医療面の情報、介護保険の要介護度、認知症の有無、日常生活動作、経済状態、初回面接時のサービス利用状況など）、④初回面接から得られた情報の要約、⑤初回面接の逐語録、⑥初回面接後に援助者が考えた「事例の問題点」とそれに基づく「援助の方向性」、⑦援助の経過の7項目となっている。

　当日の進行は、①事例提供者による事例の紹介、②参加者による事例の検討、③これまでの事例検討から得られた事例提供者の気付きの発表、④参加者のコメントとさらなる事例検討、⑤事例提出者による総括コメント、の順に進む。スーパーバイザーがいない状況でも、一人ひとりの参加者が事例提供者の成長につながるように考えながら、一緒に事例や支援者が置かれた状況を検討するとともに、自分自身にも不足している知識・技術を自覚してそれを補っていく機会とすることができるように、これらのプロセスをていねいにふむことが求められる。そのためにも、事例提供者の批判に陥らないようにあえて分析的・解釈的な視点に立たず、事例と支援者が置かれている状況の理解に徹することが重要であるとされる。

❹村山らのPCAGIP法

PCAGIP（Person-Centered Approach Group Incident Process）法とは、パーソンセンタードアプローチを応用し、クライエントに内在する資源を活かしてよりよい方向への変化を援助するにあたって"事例ではなく事例提供者を大切にする"ことを理念として開発された事例検討法である。事例提供者、ファシリテーター、記録者、参加者で構成される。

PCAGIP法では事前に事例提供者による資料の準備等は必要としない。当日の進行では、ホワイトボードに記録者が議論を書き込みながら進める。まず、参加者にルールとして①事例提供者を批判しないこと、②参加者が個人としての記録を取らないことを求める。全員で同じ記録（板書）を見つめることにより、体験の共有が促進されるためである。全体は２つのラウンドに分けられる。

第１ラウンドは以下のとおりである。①事例提供者による発表。事例を提供した目的、困っていること、どうしたいかについて簡潔に発表する。②参加者との質疑応答。事例提供者と事例を巡る状況を理解するために、事例提供者に質問する。事例提供者の応答を記録者が板書していく。参加者は順番を決めて、１人１つずつ順に発言していく。前の人の発言に刺激され次の人が質問することで発言の連鎖が展開していく。状況の理解が進んだら、③ファシリテーターが板書内容を整理し、状況をまとめる。

第２ラウンドでは、これまでの話し合いにより事例提供者や参加者間に安心感が出てきて雰囲気が和らいでいるため、①深い質問や事例提供者に関する個人的な質問が出てくるようになる。②自由な雰囲気の中で多様なものの見方について話し合いを行う。③これまでの議論のまとめで、板書には事例提供者と事例を巡る状況の全体像が描き出されていることが多い。これは「ピカ支援ネット図」とよばれるが、これをファシリテーターが整理し、参加者に伝えることで、事例提供者に必要な問題解決の方向性が見えてくることが多い。最後に参加者で感想を共有する。

PCAGIP法では、参加者が安心できる場の構造を設定することで、参加者みんなでつくり上げるプロセスを大切にしている。そうすることで多様な視点が出てきて、状況理解の視野が拡大し、事例に取り組むヒントが多数生まれる。安全な雰囲気のもとで徐々に深い相互作用が生まれ、予想外の展開が生まれることもある。特に皆で一つのことを探求する一体感が生まれ、満足感や充実感も高まる。

❺山本らによる「ケアの意味を見つめる事例研究法」[5)]

　これは看護学領域で開発された手法であり、実践の中でよい体験につながった事例を個別的に取り上げ、よい実践を振り返ることで得た学びを、他者と共有可能な形にするために、グラウンデッド・セオリーのような質的研究の方法論を応用したものである。研究に用いる事例の選定としては、「ちょっといい気持ちが残った事例」「うれしかった事例」とだけ事例提供者に提案し、その後の選択は事例提供者に委ねられる。

*63
本双書第12巻第3部第6章第3節参照。

　研究の手順は以下のとおりである。まず、事例提供者が実践事例を紹介する。ほかの参加者は自由に平等な立場で問いかけ、語る。それを聞きながら事例提供者は事例に関して意図したことや考えたことを意識化し、自由な言葉で語っていく（言語化する）。そのやりとりの中から、実践の本質は何かと考え、名前を付けていく。それが「キャッチコピー」づくりである。キャッチコピーをもとに、実践の本質的な意味や意図を探りつつ、さらに意図することを実現するための実践上のコツにあたるものに名前を付ける。それが「大見出し」「小見出し」であり、これらにより事例の概念化を進めていく。

　以上の語り合いのプロセスから事例を分析し、その結果を①対象の状況をもとに、②大見出し（実践の意図・キモ）、③小見出し（実践のコツ）を並べ、④「実践行為」として実践がどう展開したかという具体的な内容と実践の中身を見出しにそって箇条書きに列挙し、⑤「時期区分」で実践の経過にそって表の形にまとめていく。表にまとめることで、実践の流れの全体を大づかみに把握しやすくなる。最後に、得られた知見を事例提供者が事例論文などの形で「文章化」し、最終的な考察を行うとともに、文章化することで、結果の転用可能性を高めていくことを狙っている。

　本手法は事例検討より一歩ふみ込んだ「事例研究」の手法であるため、最終的に文章化まで求められておりハードルは高いが、個別事例から得た学びを少人数での検討から取りまとめ、転用可能性を高めていくことができる手法として工夫されており、学ぶべきところが多い。

（3）事例検討の留意点

　事例検討を行う際は、その事例が現在進行形の事例なのか、終了した事例なのかについて配慮する必要がある。現在進行形の事例に関しては、事例提供者や他の関係者がその後実行可能な方法をイメージできるように検討することが必要となる。終了した事例に関しては、よりよい

支援の方法はなかったか、と点検し、振り返ることができて有意義である。現在進行形の事例に関しては、カンファレンスで検討する機会もあるが、終了した事例については事例検討会を開催しないとなかなか検討して振り返る機会が得られないだろう。

　事例検討を優れた学びの機会にするためには、その場の心理的な安全性を確保することが欠かせない。そうでなければ、批判を恐れて事例提供者も安心して話せなくなり、参加者からも自由な着想が生まれにくくなる。そのために、以下の点についての配慮が必要である。

❶守秘義務を徹底する

　当たり前のことではあるが、情報の扱いについては開催時に必ず確認しておく必要がある。事例に関する資料でも、個人や地域は匿名で扱うほか、差し支えない範囲で情報は適宜抽象化して紹介する（例えば、趣味が野球であれば、球技と抽象化してもよいかもしれない）。また、事例の詳細が記載された資料は回収資料とし、それ以外には個人的な記録を取らないでもらうなどの工夫もできる。

❷事例に対して敬意を払う

　本人や家族の対応がたとえ理解し難く思えても、審判的な態度で決めつけたり批判したりすべきではない。分析的・解釈的な視点から発言をしたくなったときにも、本人や家族が同席する場でも発言できるような内容で話し合うべきである。

❸事例提供者に対する支持的な姿勢を保つ

　事例提供者が困難を感じている事例を紹介するときには、反省的な口調で、うまくいかなかった点を報告することになる。そのため、参加者は、事例提供者の未熟な点が目についたり、過去の実践の良し悪しを判定したり、安易に「こうすべきだ」と主張しやすくなる。批判的な場では全体の発言が抑制されかねないため、参加者は批判的なコメントを避け、支持的な姿勢を維持する必要がある。その一方で、事例提供者に過剰に共感して、事例へ批判的になったり、支援関係の振り返りがおろそかになっては役立たない。支持的でありつつ、状況を把握することは重要である。

❹参加者同士は平等な立場であることをわきまえる

　参加者の中には、経験が浅い者と長い者が交ざっている。日頃指導的な立場にある者は、通常業務の延長で経験の浅い参加者に対して指導的な発言をしかねない。経験の浅い者は気後れして自由な発言を控えてしまうことがある。そうすると経験者や立場が上の者しか発言できなくなり、相互に学び合いを深める機会を逸してしまう。ベテランはベテランなりに、若手の発言から学べることは多い。

❺事例検討会の開催動機を理解した上で、時間配分をバランスよく検討する

　限られた時間内に、すべての情報を検討し尽くすことはできない。「事例についての理解を深めたい」という場合には、野中のいう「見立てのプロセス」だけをしっかり行うことにも意味があるが、「対応方法を検討したい」という場合には、事例に関するすべての情報を詳細に提示される必要はないだろう。

BOOK 学びの参考図書

● 野中　猛・上原　久『ケア会議で学ぶ　ケアマネジメントの本質』中央法規出版、2013年。
　　個別事例への対応を検討する事例検討会の方法を紹介するだけではなく、ケア会議そのものの位置付け、地域ケア会議の考え方から、それがどのようにチームワーク形成につながっていくかまで論じた、射程の広い一冊。多職種・多機関連携を支える「会議」のあり方を理解する上で欠かせない。

● 岩間伸之『援助を深める事例研究の方法［第2版］－対人援助のためのケースカンファレンス』ミネルヴァ書房、2005年。
　　対人援助職が事例への理解を深めていくために事例研究法を活用する手法について具体的にわかりやすく説明した一冊。事例検討（本書ではケースカンファレンスと記されている）の際の、司会者のポイントや発言例も書かれており、実践の様子がいきいきと伝わる。

引用文献

1）武藤安子「事例研究法とはなにか」『日本家政学会誌』第50巻第5号、1999年、541〜545頁

2）岩間伸之『援助を深める事例研究の方法［第2版］－対人援助のためのケースカンファレンス』ミネルヴァ書房、2005年、36〜41頁

3）白木裕子 編『援助力を高める事例検討会』中央法規出版、2018年、44〜48頁

4）野中　猛・上原　久『ケア会議で学ぶ－ケアマネジメントの本質』中央法規出版、2013年

5）山本則子「『『ケアの意味を見つめる事例研究』着想の経緯と概要』『看護研究』第51巻第5号、2018年、404〜413頁

参考文献

● 家髙　洋「『転用可能性（transferability）』再考：『ケアの意味を見つめる事例研究』のために」『看護研究』第52巻第4号、2019年、312〜318頁

● 上原　久『ケア会議の技術2－事例理解の深め方』中央法規出版、2012年

● 野中　猛・高室成幸・上原　久『ケア会議の技術』中央法規出版、2007年

● 村山正治・中田行重 編著『新しい事例検討法 PCAGIP入門』創元社、2012年

● 渡部律子 編著『基礎から学ぶ 気づきの事例検討会』中央法規出版、2007年

さくいん

アルファベット等

4つのP ——————————— 78
AA ——————————————— 105
ABCモデル ————————————— 85
ACAT（高齢者ケア評価チーム）——— 213
COS（慈善組織協会）——————— 143
F-SOAIP（生活支援記録法）——— 235
IFSW（国際ソーシャルワーカー連盟）——— 87
IPW（多職種協働）——————— 245
SOAP ———————————————— 235
SST（社会生活技能訓練）———— 85

ア

アイビイ（Ivey, A. E.）———— 165
アウトリーチ ——————————— 6,208
アカウンタビリティ ——————— 180
アセスメント ——————— 9,21,47,182
アドボカシー ——————— 12,147,182
アフターケア ——————————— 16,162
医学モデル ————————————— 176
意図的な感情表出 ——————— 153
今・ここ ————————————— 107,171
インターグループワーク説 ———— 113
インテーク ——————— 8,20,160,209
インフォーマルサポート ———— 216
ウェルビーイング ———————— 87
エコマップ ——————— 51,75,136,236
エコロジカル ——————————— 74
エプスタイン（Epstein, L.）——— 80
エリクソン（Erikson, E. H.）——— 37
エンパワメント ——————— 87,206,241
エンパワメントアプローチ ———— 87
オプトアウト ——————————— 245

カ

解決志向アプローチ ——————— 90
介護支援専門員（ケアマネジャー）——— 180
家族療法 ——————————————— 90
課題中心アプローチ ——————— 80
カデューシンとハークネス（Kadushin, A. & Harkness, D.）——————— 180,182
カンファレンス ——————————— 262
管理的機能 ————————————— 182
危機介入（アプローチ）——— 11,82
ギッターマン（Gitterman, A.）——— 70

機能主義学派 ——————————— 76
機能主義ケースワーク ———————— 169
機能的アプローチ ——————————— 76
逆転移 ——————————————— 185
キャプラン（Caplan, G.）———— 82
教育的機能 ————————————— 182
クライエントシステム ——————— 152
クライエント中心療法 ——————— 170
クライエントの自己決定 ————— 154
グリフィス報告 ——————————— 201
グループスーパービジョン ———— 189
グループダイナミクス ——————— 94
グループの凝集性 ————————— 101
グループワーク —————————— 93
ケアマネジメント ——— 11,199,224
ケアマネジャー（介護支援専門員）——— 180
ケースカンファレンス ——————— 262
ケースマネジメント ——————— 6,199
ケースワーク ——————— 75,78,153,159
コイル（Coyle, G.）——————— 94
効果測定 ——————————————— 236
行動変容アプローチ ——————— 84,85
行動変容ケースワーク ——————— 173
行動療法 ————————————— 84
高齢者ケア評価チーム（ACAT）——— 213
公民権運動 ————————————— 87
コーディネーション ——————— 224
国際ソーシャルワーカー連盟（IFSW）——— 87
個人情報の保護に関する法律（個人情報保護法）——————————— 245
個と地域の一体的支援 ——————— 71,148
コノプカ（Konopka, G.）——— 94,102
個別化 ——————————————— 153
コミュニケーション（力）——— 10,47,156
コミュニティオーガニゼーション（論）——————————— 111,113
コミュニティケア改革 ——————— 201
コミュニティワーク ——————— 111
コンサルタント ——————————— 194
コンサルティー ——————————— 194
コンサルテーション ——————— 191,194
コンフリクト ——————————— 112

サ

サインズ・オブ・セイフティ ——— 265
ジェネラリスト・アプローチ ——— 111

ジェネラリスト・モデル ―――――― 30
ジェノグラム ―――――― 52,136,236
自己覚知 ――――――――――― 155
支持的機能 ―――――――――― 182
システム指向モデル ――――――― 200
システム理論 ―――――――― 3,32
慈善組織協会（COS） ―――――― 143
ジャーメイン（Germain, C. B.）――― 70
社会資源（開発） ――――― 121,129
社会診断 ―――――――――― 69
社会生活技能訓練（SST）―――――― 85
社会的交互作用 ――――――――― 78
社会的排除（ソーシャルエクスクルージョン）
―――――――――――――― 112
社会的包摂（ソーシャルインクルージョン）
―――――――――――――― 112
終結 ――――――――――――― 13
集団力学 ――――――――――― 94
受容 ――――――――――――― 154
シュワルツ（Schwartz, W.）――――― 99
状況の中の人 ――――――――― 74
象徴的モデリング ―――――――― 108
叙述体 ―――――――――――― 240
事例研究 ――――――――――― 270
事例検討 ――――――――――― 271
事例分析 ――――――――――― 270
シングル・システム・デザイン（単一事例実験
計画法） ――――――――――― 15
診断主義（学派） ――――― 69,76,175
診断主義ケースワーク ―――――― 172
心理社会的アプローチ ―――――― 73
スーパーバイザー ―――――――― 182
スーパーバイジー ―――――――― 182
スーパービジョン ――――― 179,182
スキナー（Skinner, B. F.）―――――― 84
スクリーニング ――――――― 20,209
ストレスコーピング ―――――――― 40
ストレングス（モデル）――――― 39,48,70
スモーリー（Smalley, R. E.）――――― 76
生活困窮者自立支援制度 ――――― 221
生活困窮者自立支援法 ―――――― 207
生活支援記録法（F-SOAIP）――――― 235
生活場面面接 ―――――――――― 163
生活モデル ――――――― 70,176,235
生態学理論 ――――――――― 3,31
セツルメント ――――――――― 94
セルフヘルプグループ ―――――― 104
相談支援専門員 ――――――――― 206
ソーシャルアクション ―――――― 143

ソーシャルインクルージョン（社会的包摂）
―――――――――――――― 112
ソーシャルエクスクルージョン（社会的排除）
―――――――――――――― 112
ソーシャルサポート ――――― 41,238
ソーシャルサポートネットワーク ――― 216
ソーシャルワーカーの成長プロセス ―― 180
ソシオグラム ―――――――――― 236
組織化説 ――――――――――― 113
ソロモン（Solomon, B.）――――――― 87

タ
多職種協働（IPW）――――――――― 245
タスク・ゴール ―――――――――― 120
タフト（Taft, J.）――――――――― 76
単一事例実験計画法（シングル・システム・
デザイン）――――――――――― 15
短期療法（ブリーフセラピー）――――― 90
地域アセスメント ―――――――― 115
地域共生社会 ―――――――― 125,218
地域包括ケアシステム ―――――― 247
地域包括支援センター ――― 18,111,218
地域包括支援ネットワーク ―――――― 219
地域を基盤としたソーシャルワーク ―― 148
逐語体 ―――――――――――― 240
デューイ（Dewey, J.）――――――― 78
動機づけ ――――――――――― 79
統合的・多面的アセスメント ――― 22,30
統制された情緒的な関与 ―――――― 154

ナ
仲村優一 ――――――――――― 159
ナラティヴアプローチ ―――――――― 88
ニーズ・資源調整説 ―――――――― 112
ニューステッター（Newstetter, W. I.）
―――――――――――― 94,113
認知行動療法 ―――――――――― 84
ネゴシエーション ―――――――― 247
ネットワーキング ―――――――― 216
野中 猛 ―――――――――― 224,273

ハ
ハートマン（Hartman, A.）――――― 51,236
パールマン（Perlman, H. H.）――― 78,80
バイオ・サイコ・ソーシャル（モデル）
――――――――――――― 3,33
バイステック（Biestek, F. P.）――― 23,153
波長合わせ ―――――――――― 100,187
パブロフ（Pavlov, I. P.）――――――― 84
ハミルトン（Hamilton, G.）――――― 74
パラド（Parad, H.）――――――――― 83

バンデュラ（Bandura, A.）——— 85,108
ピアグループスーパービジョン ——— 189
非審判的態度 ——— 154
秘密保持 ——— 154,240,245
評価 ——— 14
ピンカスとミナハンの4つのシステム ——— 125
ファシリテーション ——— 253
フェミニズム運動 ——— 87
フォルクマン（Folkman, S.）——— 40
フォローアップ ——— 16,162
プランニング ——— 11,54,231
ブリーフセラピー（短期療法）——— 90
プレゼンテーション ——— 259
フロイト（Freud, S.）——— 74,76,172
ブローカー ——— 11
フローレンス・ホリス（Hollis, F.）——— 74,172
プロセス・ゴール ——— 120
ヘップワース（Hepworth, D. H.）——— 21,30
ヘルパー・セラピー原則 ——— 107

マ
マイクロカウンセリング ——— 165
マクロ（レベル）——— 111,125,210
マッピング ——— 50
ミクロからマクロ ——— 2

ミクロ・メゾ・マクロ ——— 125,209
ミクロ（レベル）——— 125,209
メゾ（レベル）——— 111,125,210
モデリング ——— 108
モニタリング ——— 12,59,85,213,233
問題解決アプローチ ——— 78,80

ラ
ライフモデル ——— 70
ラザルス（Lazarus, R. S.）——— 40
ラポール（rapport）——— 155
ランク（Rank, O.）——— 76
リード（Reid, W. J.）——— 80
リッチモンド（Richmond, M. E.）——— 69,143
利用者指向モデル ——— 200
リレーションシップ・ゴール ——— 120
リンデマン（Lindemann, E.）——— 82
倫理綱領 ——— 244
レイン報告 ——— 112
レヴィン（Lewin, K.）——— 94
レドル（Redl, F.）——— 163
ロジャーズ（Rogers, C. R.）——— 169
ロス（Ross, M. G.）——— 113
ロスマン（Rothman, J.）——— 114
ロビンソン（Robinson, V.）——— 76

社会福祉学習双書2024
第10巻

ソーシャルワークの理論と方法

（社会福祉士・精神保健福祉士共通／社会福祉士専門）

発　行	2020年12月18日	初版第1刷
	2022年 2 月 3 日	改訂第1版第1刷
	2023年 2 月 8 日	改訂第2版第1刷
	2024年 2 月 8 日	改訂第3版第1刷
編　集	『社会福祉学習双書』編集委員会	
発行者	笹尾　勝	
発行所	社会福祉法人　全国社会福祉協議会	

〒100-8980 東京都千代田区霞が関3-3-2 新霞が関ビル
電話 03-3581-9511　振替 00160-5-38440

定　価　2,860円（本体2,600円＋税10%）

印刷所　日経印刷株式会社　　　　　　　　　　禁複製

ISBN978-4-7935-1451-7 C0336 ¥2600E